TRINITY

Marilyn Schlitz

DAS MYSTERIUM VOM
Leben
UND STERBEN

Die Angst vor dem Tod verlieren und erfüllter leben

Mit einem Vorwort von
Deepak Chopra

TRINITY

Die englischsprachige Originalausgabe ist 2015 unter dem Titel *Death makes life possible. Revolutionary insights on living, dying, and the continuation of consciousness* bei Sounds True, Inc., Louisville, USA, erschienen.

© 2015 Marilyn Schlitz und Deepak Chopra (Vorwort)

© der deutschsprachigen Lizenzausgabe:
2016 Trinity Verlag in der Scorpio Verlag GmbH & Co. KG, München
Übersetzung: Yutta Klingbeil, Tutzing
Lektorat: Angela Hermann-Heene
Umschlaggestaltung: Guter Punkt, München,
www.guter-punkt.de unter Verwendung von Motiven von thinkstock
Layout und Satz: BuchHaus Robert Gigler, München
Druck und Bindung: Pustet, Regensburg
ISBN: 978-3-95550-161-7
Alle Rechte vorbehalten
www.trinity-verlag.de

Es ist wahrlich ein großes kosmisches Paradox, dass ausgerechnet der Tod einer der besten Lehrer im Leben überhaupt sein soll. Weder ein Mensch noch eine Situation kann einem so viel beibringen wie der Tod ... Lernen Sie zu leben, als ob Sie dem Tod andauernd ins Gesicht schauen, und Sie werden mutiger und offener sein. Wenn Sie das Leben in vollen Zügen genießen, werden Sie keinen letzten Wunsch mehr offen haben.

Michael A. Singer, *Die unbändige Seele*

INHALT

DAS LEBEN IST WIE EINE PERLENKETTE

Vorwort von Deepak Chopra

Ich war sechs Jahre alt, als der Tod zum ersten Mal und völlig unerwartet in mein Leben trat. Mein kleiner Bruder und ich hatten noch einen wunderschönen Tag mit unserem Großvater verbracht. Ich weiß noch, dass wir zusammen ins Kino gegangen sind und uns *Ali Baba und die 40 Räuber* angeschaut haben. In der Nacht darauf ist mein Großvater gestorben, ganz plötzlich. Als ich frühmorgens aufwachte, hörte ich die Frauen im Haus vor Schmerz und Trauer weinen. Ich erinnere mich noch genau, was für eine schreckliche Erfahrung das für mich war.

Fast mein ganzes Leben musste vergehen, bis ich verstand, dass der Tod erst das Leben ermöglicht. Wenn eine Lebensform ein Ende nimmt, entsteht eine neue. Das ist ein ständiger und notwendiger Prozess. Zuerst war man ein Kind, und jetzt ist das Kind verschwunden. Dann war man ein Teenager, und den gibt es jetzt auch nicht mehr.

Mit dem Tod können wir das zurückgeben, was uns bei der Geburt geschenkt wurde: ein unsichtbares Potenzial. Das Potenzial haben wir im Verlauf unseres Lebens in Erfahrung umgesetzt, und die geben wir als Geschenk zurück. Wenn die Erfahrung endet – mit dem Tod –, entdecken wir noch mehr Potenzial. Wir sind sozusagen das Potenzial von allem, was war, ist und sein wird. Das bedeutet, lebendig zu sein, verbunden mit einer Quelle, die sich ständig erneuert. Wenn Sie sich mit diesem unvergänglichen Potenzial verbinden können, dann ist das Leben tatsächlich ein Geschenk, genauso wie der Tod.

Hat man erst einmal begriffen, dass alles im Universum, auch Körper und Geist, eine Bewegung ist und dass Geburt und Tod als Raum-Zeit-Ereignisse Teile dieser Bewegung sind, dann gehören Geburt und Tod zu etwas Größerem. Was ist dieses Etwas, in dem alles passiert? Es ist das Bewusstsein. Das sagen zumindest die Weisheitstraditionen der Welt, die im Grunde keine Religionen sind, sondern die Erforschung des menschlichen Bewusstseins zum Inhalt haben. Doch wo ist nun dieses Bewusstsein? Wer macht diese Bewusstseins-Erfahrung? Das scheinen schwierige Fragen zu sein, deshalb will ich es mit einer einfachen Frage versuchen: Was haben Sie gestern Abend gegessen?

Nehmen wir einmal an, Ihre Abendmahlzeit bestand aus einem Nudelgericht. Sie erinnern sich daran, und es tauchen Bilder von der Mahlzeit, von den Beteiligten und vom Speiseraum in Ihrem Geist auf. Ich weiß, dass Sie das Erlebnis im Geist noch einmal durchleben, vielleicht sogar das Essen schmecken, seine Farben wahrnehmen und die Gespräche am Tisch hören. Wenn ich allerdings in Ihr Gehirn schauen könnte, würde ich die Bilder und Geräusche, die Sie sehen und hören, nicht wahrnehmen. Das Gehirn ist vollkommen still und dunkel. Ich würde nur elektrochemische Aktivität entdecken – absolut nicht das, was Sie gerade erleben.

Wo können wir nun das Bild, die Geräusche und den Geschmack lokalisieren? Und wo war die elektrochemische Aktivität, die das Bild entwarf, bevor Sie sich daran erinnerten? Keine logische Antwort könnte dieses Rätsel klären. Die Erfahrung existiert nicht im Gehirn, sie entsteht erst durch ein Bedürfnis. Wenn ich Sie bitte, sich an Ihr Abendessen zu erinnern, entwickeln Sie spontan das Bedürfnis, eine Erinnerung hervorzuholen. Die Erinnerung ist nicht elektrochemisch; sie besteht aus Bildern, Geräuschen und Unterhaltungen, und vielleicht haben Geschmack, Geruch und andere Faktoren Ihre Erfahrung erzeugt.

Die Erinnerung kam also erst auf, als ich Ihnen die Frage stellte. Als was hat die Erinnerung jedoch vorher existiert? Als eine Art unsichtbare »Möglichkeitswelle«, in diesem Etwas, das wir Bewusstsein nennen und das keinen besonderen Ursprungsort hat. Nicht nur die Erinnerung, sondern auch jede Erfahrung hat diese doppelte Existenz, einmal als Möglichkeit ohne speziellen Ort und zum anderen als ein Ereignis in Raum und Zeit.

Vor diesem Hintergrund erhält der Tod eine vollkommen andere Bedeutung. Er ist nicht einfach das totale Erlöschen, das jeder befürchtet. Was geschieht mit uns, wenn wir sterben? Wir gehen genau dorthin, wo die Erinnerung an das Nudelgericht war, bevor ich die Frage stellte. Eigentlich befinden wir – Sie und ich – uns jetzt genau dort; wir müssen nicht bis zur Todesstunde warten, da die Existenz ein Feld von Möglichkeiten ist.

Ein alltägliches Beispiel dafür ist Ihr Wortschatz. Sie haben einen großen Vorrat an Wörtern. Bei einem gebildeten Menschen sind es sicherlich Abertausende. Doch Ihr Vokabular existiert nicht in Ihrem Gehirn. Wörter hinterlassen dort keine physischen Spuren, auch nicht im Bewusstsein. Die Wörter befinden sich zusammen mit den potenziellen Erinnerungen, von denen ich bereits sprach, am gleichen Ort. Ein Physiker würde diesen Ort als das *Quantenfeld* bezeichnen, ein Begriff mit langer Tradition, der bereits vor dem Beginn der Wissenschaft existierte. Gott Krishna sagt in der Bhagavad Gita: »Ich bin das Feld, und ich bin der Kenner dieses Feldes.«

Als Feld ist dabei ein Bewusstseinsfeld gemeint. In Sanskrit wird das Feld *kshetra* genannt. Der Kenner des Feldes heißt *kshetrajna*. Wir sind das Feld, und wir sind auch der Kenner des Feldes, weil Krishna für alles Bewusstsein spricht. Krishna formuliert es auch so: Wir schlagen einen Bogen zurück zu uns selbst, um die Erfahrungen zu sammeln, die wir Erinnerung nennen. Diese Erfahrungen sind das Potenzial. Dieser Bogen bedeutet Selbstwahrnehmung, die grundlegende Eigenschaft von Bewusstsein. Das Sanskrit-Wort für die Speicherung und Aktivierung von Erinnerungen lautet *Sanskara*.

Sanskara ist nicht die Erinnerung selbst, sondern der Samen der Erinnerung – eine potenzielle Erinnerung.

In der Physik gibt es eine wunderbare Bezeichnung für die Entstehung eines Potenzials als spezielles Ereignis: der *Beobachtungseffekt*. Bevor man ein subatomares Teilchen wahrnimmt, existiert es bereits als Möglichkeitswelle. Wenn man es wahrnehmen will, taucht es als isoliertes Photon oder Elektron auf. Dank des Doppellebens auf jeder Ebene vertritt ein einzelnes Teilchen nur die halbe Wahrheit. Ob es nun erscheint oder verschwindet, das Partikel bleibt immer im Feld, genauso wie eine Meereswelle im Ozean bleibt, ob sie aufsteigt oder zurückfällt. Auch Sie selbst stehen in diesem Feld und sind Teil seines Doppellebens. Das nächste Wort, das Sie als isoliertes Ereignis aussprechen, werden Sie aus dem Feld abrufen.

Sollten Sie sich fürchten, dieses Feld zu betreten? Nein. Nach der Funktionsweise der Existenz vermuten wir, dass wir nach unserem Tod in dieses Feld zurückkehren. Nichts in der Natur deutet darauf hin, dass das Kontinuum jemals endet. Hat man die Funktionsweise der Existenz erst einmal verstanden, wird die sogenannte Nichtexistenz verwandelt. Das gilt für die physische Welt als Ganzes. Wenn ich sage »Dies ist ein Tisch« oder »Dies ist mein Körper«, dann erlebe ich Farben, Geräusche, Geschmacksrichtungen und Beschaffenheiten. In der modernen Sprache sagt man dazu *Qualia*, die für den subjektiven Erlebnisgehalt des Bewusstseins stehen. Alles, was ich als die objektive Welt »dort draußen« wahrnehme, hat der Erlebnisgehalt meines Bewusstseins entworfen.

Wenn ich sage »in mir selbst«, wer ist dieses »*selbst*«? Blickt man in mein Gehirn, wird man mich nicht finden. Die Wahrnehmung »ich« gehört nämlich auch zu einer unserer Qualia. Das muss so sein, denn die Wirklichkeit kann nur durch Erfahrung entstehen, und Erfahrung besteht aus einer Menge von sich ständig verändernden Qualia. Während Gedanken, Empfindungen, Bilder und Emotionen durch mich hindurchfließen, formen die Qualia alles, was ich weiß oder jemals wissen kann. Was immer außerhalb der Qualia existiert, das menschliche Gehirn kann es nicht erfahren. Wie die Empfindung vom »Ich« ist die Empfindung vom »Du« auch ein Quale. Sie befinden sich beide im Feld.

Wissen Sie noch, was Sie am Donnerstag vor drei Wochen gemacht haben? Vermutlich nicht. Wir erinnern uns nur an praktische Dinge oder an Vorkommnisse mit emotionaler Bedeutung. Wenn Sie sich am Donnerstag vor drei Wochen verliebt haben, dann erinnern Sie sich wahrscheinlich sehr gut an diesen Tag und daran, was damals genau geschah. Emotionen sind sehr starke Erlebnisqualitäten des Bewusstseins. Emotionale Gedankenformen sind die Qualia, die die Verbindungen im Leben erhalten. Es ist ein Kontinuum miteinander verbundener Qualia-Bilder: Das Potenzial Vergangenheit kann ich abrufen, das Potenzial Zukunft kann ich gestalten, doch in der Gegenwart bin ich von beiden befreit.

Wenn Sie erkennen, dass Sie in diesem Kontinuum existieren, das sich als das ewige Jetzt entfaltet, dann haben Sie auch keine Angst vor der Erkenntnis, dass Sie in jedem Augenblick sterben können, um im nächsten wiedergeboren zu werden. Der Tod ist ein kreativer Prozess, den man feiern sollte, anstatt ihn zu fürchten. Das meinte ich anfangs damit, dass der Tod das Leben ermöglicht. Ich bin lebendig und beteilige mich an der pulsierenden Aktivität des Feldes, wo Erschaffung gleichzeitig auch Zerstörung bedeutet. Wenn ich jedoch, wie die meisten Menschen, hauptsächlich in der Vergangenheit oder in der Zukunft lebe, dann lebe ich im Grunde in einem Traum.

Die meisten Menschen verbringen 99,9 Prozent ihres Lebens in einem Traum. Sie sind geradezu besessen von Gedanken an die Vergangenheit und die Zukunft. Ein Teil sind Erinnerungen an Schmerz und Freude und der andere Teil Erwartungen von Schmerz und Freude. Buddha hat schon gewarnt, dass niemand dieser Besessenheit entkommt. Jeder versucht fortwährend, Schmerz zu vermeiden und Freude zu erleben, und übersieht dabei, dass die beiden zusammengehören. Wirklich leben bedeutet, von Vergangenheit und Zukunft Abschied zu nehmen und jetzt, im Augenblick, vollkommen lebendig und gegenwärtig zu sein. Nur dann befindet man sich unaufhörlich im Feld der Möglichkeiten. Den Verlockungen von Vergangenheit und Zukunft gegenüber immun zu werden ist eine gute Definition von Erleuchtung. Sind wir nicht wach im Hier und Jetzt, dann leben wir in einem Traum. Wir denken, das Leben sei in der physischen Welt verankert, aber das ist es nicht. Wir nehmen nur das wahr, was unsere Gedankenformen zulassen.

Wenn ich sterbe, kann ich die Informationen des Gehirns nicht mehr abrufen. Es ist eine Inkubationszeit, aus der etwas Neues hervorgehen kann, ein neues Leben – wie auch immer man es nennen mag. Es gibt zwangsläufig viele mögliche Ebenen von Inkubationen, da alle Welten, nicht nur unsere, Schöpfungen des Bewusstseins sind. Physiker sagen, dass die Zeit zwischen Aktivität und Nichtaktivität, die Lücke zwischen Existenz und Nichtexistenz auf der Quantenebene nur einige Mikrosekunden beträgt. Körperzellen sterben nach ihrem eigenen, unterschiedlichen Zyklus: Rote Blutkörperchen sterben nach 120 Tagen, dann werden neue geboren. Magenzellen sterben alle fünf Tage, Hautzellen alle 30 Tage. Der Körper existiert jedoch über diese physischen Veränderungen hinaus, erhalten durch ein Gedächtnis, eine unsichtbare Intelligenz auf der Ebene des Quantenfeldes, in dem der wahre Bauplan des Lebens steht.

Das heißt, dass in meinem Körper die Erinnerungen jetzt auf jeder Ebene wiedergeboren werden, auf der quantenmechanischen, zellulären und molekularen Ebene. Der Abbruch der Koordination zwischen Leben und Tod bringt sogar Krebszellen hervor. Eine Krebszelle hat vergessen, wie sie sterben kann. Sie hat die Ganzheit vergessen. Deshalb geht sie auf ihre eigene Suche nach Unsterblichkeit. Sie zerstört den übrigen Körper und kommt dabei selbst um. Ohne das Wissen, dass der Tod das Leben ermöglicht, würde die Natur ins Nichts implodieren. Wir wären alle in einem eingefrorenen Universum mumifiziert. Das Universum erneuert sich dadurch, dass es ständig stirbt und wieder geboren wird. Bei jeder Geburt erschafft es eine bessere Version seiner selbst. Diesen Prozess nennen wir Evolution.

Wir sind alle Teil der kosmischen Evolution. Unser eigenes Sterben auf jeder Ebene ist nicht statisch. Wir erscheinen immer wieder neu, in jedem Augenblick, und hoffentlich immer als eine bessere Version unserer selbst. Deshalb ist das Sterben auch so spannend – mit jedem Tod entsteht eine neue Gelegenheit. Das Universum kann es sich nicht leisten, jede neue Möglichkeit einfach zu ignorieren. Deshalb werden Materie, Energie und Informationen wiederverwertet. Nichts wird neu erschaffen oder zerstört, es wird lediglich transformiert. Warum sollte das Bewusstsein sich nicht recyceln? Warum sollte es eine Ausnahme sein? In Wirklichkeit ist es das Bewusstseinsfeld, das als Energie, Materie und Information recycelt wird.

Vor einigen Jahren starb mein Vater, der in Indien lebte, völlig unerwartet, während ich mich in den USA aufhielt. Das hat mich sehr erschüttert. Ich hatte ein schlechtes Gewissen, nicht bei ihm gewesen zu sein, und war tieftraurig. So wirkt der Tod auf uns – wir trauern um denjenigen, der uns genommen wurde. Verlust hängt jedoch von der Sichtweise ab. Ich fragte mich: Wo war mein Vater, als er noch lebte? In meinem Bewusstsein. Wie war meine Beziehung zu ihm, als er noch lebte? Die Liebe zu ihm und die tiefe Verbundenheit, die ich spürte, waren alle in meinem Bewusstsein. Wo ist mein Vater jetzt? In meinem Bewusstsein.

Ich glaube, der Schlüssel zum Mysterium des Todes liegt darin, zu erkennen, wer ich bin. Solange man sich noch mit Körper und Geist identifiziert, unterliegt man einer Fehleinschätzung, denn Körper und Geist sterben ständig. Ich denke heute anders als im Teenageralter. Meine Persönlichkeit hat sich verändert, meine Emotionen sind auch anders. Wo steckt der rote Faden dieses gesamten »Ich«?

Durchgehend sind die persönlichen Erinnerungen: wie bei einer Perlenkette, bei der jede Perle eine Erinnerung ist und die alle auf einem unsichtbaren Faden aufgezogen sind. Die Kette sind Sie – und die Erinnerungen auf der Kette sind mit Ihnen verknüpft. Wenn es Ihnen gelingt, diese tiefere Ebene zu erreichen, in der es keine einzelnen Erinnerungen mehr gibt, sondern nur noch ein fortdauerndes

Gewahrsein, dann haben Sie den Tod überwunden. Die Existenz ist immun gegenüber dem Tod, wenn man sie als Kontinuum versteht statt als Abfolge von Erinnerungen. Man erkennt, dass der Tod eine Illusion ist, dass er die ganze Zeit eine Illusion gewesen ist.

Ich betrachte den Tod als einen Quantensprung der Seele, der die gleiche karmische Software verwendet – Erinnerungen, Erfahrungen, Vorstellungen, Wünsche –, um sich in einem neuen Kontext wieder zu erfinden. Man wird an einem neuen Ort neu erfunden, mit neuem Inhalt und neuen Beziehungen, um die Reise der Seele fortzusetzen. Ich gründe dieses Konzept nicht auf Religion oder Glaube. Es beschreibt den Quantensprung bei jedem neuen Gedanken oder bei der Erneuerung meiner Zellen. Beim Tod steht der Schalter auf »Aus«, während er sonst eingeschaltet ist. Das Universum ist eine komplexe, multidimensionale Schwingung, in der alles »an« und »aus« geht. Wenn sich das Universum auf »Aus« neu erfindet, tun wir das auch.

Man darf sich allerdings nicht mit dem Mechanismus identifizieren, denn das Selbst ist keine mechanische Schöpfung. Sie sind nicht Ihr Gehirn, und Sie sind auch nicht Ihr Körper. Sie benutzen einfach nur Ihr Gehirn und Ihren Körper. Jedes Mal, wenn Ihr Gehirn aktiv wird, entsteht auch eine neuronale Abbildung davon. In welchem Bereich dies geschieht, erkennt man daran, dass eine elektrochemische Aktivität in der fMRT (funktionelle Magnetresonanztomografie) sichtbar wird. Man sieht ein Selbst, das wirklichkeitsgetreu wiedergegeben wird, genauso wie das Gehirn Erinnerungen wiedergibt. Keiner hat bisher Spuren einer Erinnerung in einer Gehirnzelle gefunden. Vorstellungen, Wünsche oder Absichten können nicht in einer Gehirnzelle nachgewiesen werden. Nichts von dem, was uns zu Menschen macht, lässt sich dort finden. Es ist zwecklos, Neuronen zu zerlegen, um die Position von Erkenntnis, Intuition und Inspiration zu entdecken. Das sind Qualitäten unserer Seele, und die Seele ist nicht lokalisierbar, auch wenn alle Erfahrungen der Seele im Gehirn erfasst werden, denn das ist seine Aufgabe.

Es gibt heute zwei wissenschaftliche Theorien über das Bewusstsein. Die eine besagt, dass Bewusstsein eine emergente (lat. auftauchende, entstehende, Anm. d. Ü.) Eigenschaft des Gehirns ist und daher auch eine emergente Eigenschaft der Evolution. Das ist die materialistische, reduktionistische Sichtweise. Postmoderne Wissenschaftler haben eine weitere Theorie entwickelt, die durch Philosophie, spirituelle Traditionen und die Evolutionstheorie beeinflusst wird. Dabei ist das Bewusstsein keine emergente Eigenschaft, sondern gehört zum Universum. Genau genommen wird die Evolution vom Bewusstsein gesteuert. Beide Theorien nennt man vereinfacht »Materie als das Primäre« und »Bewusstsein als das Primäre«. Ich verwende letztere Bezeichnung, bei der das Bewusstsein ein Feldeffekt ist; es ist nicht lokal, es ist transzendent, unvergänglich und der Urzustand, aus dem alles entspringt. Das kosmische Bewusstsein unterliegt weder Geburt noch Tod, da es vor der Zeit existiert.

Bei der Bezeichnung »Materie als das Primäre« gibt es ein offenkundiges Problem: Auf der Suche nach Bewusstsein sucht man es ja aus dem Bewusstsein heraus. Laut Definition ist das eine subjektive Erfahrung. Und das kann man nicht ändern. Es ist unmöglich, die Nervenzellen im Gehirn zu sezieren und die gesamte Gehirnaktivität abzubilden, um dem Geheimnis des Bewusstseins auf die Spur zu kommen. Die Neurowissenschaften sind jedoch davon überzeugt, dass das eines Tages möglich sein wird. Ich dagegen glaube, dass das nicht geschehen wird, denn wenn das Gehirn die Quelle des Bewusstseins sein sollte, müsste man die genaue Stelle finden, an der die Moleküle gelernt haben zu denken. Ein Zuckermolekül kann nicht denken, wenn es in der Zuckerdose liegt. An welchem Punkt fängt es auf magische Weise an zu denken, während es heruntergeschluckt und zum Gehirn geschleust wird?

Umgekehrt werden im Gehirn ständig Gedanken in Moleküle umgewandelt. Damit sich jeder Gedankenimpuls manifestieren kann, muss er eine einzigartige Reihe von chemischen Reaktionen in Gang setzen. Dabei ist es egal, ob man sich heute Abend auf eine Verabredung freut, Lust auf einen Döner hat oder eine Engelserscheinung erlebt. Der Geist aktiviert die Materie, indem er ein unsichtbares Potenzial in ein organisiertes physisches Geschehen im Gehirn verwandelt.

Der objektive »Beweis« für das Bewusstsein durch Untersuchung des Gehirns kann bestenfalls eine Schlussfolgerung sein, genauso wie ein tauber Mensch vermutet, dass Musik ertönt, wenn er sieht, wie sich die Tasten eines Klaviers heben und senken. Dies ist kein direkter Beweis. Man muss die Fakten der Wissenschaft mit den Erkenntnissen der alten weisen Gelehrten kombinieren, um das Bewusstsein mit seinem Doppelleben als Potenzial und Manifestation zugleich vollkommen zu begreifen. Ohne das Potenzial gibt es keine Manifestation.

Jede Erklärung alter Weisheiten und Traditionen auf die Frage, was nach unserem Tod geschieht, dürfte richtig sein, denn das Leben nach dem Tod gehört zum Bereich der Projektion. Wenn wir an die Illusion der physischen Welt glauben, wenn wir die Existenz irrtümlich für etwas halten, was uns ein Minimum an Schmerz und ein Maximum an Freude bietet, dann verstärkt der Himmel diese Illusion. Die Hölle spielt sie jedoch herunter. Letztendlich ist das Nebenprodukt einer Projektion auch immer wieder eine Projektion. Solange Sie begreifen, dass die Projektionen, die unsere fünf Sinne kreieren, nicht die Wirklichkeit sind, existieren alle Darstellungen von einem Leben nach dem Tod gleichberechtigt nebeneinander. Wie gute Kinofilme haben sie alle ihre Berechtigung.

Unsere Vorstellung von Gott hat ebenso viele Versionen, die Projektionen verschiedener Geistesverfassungen sind. Wenn wir Angst um unser Überleben haben, dann ist es Gott, der uns bestraft oder beschützt. Wenn wir Frieden empfinden, dann ist Gott die Erlösung. Wenn wir kreativ sind, dann ist Gott der Schöpfer. Wenn wir mit dem archetypischen Bewusstsein verbunden sind, dann ist Gott derjenige, der Wunder vollbringt. Jede Definition von Gott resultiert aus einer besonderen Geisteshaltung heraus. Ich glaube, dass Gott im Grunde das unsichtbare Prinzip ist, das organisiert und gestaltet und das als reines Potenzial existiert. Es ist die Quelle von allem, bevor sich irgendetwas manifestieren kann. Um das jedoch zu beweisen, muss man es erfahren haben. Gebete, Meditation, tief empfundene Liebe und alle Dinge, über die wir bisher gesprochen haben, können einem diese Erfahrung vermitteln. Man macht sich sozusagen auf den Weg, um seine Seele zu nähren und zu entwickeln.

Entsprechend groß war meine Freude über dieses Buch meiner Kollegin und guten Freundin Marilyn Schlitz. Marilyn ist eine Universalgelehrte und ein Musterbeispiel für die postmoderne Herangehensweise an das Thema Bewusstsein. Als Anthropologin begegnet sie den unterschiedlichen kulturellen Traditionen zum Thema Tod und Jenseits mit Respekt und viel Lebenserfahrung. Als Wissenschaftlerin hat sie es sich zur Aufgabe gemacht, das große Mysterium der Transformation, zu dem der Tod maßgeblich gehört, zu entschlüsseln. Ihre Pionierarbeit bei der wissenschaftlichen Erforschung des Bewusstseins bietet eine solide Basis für die lebhafte Auseinandersetzung mit der Frage, wer wir wirklich sind. Als Heilerin spricht sie über die grundsätzliche Ursache von Leid und zeigt uns Wege zu neuen Heilungsmöglichkeiten auf. Als spirituell Praktizierende und begnadete Lehrerin geht Marilyn mit gutem Beispiel voran. Dabei gewährt sie uns kurze Einblicke in ihre eigene Transformation.

Die Vision von *Das Mysterium vom Leben und Sterben,* zusammen mit dem Dokumentarfilm *Das Mysterium von Leben und Tod,* soll Ihnen dabei helfen, die Angst vor dem Tod zu überwinden. Mit der Autorin teile ich die Vision von einem Leben, in dem wir unser großes Potenzial umsetzen. Mögen Sie Freude und Zufriedenheit bei der Lektüre dieses bemerkenswerten Buches empfinden. Und ich hoffe, dass Sie während des Lesens und der Auseinandersetzung mit dem Thema Ihre Verbundenheit mit dem Leben erkennen.

EINLEITUNG

Tod *Substantiv*: Ende des Lebens: der Zeitpunkt,
an dem jemand oder etwas stirbt. Christliche
Wissenschaft: die Lüge vom Leben in der Materie:
das, was unwirklich und unwahr ist.

Leben *Substantiv*: Die Fähigkeit zu wachsen, sich
zu verändern etc., das, was Pflanzen und Tiere von
Dingen wie Wasser oder Steinen unterscheidet.

Was ist der Tod? Was geschieht, nachdem wir gestorben sind? Und wie wirken sich die Antworten auf solche Fragen auf unsere Art und Weise zu leben aus?

Meine erste Auseinendersetzung mit diesen zeitlosen Rätseln erfolgte so früh, dass ich mich nicht mal mehr daran erinnern kann. Damals hatte ich mir auch vorab keine Fragen überlegt. Ich war ein neugieriger, frühreifer, 18 Monate alter Knirps, der in einem rosafarbenen Pyjama die Welt um sich herum entdeckte. In einem Moment der Unaufmerksamkeit hatte mein Vater einen Behälter mit Feuerzeugbenzin auf unserem gelben Küchentisch stehen gelassen. Ich grabschte ihn mir und steckte die Öffnung in meinen Mund. Danach kämpfte mein kleiner Körper monatelang im Krankenhaus, während meine Lunge nach Luft rang. Ich befand mich in der Grauzone zwischen Leben und Tod. Nach mehreren Intensivbehandlungen überlebte ich schließlich. Ich bin überzeugt, dass dieses Erlebnis in mir den Samen für den tiefen Respekt und die Dankbarkeit gelegt hat, die ich für die Heilkunst empfinde. Weil ich dieses erschütternde Erlebnis als Kind überlebt hatte, wurde ich neugierig, diese halbdurchlässige Membran zwischen Leben und Tod zu erforschen.

Ich wuchs in den 60er- und 70er-Jahren in Detroit zu einer Zeit auf, in der die Vereinigten Staaten mit sich selbst im Krieg standen. Es war ein Kampf der Rassen, der Klassen und letztendlich ein Kampf der Weltanschauungen. Diese komplexe Zeit, die mich sowohl persönlich als auch gesellschaftlich zum Widerstand animierte, ließ mich als Heranwachsende Verwirrung, Wut und den Wunsch nach Veränderung spüren.

Eines Nachts, mit 15 Jahren, saß ich auf dem Rücksitz eines Motorrads und befand mich daher mit dem falschen Menschen zur falschen Zeit am falschen Ort. Ein betrunkener Autofahrer fuhr ohne Licht aus einer Parklücke heraus und stieß mit dem Motorrad zusammen. Der Aufprall schleuderte meinen Körper durch die Luft, und ich beobachtete, wie er im hohen Bogen durch die Luft flog und zu Boden stürzte. Wie ich heute weiß, hatte ich eine außerkörperliche Erfahrung. Ich erinnere mich genau daran, wie ich spürte, dass mein Bewusstsein die Grenzen meines Körpers überschritt und von oben auf ihn herabschaute.

Ich wurde mit einer tiefen, offenen Wunde im linken Bein in die Notaufnahme gebracht. Während ich auf meine Eltern wartete, die viele Stunden entfernt wohnten, wurde über eine mögliche Amputation gesprochen. Die Notärzte taten ihr Bestes, um meinen Unterschenkel zusammenzuflicken. Doch als ich schließlich nach Hause geschickt wurde, wusste niemand, ob mein Bein tatsächlich heilen würde.

In der folgenden Woche lag ich den ganzen Tag auf der Couch bei meinen Eltern. Mir kam dabei die Idee, dass ich mir vorstellen könnte und sollte, wie mein Immunsystem mein Bein heilt. Ich lag also da, konzentrierte mich und spürte das Prickeln des Heilungsprozesses. Ich kam nicht aus einer Ärztefamilie und wusste damals auch nichts über die Mind-Body-Medizin. Heute weiß ich, dass mir ein unmittelbares, intuitives Wissen mitgeteilt hatte, wie ich mich selbst heilen könnte.

Über die Jahre hat sich mein Weltbild erweitert und lässt ein größeres Spektrum an Möglichkeiten zu. Heute stehe ich sehr gut mit beiden Beinen auf dem Boden und bin mir gleichzeitig bewusst, dass einige Aspekte meines Selbst mehr als nur körperlich sind. Ich habe auch schon von sterbenden Familienmitgliedern und Freunden Abschied nehmen müssen. Das hat mir zu einem tieferen Verständnis über die Sterblichkeit verholfen. Ich habe den Schmerz des Verlustes kennengelernt und das transformierende Potenzial erfahren, als ich über die Trauer zum Frieden fand.

OFFEN FÜR DEN DIALOG

Antworten auf Fragen des Bewusstseins und der Weltanschauung zu finden ist zur wesentlichen Arbeit in meinem Leben geworden. Viele Jahrzehnte lang habe ich die verborgenen Dimensionen des Menschen untersucht. Dabei habe ich unzählige Experimente durchgeführt, um die subtile Ausdehnung des Geistes und die Existenz von Bewusstsein jenseits des Körpers zu erforschen.[1] Ich bin Grundsatzfragen über das Heilpotenzial, das in unserer Fähigkeit zur Veränderung und Transformation liegt, nachgegangen. Ich habe Tausende von Menschen befragt, von Durchschnittsbürgern über Kinder, renommierte Wissenschaftler bis hin zu angesehenen Weisheitslehrern aus den unterschiedlichsten Kulturen und Traditionen.

Gemeinsam mit einem Kollegenteam, einschließlich der Psychologinnen Cassandra Vieten und Tina Amorok, habe ich ein Modell entwickelt, das erklärt, wie sich unsere Weltanschauungen verändern.

Dieses Modell zur Transformation des Weltbildes stützt sich auf die Natur der Erfahrungen, die eine Verbindung schaffen zwischen unserem physischen und metaphysischen Wissen und Sein. Unsere vorläufigen Forschungsergebnisse veröffentlichten wir 2008 in dem Buch: *Living Deeply – The Art and Science of Transformation in Everyday Life,* (2011 auf Deutsch erschienen: *Innig leben* – Anm. d. Ü.).[2] Was wir in diesem frühen Werk nicht berücksichtigt hatten, ist die Rolle, die das Bewusstsein vom Tod spielt, wenn es um unsere Transformation und unsere Einstellung zum Leben geht. In meinem eigenen Forschungsprozess habe ich versucht, ein Verständnis dafür zu erlangen, wie der Tod uns in unserem persönlichen Wachstum, unserem Heilungsprozess und unserem spirituellen Erwachen beeinflusst.

DER PREIS DAFÜR, NICHT ÜBER DEN TOD ZU SPRECHEN

Die demografischen Zahlen belegen es, dass unsere Bevölkerung immer älter wird. Weltweit lässt sich ein noch nie da gewesener Anstieg des Durchschnittsalters feststellen. 2008 wurde die Zahl der Menschen, die 65 Jahre alt oder älter werden, noch auf 506 Millionen geschätzt; bis zum Jahr 2040 sollen es 1,3 Milliarden werden. Die Bevölkerung der USA soll bis 2050 auf 400 Millionen Menschen anwachsen; etwa 20 Prozent der Menschen werden dann 65 Jahre alt oder älter sein. Die Babyboom-Jahrgänge, zu denen ich gehöre, sind jetzt kurz vor ihrem Ruhestand, trotz aller Bemühungen, jung zu bleiben. Mehr als 10 000 Babyboomer werden in den USA täglich 65 Jahre alt. Dieses Segment der amerikanischen Bevölkerung wächst derzeit am stärksten.[3]

Daryl J. Bem, aus einem Babyboomer-Jahrgang und Sozialpsychologe an der Cornell Universität, erzählte mir:»Angesichts meines eigenen Alters, Mitte 70, habe ich meine Sichtweise geändert, wie das bei vielen älteren Menschen der Fall ist: Ich denke nicht mehr an mein Leben bis zu diesem gegenwärtigen Moment, sondern eher an mein

Leben bis zum Tod. Und damit wird die Perspektive in vielerlei Hinsicht verändert. »Wie Bem machen sich viele aus der Babyboomer-Generation Gedanken über ihren eigenen Tod und was danach kommen mag.

Die geburtenstarken Jahrgänge in den Vereinigten Staaten waren lange durch ihren Individualismus und ihre ausgeprägte Autonomie gekennzeichnet. Heutzutage muss sich diese Generation zunehmend mit der Pflege der alternden Eltern, der kranken Kinder oder Ehepartner und mit der eigenen Sterblichkeit auseinandersetzen. Wir suchen nach innovativen Wegen, um unsere Identität, unsere Rollen und unsere Verantwortung in diesem Wandel neu zu definieren. Während wir älter werden und mit unseren eigenen existenziellen Themen konfrontiert werden, suchen wir nach neuen Wegen der Sinnhaftigkeit und Bestimmung. Viele von uns sind auf einer Suche nach Ganzheit und probieren verschiedenen Praktiken und Ansätze aus, um die eigene Wahrheit zu entwickeln, entweder allein oder gemeinsam mit anderen. Manche Menschen kehren zu ihrem ursprünglichen Glauben zurück. Andere wiederum begeben sich auf einen neuen spirituellen Weg, der ihnen vielleicht ein authentischeres Leben ermöglicht. Sowohl die geburtenstarken Jahrgänge als auch die nachfolgenden erwarten, dass das Leben im Alter besser sein kann. Sie sind deshalb offen dafür, neue Fähigkeiten zu entwickeln und neue Lebensformen für ein würdevolles Altern zu entdecken.[4]

Obwohl das Thema Tod für jeden sehr wesentlich ist, wollen viele von uns nicht darüber nachdenken, geschweige denn reden. Wenn wir gesund sind, werden wir uns vermutlich kaum mit seiner Unumgänglichkeit auseinandersetzen. Selbst wenn ein Familienmitglied unheilbar krank ist, zögern wir, das Thema Tod anzusprechen, da es zum einen bedeuten würde, die Tatsache als wahr anzuerkennen, zum anderen dem geliebten Menschen wehzutun. Viele wollen nicht über den Tod sprechen, da sie selbst Angst davor haben oder es in ihrer Kultur ein Tabuthema ist. Aber indem dieses wichtige Thema totgeschwiegen wird, verpassen die Menschen die Gelegenheit, sich mit

Familie und Freunden über ihre Wünsche und Hoffnungen auszutauschen. Wir geben damit unsere Autonomie auf, unsere Entscheidungsfähigkeit und unsere persönliche Autorität. Wir haben es jedoch besser verdient. Unsere zurückhaltende Auseinandersetzung mit dem Tod verursacht leider erhebliche Probleme. Laut einer Studie der *California Healthcare Foundation* aus dem Jahr 2009 sagen zwar sechs von zehn Menschen, sie wollen ihre Familie nicht mit Entscheidungen, die das Lebensende betreffen, belasten.[5] Gleichzeitig haben aber fast 56 Prozent der an dieser Studie Beteiligten noch nie mit ihren Familienmitgliedern darüber gesprochen, wie sie sich dieses Ende wünschen würden. Beispielsweise wollen die meisten Amerikaner zu Hause sterben, doch nur 24 Prozent der über 65-jährigen können sich diesen Wunsch erfüllen. Viele Menschen verbringen dann doch die letzten Tage ihres Lebens in Pflegeheimen oder Krankenhäusern. Die Pflege von Sterbenden im Krankenhaus bedeutet teilweise auch hohe Kosten, aufwendige und aggressive Behandlungsmethoden, die an der Lebensqualität zehren. Eine 2010 vom Dartmouth-Institut erhobene Studie fand heraus, dass mehr als 40 Prozent der älteren, krebskranken Patienten in den letzten sechs Monaten ihres Lebens von zehn oder mehr Ärzten behandelt worden sind.[6] Weiterhin wurde in der Studie festgestellt, dass vielen dieser Patienten im letzten Monat vor ihrem Tod noch lebensverlängernde Maßnahmen verordnet wurden. Ein Artikel, der 2010 im *Journal of Palliative Medicine* veröffentlicht wurde, stellt fest, dass nur 15 bis 22 Prozent der ernsthaft erkrankten alten Patienten ihre letzten Wünsche in der Krankenakte schriftlich niedergelegt hatten.[7] Die *Agency for Healthcare Research and Quality* stellte fest, dass 65 bis 76 Prozent der Ärzte überhaupt nichts vom letzten Wunsch ihrer Patienten wussten.[8]

Das Gesundheitssystem *Medicare* in den Vereinigten Staaten sieht vor, dass nur ein Dollar von jedem vierten Dollar für Sterbende in ihrem letzten Lebensjahr ausgegeben wird. Laut einer Studie der *Mount Sinai School of Medicine*[9] übersteigen bei 40 Prozent der Haushalte die Auslagen die finanziellen Ersparnisse. Man bemüht sich oft intensiv darum, das Unvermeidbare hinauszuzögern.

Viele Familien, die mit einer ernsthaften Krankheit konfrontiert werden, sind bereit, alles in ihrer Macht Stehende zu tun, um das Leid des ihnen nahestehenden Menschen zu lindern. Allerdings leiden ihre Liebsten manchmal dadurch nicht weniger. In manchen Fällen bewirken Behandlungen einen größeren Schaden und führen zu noch mehr Schmerzen. Dabei kann die beste Pflege absolut wirkungslos bleiben. Angesichts dieser Herausforderungen suchen immer mehr Menschen Hilfe für ihre sterbenden Verwandten und Bekannten, damit sie in Würde und Frieden gehen können.

UNSERE KOLLEKTIVEN WUNDEN HEILEN

Wir müssen uns der unvermeidbaren Wahrheit stellen. Das bedeutet, unsere Ansichten über die Sterblichkeit genauer unter die Lupe zu nehmen. Alle Überlegungen dazu, wie wir uns das Ende unseres Lebens vorstellen, werden Fragen über die Zeit nach dem Tod aufwerfen. Es sind diese großen Fragen nach der Bedeutung des Todes für das Leben und was nach dem Tod geschieht, die uns miteinander verbinden. Menschen aller Altersklassen und jeder Couleur suchen nach Antworten auf die gleiche Frage.

Verschiedene Kulturen und Glaubenssysteme haben die unterschiedlichsten Einstellungen zur Sterblichkeit und zur Natur der menschlichen Existenz. Auf meiner eigenen Suche stand ich bereits vor sehr vielen Türen. Dazu gehörten das majestätische, geschnitzte Tor der *Grace Cathedral* in San Francisco, die einfachen Holztüren einer Sufi-Moschee in der Innenstadt von Oakland, die vergoldeten Türen eines buddhistischen Klosters in Taiwan, die abgeschirmte Tür des Affengeheges im Oakland-Zoo, die automatischen Türen der Hightech-Chirurgie in Tucson sowie eine abschreckende, 1000 Kilo schwere Stahltür zu einem elektromagnetisch geschützten Labor für

Gehirnüberwachung in Petaluma, Kalifornien. Ich führte Hunderte von Interviews, leitete Gesprächsgruppen, nahm an Zeremonien und Ritualen teil und sammelte Daten und Geschichten. In jedem Schritt meines Weges versuchte ich einen roten Faden in diesem komplexen, multidimensionalen Spektrum von Leben, Tod und Jenseits zu finden. Es war ergreifend zu erleben, wie all die Menschen mit den unterschiedlichsten Vorgeschichten mit ihrem eigenen bevorstehenden Tod oder dem ihrer Liebsten umgingen. Mich hat es sehr inspiriert, wie sie sich durch solche Erlebnisse weiterentwickelt haben. Durch die Beschäftigung mit den Geheimnissen unserer Sterblichkeit habe ich erkannt, wie uns der Tod alle mit dem Leben verbindet. Durch viele vertrauliche und liebevolle Gespräche habe ich die ganze Gefühlsbandbreite von Tränen über Ehrfurcht bis hin zu heiterem Gelächter in nur wenigen Augenblicken erlebt. Ich durfte dabei meine eigene persönliche Transformation und Heilung erleben.

Bei diesem Liebesdienst war es mein Ziel, über einen bestimmten Ansatz zum Thema Tod hinauszuschauen. Ich konzentrierte mich jedoch auf allgemeine Grundlagen, die zum Vorschein kommen, wenn wir verschiedene Weltanschauungen, Glaubensvorstellungen und kulturelle Hintergründe betrachten. Diese Grundlagen sind die ersten Anzeichen eines kosmologischen Musters. Gleichzeitig ist es mein Ziel gewesen, die verschiedenen religiösen, spirituellen, wissenschaftlichen, akademischen und gesellschaftlichen Ansichten darzustellen und zu respektieren. Mein Fokus liegt auf dem natürlichen und grundsätzlich zyklischen Prozess von Leben und Tod. Ich habe versucht, die unzähligen Lehren zugänglich zu machen, ohne ihre Vielschichtigkeit zu schmälern.

Auf den folgenden Seiten werfen wir einen genaueren Blick auf die verschiedenen Einstellungen zum Tod und dem Leben danach; wir werden erkennen, wie diese Ansichten uns bereichern und heilen können, sowohl persönlich als auch global als Gesellschaft. Wir werden Menschen aus unterschiedlichen Altersklassen und Gesellschaftsschichten, aus verschiedenen Religionen und Kulturen kennenlernen.

Wir werden uns die ganze Bandbreite des Themas Tod anschauen und wie groß die Angst der Menschen ist, die sich bislang weigerten, sich damit zu beschäftigen. Wir werden sehen, wie direkte persönliche Erfahrungen mit anderen Ebenen der Existenz, die außerhalb der physischen Welt liegen, einem dabei helfen können, diese Angst vor dem Tod zu überwinden. Wir werden erfahren, wie die materialistische Wissenschaft mit Fragen zum Bewusstsein nach dem Tod umgeht und warum dieses Thema so wichtig ist, um eine Wirklichkeit jenseits unserer physischen Erscheinung zu erkennen. Wir werden uns Gedanken über Modelle machen, die Antworten auf uralte Fragen bieten und gleichzeitig die Uralt-Antworten infrage stellen. Wir werden uns mit den Fragen über Bewusstsein, Tod und das Jenseits, die uns wachgerüttelt haben, auseinandersetzen.

In diesem Prozess hat jeder von uns die Gelegenheit herauszufinden, wo er auf diesem transformativen Pfad steht. Eine solche Reise führt uns von unserem eigenen physischen Wesen zu unserer Verbundenheit mit einer umfassenderen Realität und einer vernetzten Ganzheit. Jeder wird für sich die Möglichkeit erhalten, seine persönliche Weltsicht zu hinterfragen und seine Lebenserfahrung, die von verschiedenen Glaubensvorstellungen, Mythen, Geschichten und wissenschaftlichen Erkenntnissen geprägt ist, neu einzuordnen. Während wir in ein umfassendes Spektrum an alternativen Weltanschauungen eintauchen, werden wir unseren Horizont durch den Vergleich mit unseren eigenen Ansichten über Bewusstsein und Menschsein erweitern. Wir werden darüber nachdenken, was unserem Leben Sinn gibt, was uns von äußerlich motivierten Zielen, wie materiellem Gewinn, zu innerlich motivierten Zielen bringt, die uns mit dem großen Ganzen verbinden und uns eine offenere Wahrnehmung dem Leben gegenüber ermöglichen. Vielleicht erweitern wir unsere Sicht der Dinge, indem wir von unseren eigenen Erfahrungen und denen der anderen lernen.

Während wir uns mit der Vorstellung beschäftigen, wie der Tod das Leben erst möglich macht, können wir zufriedener und gesünder und dadurch zu besseren Mitmenschen werden. Außerdem können wir unsere Ziele in dieser schnelllebigen Zeit neu definieren. Damit schaffen wir eine Grundlage, uns selbst angesichts unserer eigenen Sterblichkeit und der unserer Liebsten neu zu begreifen.

Ich lade Sie zu diesem transformativen Prozess ein, der uns alle darin unterstützen kann, das heilende Potenzial in unserer Beziehung zum Tod zu erkennen. Kommen wir alle zusammen in ein unaufhörliches Lernlabor und in das, was Jerry Jampolsky, Gründer des *Center for Attitudinal Healing*, mir in einem Interview als »ein *Verlernlabor*, in dem man das verlernt, was man sich angeeignet hat«, beschrieb.

Ich werde alle meine gesammelten Erkenntnisse mit Ihnen teilen, alles, was ich von vielen Experten und Weisheitslehrern über das transformative Potenzial des Todes erfahren habe und wie sich unsere Angst vor dem Tod zu einem motivierenden Wert im Leben entwickeln kann. Ich hoffe sehr, dass dieses Buch, begleitend zum Dokumentarfilm, Sie darin unterstützen wird, die Herausforderungen Ihres Lebens anzunehmen. Dazu gehören der Tod von geliebten Menschen, die eigene Sterblichkeit und der Umgang mit dem Ende (und wiederum mit dem Anfang), die sich alle Schritt für Schritt auf Ihrer wunderbaren und geheimnisvollen Lebensreise zeigen werden. In diesem dynamischen Prozess kann unsere individuelle Wandlung ein Katalysator für Veränderungen in der Gesellschaft sein, die zu mehr Freude, Gerechtigkeit, Mitgefühl und Nachhaltigkeit führen.

1. KAPITEL:
UNSER WELTBILD
TRANSFORMIEREN

Eines Tages werden Sie Ihrer eigenen Sterblichkeit
ins Auge schauen. In dem Moment werden Sie
hoffentlich erkennen, dass Ihr Leben gut war, dass
Sie nichts bereuen und dass Sie viel Liebe ver-
schenkt haben. Ich hoffe für Sie, dass dieser Tag
ein guter Tag zum Sterben sein wird.

Lee Lipsenthal

Lee Lipsenthal war 53 Jahre alt, als ihm sein Arzt mitteilte, dass er
sterben würde. Er hatte etwa zwei Jahre lang an Speiseröhrenkrebs
gelitten. Nach der angeblichen Remission kam die Krebserkrankung
mit voller Wucht zurück. Selbst Arzt, verheiratet mit einer Ärztin,
wusste Lee, dass die Schulmedizin ihren Dienst getan hatte. Sich auf
das Sterben vorzubereiten war nun sein Lebensinhalt geworden.
Während seine Tage gezählt waren, kostete er jeden Augenblick aus,
als ob es der letzte wäre.

Lee war ein Jahrzehnt lang wissenschaftlicher Leiter am *Dean
Ornish Preventive Medicine Research Institute* und Vorsitzender am
American Board of Integrative Holistic Medicine gewesen. Trotz seines
wissenschaftlichen Hintergrunds hatte er eine spirituelle Lebenseinstellung, die ihm half, sich auf seinen Tod vorzubereiten. Durch eine

intensive Meditationspraxis und mithilfe von schamanischen Reisen entwickelte er ein sehr umfassendes Gefühl für sein Selbst und erkannte, wie seine Weltanschauung seine Vorstellung vom Jenseits beeinflusste.

Seit über zehn Jahren waren Lee und ich gute Freunde und Kollegen. In unseren vielen offenen und tief gehenden Gesprächen erinnerte er sich einmal an prägende, spontane Erlebnisse aus früheren Leben, in denen er mit Gott, Jesus und Buddha verbunden war. Als ich ihn danach fragte, wie diese Erlebnisse mit religiösen Leitfiguren seine Erfahrung mit der Krebserkrankung und seine Einstellung zum Sterben beeinflusst haben, erklärte er mir:

»Das ist eine längere Geschichte ... Auf der einen Ebene empfinde ich ein Gefühl des Friedens, in dem Wissen, dass das hier nicht alles ist. Auf einer anderen Ebene ist dieses Gefühl nur ein kleiner Teil davon, warum es mir in meinem angeblichen Sterbeprozess gut geht. Das andere ist, dass ich eine tiefe Dankbarkeit für mein Leben, wie ich es geführt habe, empfinde. Ich hatte eine wunderbare Zeit. Ich bin großer Musikfan und hatte das Glück, mit einigen meiner Rock'n'Roll Helden Zeit verbringen und gemeinsam Gitarre spielen zu können. Ich hatte richtig viel Spaß in meinem Leben ... Meine Arbeit war anspruchsvoll und kreativ und hat mir große Freude gemacht. Ich bin seit 30 Jahren mit einer Frau verheiratet, die ich immer noch aus tiefstem Herzen liebe. Meine beiden Kinder sind ganz wunderbare Menschen. Wenn ich also jetzt sterben muss, dann ist das in Ordnung. Ich brauche eigentlich nichts mehr. Das ist ein Grund, warum ich diesen Frieden spüre.

Der andere Grund ist der, dass ich genau weiß, dass ich es nicht beeinflussen kann, ob ich lebe oder sterbe ... also besteht der wahre Grund für meinen Frieden aus einer Mischung aus Akzeptanz, keine Kontrolle über meinen Tod zu haben, und tiefer Dankbarkeit für das Leben, das ich bisher gehabt habe. Wenn ich mir Menschen anschaue, die eine ernsthafte Krankheit überlebt und sich durch diese Krise extrem gewandelt haben, frage ich mich: Ist das wichtiger als deinen Körper zu verlieren? Ich weiß es nicht.«

Lees Lebenseinstellung erlaubte es ihm, eine fließende Verbindung zwischen Leben und Sterben zu empfinden. Sein Glaubenssystem gab ihm ein Gefühl der Hoffnung und der Möglichkeiten. Da er eigene Erfahrungen mit vergangenen Leben hatte, fragte ich ihn, was wohl nach dem Tod seines Körpers passieren würde. »Es sind unsere Erfahrungen und die Art, wie wir sie interpretieren, die uns einschränken«, erklärte er mir. Diese Interpretationen oder Ansichten werden uns durch unsere Eltern, unsere Erziehung, unsere Religion oder sogar durch das, was wir lesen vermittelt. Und für Lee sind Erfahrungen aus vergangenen Leben und mystische Erlebnisse ebenso prägend:

»Ich glaube, dass wir zurück ins Leben kommen, um neue und andere Erfahrungen zu machen. Was den Sinn und Zweck anbelangt – ich werde nicht so tun, als ob ich dafür eine Erklärung hätte. Ich denke, dass wir uns durch unsere verschiedenen Leben entwickeln und verändern ... wir lernen von diesen vergangenen Leben und wir werden ... sagen wir, besser, tiefgründiger und leuchtender. So ist mein Glaubenssystem. Ich werde versuchen, es dir zu vermitteln, wenn ich auf der anderen Seite bin – das ist alles, was ich sagen kann.«

UNSERE WELTANSCHAUUNGEN VERSTEHEN

So wie Lee es sieht, sind unsere Ansichten über Leben, Tod und das Leben nach dem Tod alle geprägt von unterschiedlichen und manchmal sogar konkurrierenden Weltanschauungen. Oftmals formt unser

Glaube unsere Einstellung zum Tod und was danach geschieht. Zurzeit entwickelt sich eine Spiritualität, die traditionell religiöse Elemente mit neusten Erkenntnissen aus der Wissenschaft und persönlichen Praktiken kombiniert, um sich mit den existenziellen Fragen zu beschäftigen. Das beeinflusst wiederum den Glauben der Menschen an ein Leben nach dem Tod. Als die Amerikaner in einer Umfrage vom Gallup Institute die übliche Frage beantworten mussten: »Glauben Sie an ein Leben nach dem Tod?«, antworteten 75 Prozent mit Ja.[1] Die Amerikaner haben im Vergleich zu anderen Völkern ihre eigene, einzigartige Ansicht. Im Jahr 2013 berichtete Georg Bishop, Professor für Politikwissenschaften an der Universität Cincinnati, von zwei grenzüberschreitenden Studien für das *International Social Survey Program (ISSP)*: »Dabei waren die Amerikaner von einem Jenseits überzeugter als alle anderen befragten Personen (55 Prozent): doppelt so überzeugt wie die Holländer oder die Engländer, fünfmal mehr als die Ungarn und neunmal mehr als die Ostdeutschen.«[2] Nach meinen eigenen Beobachtungen beschäftigen sich Menschen weltweit generell mehr mit Fragen nach Leben und Tod, unabhängig von ihren religiösen Überzeugungen. Es gibt tatsächlich ein wachsendes Bedürfnis in allen Gesellschaftsschichten, über den Tod und was danach kommt zu sprechen.

Auch der Beruf kann die eigene Einstellung zum Tod sehr prägen. Zum Beispiel wird eine Krankenschwester oder ein Arzt in erster Linie versuchen, den Tod zu bekämpfen, ihn in Schach zu halten und jede erdenkliche Maßnahme einzuleiten, um das Überleben des Körpers zu gewährleisten. Beim Militär werden die Soldaten darin trainiert, keine Angst vor dem Tod zu haben. Dennoch sind sie von ihrer religiösen oder spirituellen Ausrichtung her geprägt. Inwieweit sie an ein Jenseits glauben, kann ihnen Hoffnung geben, sogar im Kampf.

Margaret Rousser, Direktorin des Oakland-Zoos, hat durch ihre Arbeit mit Tieren zu einer tiefen Wertschätzung für den Zyklus des Lebens und die transformative Kraft des Todes gefunden. Sie erklärte es folgendermaßen:

»Der ewige Kreislauf des Lebens mag ein Klischee sein, aber in meinen Augen ist er real. Alle Aspekte von Leben und Tod sind notwendig, damit es diesen wunderbaren Planeten gibt, wie wir ihn kennen. Wenn ein Tier stirbt, ist sein Kadaver Nahrung für Aasgeier und Käfer. Wenn eine Pflanze verwelkt, reichern ihre toten Blätter die Erde für das nächste Pflanzenwachstum an. Wir brauchen alle diese Prozesse, um auf unserem schönen Planeten leben zu können. Für mich wird der Zyklus des Todes dann unnatürlich, wenn man versucht, ihn zu beschleunigen. Es gibt eine gewisse natürliche Abfolge: Man wird älter, vergreist, stirbt und wird wieder ein Teil der Erde. Aber weil wir in den Zyklus eingreifen, geschehen diese Dinge zu schnell. Wir gießen giftige Chemikalien in unsere Erde, wodurch sich Tiere verändern und mutieren. Diese Dinge zerstören den natürlichen Kreislauf. Das ist es, was wir uns als menschliche Spezies und als Zivilisation genauer anschauen sollten. Und entsprechende Veränderungen vornehmen.«

Wie Rousser bemerkt, ist der Tod etwas Natürliches. Der Versuch, diesen natürlichen Zyklus zu verändern, lässt uns krank werden und stört unsere Beziehung zur Natur.

Rick Hanson hat eine ähnliche Einstellung. Ich traf ihn zum ersten Mal in einem kleinen Café in Mill Valley, Kalifornien. Als Gründer des *Wellspring Institute for Neuroscience and Contemplative Wisdom* ist Hanson ein Psychologe, der sich der evolutionären Neuropsychologie widmet.

Bei seinem Background ist es nicht verwunderlich, dass Hanson den Tod in einen größeren Zusammenhang des natürlichen Lebenskreislaufs stellt:

»Der Tod schafft Raum für die Jungen, die nachkommen, und er ermöglicht es einer Spezies, sich im Verlauf der Zeit anzupassen und zu verbessern. Mit anderen Worten, wenn die Mitglieder der Spezies nicht sterben würden, könnten sie sich nicht entwickeln. Deshalb befinden wir uns nun hier, 3,5 Milliarden Jahre nachdem das Leben auf der Erde begann, an der Spitze der Nahrungskette, gewissermaßen weitergereicht von Geschöpfen, die alle vor uns gestorben sind und uns Platz gemacht haben, damit wir hier heute leben können. In diesem Zusammenhang empfinde ich Dankbarkeit und Anerkennung für die, die gestorben sind, und für die Rolle, die der Tod im Leben spielt.«

Hanson ist praktizierender Buddhist. Obwohl er als Wissenschaftler ausgebildet ist, hat sich seine persönliche Philosophie über Leben und Tod aufgrund seiner spirituellen Praxis anders entwickelt:

»Die Natur des Sterbens lehrt uns über die Natur des Lebens. Anders ausgedrückt: Wenn wir sterben, zersetzt sich der Körper in seine Bestandteile, die sich dann auflösen, so oder so. Auch der Verstand löst sich in seine Bestandteile auf, zerfällt und wird verteilt. Alle Luftwirbel zerstreuen sich mit der Zeit. Die Realität des Todes und des Sterbens ist auch die Realität des Lebens. Körper und Verstand verändern sich ständig, sie bestehen aus vielen Teilen, vielen Formen, die entstehen, sich verbinden, sich organisieren, sich festigen und sich dann weiter bewegen. Genauso wie bei kleinen Kindern, die ihren eben noch vollen Teller leer gegessen haben und dann sagen: ›Alles weg!‹ Das ist die Natur eines jeden Augenblicks. Das Ende einer Lebensspanne hilft uns dabei, mehr Wertschätzung zu empfinden und Frieden und Weisheit dafür zu entwickeln, dass jedem Moment ein Leben und ein Sterben innewohnt.«

Hansons Standpunkt verdeutlicht die multidimensionale Natur unseres persönlichen Weltbildes. Er betrachtet alles aus verschiedenen Blickwinkeln gleichzeitig, nämlich aus wissenschaftlicher, klinischer und spiritueller Sicht. Dieses Weltbild hat ihm zu einer besonderen Lebenseinstellung verholfen:

»Als ich in meinen Zwanzigern war, hat mir die Weisheit von Don Juan in den Büchern von Carlos Castaneda sehr gefallen. Der Lehrer Don Juan sagt, man solle so leben, dass man jeden Moment auf den Tod vorbereitet ist. Für mich steckt sehr viel Weisheit darin, genau so zu leben, weil man ja tatsächlich nie weiß, wann es vorbei ist. Wir alle kennen jemanden, der plötzlich einen Schlaganfall hatte oder eine Krebserkrankung bekam und nach zehn Tagen, zehn Monaten oder sogar erst nach zehn Jahren starb. Deshalb weiß ich es auch zu schätzen, jeden Abend beim Zubettgehen meine Kinder umarmen zu können, ein Sandwich zu essen oder einen Sonnenaufgang zu genießen …
Wenn man weiß, dass der eigene Film bald zu Ende sein wird, dann ist man doch motiviert, ihn besonders gut zu machen, ihn, so gut es geht, zu genießen und ihn nicht für andere zu verderben.«

ANDERE WELTBILDER SCHÄTZEN LERNEN

Als Anthropologin habe ich mich mit vielen Weltbildern auseinandergesetzt und untersucht, wie sie sich ändern oder gleich bleiben.[3] Weltbilder sind für unser Leben elementar. Durch sie nehmen wir die Welt – unsere Erfahrungen, unser Verständnis und unsere Interpretation von uns selbst und unserer Umgebung – wie durch eine Linse wahr. Weltbilder prägen unseren Glauben und unsere Vorstellungen über unsere Erfahrungen und über unsere kulturelle und physische Umgebung. Umgekehrt wird das Weltbild auch von all diesen Faktoren geprägt. Unsere Weltbilder haben Einfluss darauf, wie wir uns veränderten Umständen in unserem Leben anpassen. Das Weltbild von Lee Lipsenthal bot ihm den Rahmen, um seinen bevorstehenden Tod verstehen und annehmen zu können. Es bot ihm einen Kontext, in dem er seinen Absichten, seinen Handlungen und seinen Emotionen Ausdruck geben konnte. Es spendete ihm Trost, als er mit seiner eigenen Sterblichkeit konfrontiert wurde.

Eine Wertschätzung für die Kraft von Weltbildern zu entwickeln könnte man auch als eine Art Allgemeinbildung verstehen.[4] Jeder von uns kann lernen, sowohl das eigene als auch das Weltbild von anderen Menschen besser zu verstehen und zu schätzen. Wenn wir lernen, zuzuhören und verschiedene Perspektiven mit einer gewissen Bescheidenheit und Neugier zu untersuchen, dann öffnen wir uns für neue Vorstellungen über unser Sein. Wenn wir uns mit fremden Weltbildern beschäftigen, können wir nicht nur unsere eigene Weltanschauung überdenken, verstehen und mitteilen, sondern auch erkennen, dass unsere Glaubensvorstellungen aus unseren speziellen Lebenserfahrungen und persönlichen Werten resultieren. Es fällt uns leichter, die Wirklichkeitsmodelle anderer Menschen, die genauso gültig sind und die die Vorstellungen und das Verhalten dieser Menschen prägen, wertzuschätzen. Die Weltbilder anderer Menschen anzuerkennen lässt unsere geistige und kulturelle Flexibilität wachsen. Wir werden gezwungen, unsere Kreativität und Resilienz einzusetzen, damit wir mit diesen unterschiedlichen Ansichten umgehen können. Je mehr Wissen wir über andere Weltbilder haben, desto leichter können wir neue Einsichten durch die Auseinandersetzung mit anderen Perspektiven, Gebräuchen, Praktiken und Glaubensvorstellungen entwickeln und annehmen. Das Wissen um andere Weltbilder hilft uns dabei, unsere eigene Wahrheit zum Thema Leben, Tod und Jenseits bewusst herauszufinden.

Es fasziniert mich, wie viele unterschiedliche Weltbilder es über

Leben und Sterben gibt. Und damit bin ich nicht allein. Es gibt weltweit ein gesteigertes Interesse daran, die sich verändernde kulturelle
und religiöse Landschaft besser zu verstehen. Noch nie waren so viele
Menschen auf der Suche nach einer Orientierung angesichts des vielfältigen Angebots von miteinander konkurrierenden Wahrheits-
ansprüchen. Es ist schon spannend zu erkennen, wie viele Menschen
verschiedene Schriften studieren, aus unterschiedlichen Gebetsbü-
chern zitieren und nach unterschiedlichen Lebensmodellen leben.
Viele von uns wollen jedoch die eigene authentische Wahrheit finden
und ihr Bewusstsein erweitern, indem sie Lebenskonzepte anderer
Kulturen, andere Weltbilder und andere Glaubenssysteme ausprobie-
ren. Es ist die Prämisse dieses Buches, zusammen mit dem dazugehö-
rigen Dokumentarfilm, dass wir eine neue Einstellung zum Leben
entwickeln können, sobald wir uns mit verschiedenen Wahrheits-
ansprüchen über den Tod und das Leben danach auseinandersetzen.
Letztendlich ist es für uns alle eine Bereicherung, alternative Weltbilder kennen- und verstehen zu lernen.

UNSERE EINSTELLUNG ZUM TOD SPIEGELT
UNSEREN UMGANG MIT VERÄNDERUNG WIDER

Wenn wir unser Weltbild bewusst transformieren, lernen wir die Art
und Weise, wie wir die Welt erleben, besser einzuschätzen. Unsere
Einstellung zum Tod liefert den Schlüssel, um unsere Identität und
was mit ihr geschieht, wenn wir keinen Körper mehr haben, zu verstehen. Während wir uns ausführlicher mit dem Tod befassen und ihn
als einen bereichernden und komplexen Bestandteil des Lebens erkennen, haben wir die Gelegenheit, unsere eigenen Vermutungen,
Glaubenssätze und Erwartungen zu überprüfen. Indem uns klar wird,
wie wir zum Tod stehen, können wir erfahren, wie wir unsere Angst
vor ihm überwinden, um mit mehr Tiefgang zu leben. Unsere Einstellung zum Tod macht auch deutlich, wie wir generell zu Veränderun-

gen in unserem Leben stehen. Mingtong Gu, ein Qigong-Meister und Lehrer, macht deutlich, wie wichtig ein Nachdenken über den Tod ist:

»Als Erstes lässt sich sagen, dass wir alle früher oder später mit dem Tod konfrontiert werden – deshalb sollten wir uns rechtzeitig auf irgendeine Weise darauf vorbereiten. Zweitens besteht das Leben darin, jeden Ausdruck von Veränderung anzunehmen – angefangen von der Kindheit über das Erwachsensein bis hin zum Altern. Durch diese Veränderungen lernen wir permanent, wie wir sie annehmen können. Die Veränderung fordert uns oft dazu heraus, besser mit dem Wandel und seinen Anforderungen umzugehen. Wir lernen hierbei, genau hinzuhören. Das ist Teil des Lebens. Über den Tod zu meditieren kann uns tatsächlich Frieden bringen, in dem Wissen, dass das Leben vergänglich ist. Ohne Vergänglichkeit gibt es keinen Wandel und auch kein Leben. Können Sie sich Ihr Leben ohne Veränderung vorstellen? Soviel ich weiß, gibt es das in diesem Universum nicht. Den Tod auf einer tieferen Ebene zu betrachten heißt, die Veränderung anzunehmen, die Vergänglichkeit anzunehmen. Auf dieser tieferen Ebene fällt es uns leichter, das Leben anzunehmen und mehr Frieden inmitten aller Dramen, aller Vergänglichkeit, aller Enttäuschung und aller Aufregung zu finden.«

Wie Mingtong Gu lehrt auch Bruder David Steindl-Rast, dass wir die Möglichkeit erhalten, uns in jedem Augenblick weiterzuentwickeln und zu verändern. Die Transformation willkommen zu heißen ist eine Art, das Leben und seine natürlichen Zyklen anzunehmen.

Bruder David ist sowohl ein Gelehrter als auch ein Benediktinermönch. 1926 in Wien geboren, studierte er Kunst, Anthropologie und Psychologie und erhielt einen Doktortitel von der Universität Wien. 1952 folgte er seiner Familie, die in die USA emigriert war, um dort neue Herausforderungen zu suchen. 1953 trat er der neu ins Leben gerufenen Benediktinergemeinschaft in Elmira, New York, *Mount Saviour Monastery,* bei. In diesem Mönchskloster hat er mittlerweile eine führende Position.

In unserem Gespräch erzählte er mir, dass es die spirituelle Transformation ist, die das Universum von uns Menschen erwartet. Unsere Inkarnation erlaubt es uns,

>»die natürliche Entstehung und die Auflösung der Gestalt
>zu überwinden und den Ort in uns zu finden, der der
>Beobachter ist bzw. der Punkt, an dem der Kreislauf kurz
>stillsteht, und in diesem Sinne aus dem natürlichen
>Prozess, in dem alle Formen entstehen und vergehen,
>herauszutreten. Inmitten dieses Kommens und Gehens
>der Formen, gibt es in jedem Herzen eines Menschen die
>Sehnsucht nach Beständigkeit. Wenn diese nicht richtig
>interpretiert wird, dann halten wir an dieser oder jener
>Gestalt fest.«

Um seinen Standpunkt zu verdeutlichen, erzählte er von einem Besuch in San Francisco, wo er die Ladenkette *Forever 21* entdeckte. Was er dabei erkannte, war, dass die Menschen nicht glücklich werden, wenn sie sich an die Jugendlichkeit klammern, die die Zahl 21 verkörpert. Wir verleugnen einen fundamentalen Aspekt menschlicher Erfahrung, wenn wir uns dem Altern widersetzen. »Sie werden es niemals schaffen, bei 21 Jahren stehen zu bleiben, also müssen Sie einfach mit dem Fluss des Lebens gehen«, erklärte Bruder David. Die Beschaffenheit unseres Weltbildes muss im Fluss bleiben, sie darf nicht auf einen bestimmten Punkt oder Zeitraum in unserem Geist festgelegt werden. Er fuhr fort:

>»Es wäre falsch zu glauben, wir könnten in diesem Prozess an
>einer Form festhalten. Richtig wäre es, wenn wir uns einfach
>diesem Fluss des Lebens anvertrauen, weil wir ohnehin nichts

dagegen tun können. Wir orientieren uns besser an ihm, anstatt gegen den Strom zu schwimmen, und versuchen gleichzeitig, das Fließen der Formen zu transzendieren. Begeben Sie sich auf die Ebene jenseits von Raum und Zeit. Was dort passiert, lässt sich schlecht in Worte fassen. Auf der ersten Stufe beobachten wir einfach diesen Fluss. Das heißt, wir identifizieren uns nicht mehr mit ihm. Wir sind dann im gegenwärtigen Moment und nicht gefangen in der Vergangenheit oder Zukunft; wir beobachten einfach. Auf der nächsten Stufe dieser inneren Entwicklung, dieser Entfaltung, würden wir diese Kraft und Energie, die eine Veränderung durch die Erschaffung und gleichzeitig Zerstörung der Formen bewirkt, durch uns hindurchfließen lassen. Wir sollten erkennen, dass wir eins mit dieser Energie sind, dass wir tatsächlich nicht nur erschaffen wurden, sondern auch eins mit dieser schöpferischen Kraft sind.

Es ist offensichtlich, dass unser physischer Körper verfällt, sich schließlich auflöst und andere Formen entstehen. Wir haben vermutlich eine Verbindung untereinander, da jeder Rohstoff recycelt wird, um woanders eingesetzt zu werden. Wir sind also davon nicht losgelöst, nicht vollständig getrennt. Wir lösen uns davon nur so weit, dass wir diesen Prozess beobachten können und erkennen, dass wir Teil dieser kosmischen Kraft sind, die ihn antreibt.«

DIE TRANSFORMATION DES WELTBILDES VERSTEHEN

Die Transformation des Weltbildes hängt mit einer grundlegenden Veränderung der Art und Weise, wie wir die Welt betrachten und interpretieren, zusammen. Dazu gehört auch, dass wir uns selbst und unsere Beziehung zu anderen Menschen anders betrachten müssen.

Es geht nicht nur um einen Wandel in unserer Sichtweise, sondern auch um ein neues Verständnis darüber, was überhaupt möglich ist. Die Transformation legt fest, was Sinn und Zweck in unserem Leben ist. Indem wir unsere Einstellung zum Tod transformieren, können wir unsere Sterblichkeit in einem neuen Licht betrachten. Frances Vaughan, eine Psychologin, die nach der Methode der transpersonalen Psychotherapie arbeitet, hat sich viele Jahre mit dem Grenzbereich von Leben und Sterben auseinandergesetzt. Sie erklärt die Transformation des Weltbildes folgendermaßen:

»Es ist die Fähigkeit, seine Weltanschauung auf eine Art auszuweiten, dass man verschiedene Ansichten erfassen und dadurch gleichzeitig mehrere Blickwinkel haben kann. Man bewegt sich nicht lediglich von einem Blickwinkel zum nächsten, sondern entwickelt eine umfassende Wahrnehmung, die mehr Möglichkeiten erfasst.«[5]

Über die letzten 20 Jahre haben meine Kollegen und ich zum Thema Transformation recherchiert. Als Team von Psychologen und Anthropologen haben wir Erzählungen über eine Transformation von Menschen aus allen Gesellschaftsschichten gesammelt. Wir haben Lehrer und Führungskräfte, die in Fokusgruppen zusammengefasst waren, interviewt. Aus diesen Gesprächen haben wir eine Reihe von 20 spezifischen Fragen zusammengestellt und 60 Meister dazu interviewt. Wir haben den Inhalt dieser Interviews analysiert, um die Gemeinsamkeiten und Unterschiede in verschiedenen religiösen, spirituellen und transformativen Traditionen zu ermitteln.

Wir stellten dabei fest, dass viele Personen ihre transformierende Erfahrung als eine Art Heldenreise beschrieben und dass diese teils recht unspektakulären, teils außergewöhnlichen Erfahrungen ihr Empfinden der eigenen Identität, ihre Beziehung zu anderen Menschen und ihre Verankerung in dieser Welt grundlegend verändert haben.

Auf Grundlage dieser groß angelegten qualitativen Studie haben wir verschiedene Umfragen entworfen und sie online mit über 2000 ausgewählten Personen durchgeführt. Unser Ziel war es, den Transformationsprozess noch mehr zu erforschen und zu untersuchen, wie Lebenserfahrungen einen Wandel des Weltbildes beschleunigen, der sowohl dem Menschen als auch der Gesellschaft dient. Es waren die unterschiedlichsten Erfahrungen, die einen Wandel im Bewusstsein der einzelnen Person ausgelöst haben; angefangen von einer veränderten Sichtweise der Welt, die plötzlich beim Abwasch entstand, bis hin zu einer Neubestimmung der eigenen Werte und Prioritäten angesichts einer lebensbedrohlichen Krankheit. Und dennoch gab es einen gemeinsamen Nenner, der auf wunderschöne Weise in den Teppich menschlicher Erfahrung eingewoben und den individuellen und kulturellen Unterschieden übergeordnet war.

DAS WELTBILD-TRANSFORMATIONSMODELL

Zusammen mit meinen Kollegen und Kolleginnen habe ich ein Modell entworfen, das die dynamische Natur einer Transformation des Weltbildes darstellt. Auf Seite 46 finden Sie dieses Modell in einer Grafik beschrieben. Ich benutze es, um die Gliederung dieses Buches zu verdeutlichen. Beim Lesen können Sie sich an dem Modell orientieren und dabei auf Ihre eigene Entdeckungsreise gehen, die Ihnen helfen kann, die Angst vor dem Tod zu verlieren und eine tiefe Wertschätzung dem Leben gegenüber, das jedem von uns geschenkt wurde, zu empfinden.

Unsere jahrzehntelange Forschung zum Thema Transformation hat gezeigt, dass ein verändertes Weltbild im Allgemeinen durch Erfahrungen des Leides und Schmerzes hervorgerufen wird. Erlebnisse wie Krankheit, Scheidung, Arbeitsplatzverlust und der Tod einer geliebten Person können den stabilen Zustand eines Menschen erschüttern. Er bekommt dadurch die Gelegenheit – wenn er es als solche betrachten kann –, seinen Lebensweg zu ändern und eine erweiterte, sinngebende Weltanschauung zu entwickeln. Schmerzhafte und schockierende Erfahrungen haben die Eigenschaft, uns zu zeigen, dass wir keine echte Kontrolle über unser Leben haben. Das kann durchaus etwas Gutes sein. Wir können unsere festgefügte Identität etwas auflösen und unser Verständnis darüber, wer wir sind und was wir sein könnten, erweitern. Als Ärztin und Lehrerin hat Rachel Remen in den vielen Jahren ihrer Arbeit im Bereich Onkologie und humanistisches Gesundheitswesen Folgendes beobachtet:

»Krisen, Leid, Verlust oder eine unerwartete Begegnung mit etwas Unbekanntem haben alle das Potenzial, einen Perspektivwechsel zu bewirken; man sieht das Bekannte in neuem Licht oder man sieht sein Selbst in einem völlig neuen Licht. Wie ich in meinem Buch *Aus Liebe zum Leben* schrieb, verändern diese Art Erfahrungen die persönlichen Werte, sie werden wie Spielkarten neu gemischt.[6] Werte, die sich viele Jahre zuunterst befanden, sind jetzt plötzlich ganz oben auf dem Kartendeck gelandet. Es gibt einen Moment, in dem die Person aus ihrem bisherigen Leben und ihrer bisherigen Identität austritt, überhaupt keine Kontrolle mehr hat und sich einfach vollkommen hingeben muss. Es ist wie eine Wiedergeburt mit einer größeren, erweiterten Identität.«

Nicht jede beschleunigte Transformation muss allerdings mit Leid und Schmerz einhergehen. Manche Menschen berichten über eine spontane Empfindung tiefer Ehrfurcht, Bewunderung und eine intensive Verbindung zu etwas Größerem als sie selbst. Diese persönlichen Erfahrungen werden oftmals als das begriffen, was man »mystische Begegnungen mit der unsichtbaren Welt« nennt. Zu diesen Erfahrungen können auch Erkenntnisse, Inspirationen und ekstatische Momente gehören. Sie ermöglichen es uns, über unsere enge Definition des Selbst hinauszugehen und zu einem tief verwurzelten

Gefühl der Einheit, einem Bewusstsein der allumfassenden Liebe und einem grundlegenden Gefühl der Verbundenheit zu gelangen. Solche positiven Transformationen benötigen vielleicht viele kleine Erkenntnisanstöße, damit sie greifen. Ein Transformations-Block, den wir in unserem Weltbild-Transformationsmodell dargestellt haben, beinhaltet die Neigung, Veränderungen zu leugnen oder sich dagegen zu wehren. In einem solchen Fall sind anscheinend viele Erlebnisse nötig, um die erforderliche Wandlung der Weltsicht zu bewirken. Eine Transformation des Weltbildes kann auch von einem Moment auf den nächsten geschehen. Solche persönlichen Metamorphosen, von den Psychologen William Miller und Janet C'de Baca als spontane persönliche Veränderungen *(quantum changes)* bezeichnet, können durch Erfahrungen geschehen, die den Menschen aus seinen normalen, gewohnten Verhältnissen schleudern.[7] Das können Offenbarungen, »große Träume« oder Enthüllungen sein. Oder es sind Erfahrungen, die auf ein erweitertes Bewusstsein hindeuten, einschließlich Nahtoderlebnisse, Spontanheilungen oder andere Phänomene, die sich durch außergewöhnliche Bewusstseinszustände ergeben (beispielsweise Erscheinungen oder vorausschauende Träume). Die transpersonale Schülerin und Archivarin Rhea White stellte fest, dass trotz Unterschieden in der Phänomenologie solcher Erfahrungen jede als Pforte zu einer neuen Weltanschauung dient, die die Einheit mit allem Leben, die Verbundenheit und prosoziale Werte umfasst.[8] In Kapitel drei werden wir die Bedeutung solcher Erfahrungen untersuchen, um den Tod als Katalysator für Heilung und Transformation des Weltbildes zu verstehen.

Diese Art Durchbrüche können einem sehr rätselhaft vorkommen. Es gibt zwar keinen äußeren »Beweis«, um diese Erfahrungen zu legitimieren oder zu erklären, aber sie können sehr kraftvoll und lebensverändernd sein. Um diese transformierenden Auslöseimpulse zu verstehen, begeben wir uns auf eine Entdeckungsreise. Es kann dabei sehr beruhigend sein zu wissen, dass wir mit unserer Absicht zu transformieren nicht allein sind. Mit diesem Buch wollen wir ver-

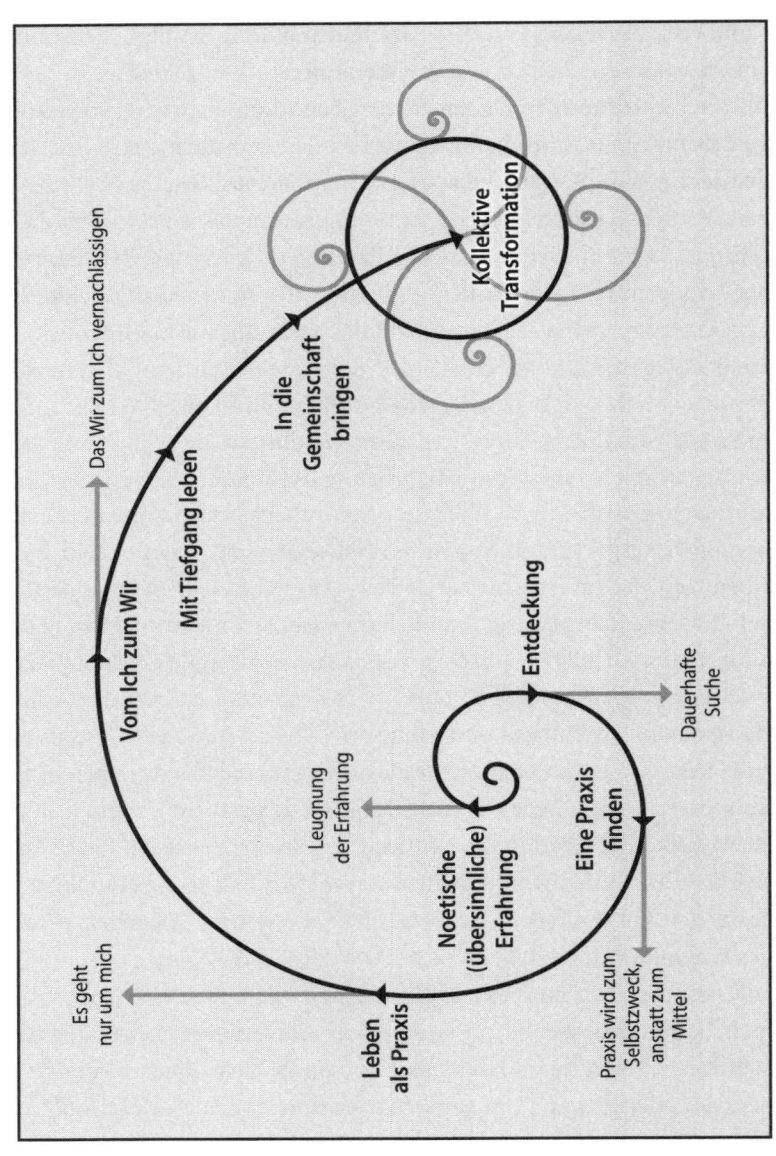

Das Weltbild-Transformationsmodell – von Cassandra Vieten, Tina Amorok und Marilyn Schlitz[2]

DAS MYSTERIUM VOM LEBEN UND STERBEN

schiedene Wege aufzeigen, um intuitive Einsichten und Offenbarungen zu erklären. Dazu gehören Erkenntnisse aus unterschiedlichen kulturellen, religiösen und spirituellen Traditionen, der Wissenschaft und einer Reihe von transformativen Übungen, die uns zu außergewöhnlichen Bewusstseinszuständen führen. Wir werden darüber hinaus auch Nachweise für ein sich entwickelndes neues Weltbild erbringen, das innere Weisheit mit dem quantenphysikalischen Phänomen der Verschränkung verbindet und dadurch zu einer evidenzbasierten Spiritualität führt.

TRANSFORMATIVE PRAKTIKEN

Bei der Selbsterforschung entdeckt man oft Praktiken, die einen im eigenen transformativen Prozess unterstützen. Das ist die dritte Phase im Transformationsmodell. Diese Übungen helfen dabei, transformative Erkenntnisse zu festigen und zu erhalten, damit man sie in den Alltag integrieren kann. Durch Übungen, die entweder als Ritual oder auch ganz formlos ausgeführt werden, können wir das neue Verständnis verinnerlichen. Somit definieren wir uns neu und begreifen, wo unser Platz in der äußeren Welt ist. Transformative Übungen bringen andere Aspekte unseres Lebens zum Vorschein – einschließlich Zufriedenheit, Glück, Kreativität, Intuition, Mitgefühl und Nächstenliebe – damit wir durch sie unser authentisches Selbst ausdrücken können. Die Übungen helfen uns dabei, Blockaden zu lösen, die uns sonst in der Angst vor dem Tod gefangen halten, und wir lernen, unser Leben auf neue Weise zu empfinden.

Es gibt eine unendliche Vielfalt an transformativen Praktiken. Manche sind uralt und basieren auf bewährten Ritualen. Andere sind neu entstanden und weniger strukturiert. Aber alle können die Todesfurcht zu einem lebensbejahenden Wert transformieren. Dieses Buch zeigt auf, wie wir mit speziellem Werkzeug unser Verständnis vom Tod wandeln können und was es bedeutet, am Leben zu sein. Dazu gehören Vorbereitung auf den Tod, geführte Visualisierungstechniken, Meditationen, Gebete, Trauerarbeit, Träume und Zeichnen.

Das Weltbild-Transformationsmodell unterscheidet fünf Elemente, die vielen transformativen Praktiken gemein sind.

ABSICHT: Man setzt die Absicht ein, um die Angst vor dem Tod in eine Inspiration für das Leben zu wandeln.

AUFMERKSAMKEIT: Man verlagert die Aufmerksamkeit auf Dimensionen des Lebens, die bislang ignoriert wurden und die neue Erkenntnisse über Leben, Tod und was danach geschieht, offenbaren. Somit entsteht ein neuer Sinn und Zweck im Leben.

WIEDERHOLUNG: Man schafft neue Gewohnheiten und entwickelt eine neue Art des Denkens und des Verhaltens, um die eigene Sterblichkeit zu verstehen. Dies wird durch sich wiederholende Handlungen umgesetzt, die einen für neue Perspektiven und Werte öffnen und ein erfülltes Leben ermöglichen.

FÜHRUNG: Es gibt unterschiedliche Bereiche, die Orientierung für die eigene Weltanschauung über den Tod sowie für den Wunsch nach Entwicklung und Transformation bieten. Dazu gehören beispielsweise staatliche Institutionen, Angebote seitens der Gemeinden, aber auch persönliche Beziehungen und stille Besinnung.

ANNAHME: Man gibt die Kontrolle über die Lebensumstände auf, um feste Vorstellungen, die einen beschränken, aufzulösen und um mehr Verständnis dafür zu entwickeln, wer man im weitesten Sinne ist.

Während wir uns darum bemühen, unsere Ansichten über den Tod zu wandeln, können wir auch eine neue Einstellung zu unserer Sterblichkeit entwickeln und zu einer neuen Definition dafür finden, wer wir sind und was wir sein könnten.

Transformative Übungen haben jedoch ihre Grenzen. Wenn wir die Übung als Selbstzweck betrachten, empfinden wir uns möglicherweise als etwas Besonderes oder werden selbstgerecht. Dann besteht die Gefahr, dass wir uns mit unserem Einsatz für einen transformativen Weg anderen Menschen überlegen fühlen. In diesem Prozess sind wir von unserem Ego gefangen und verlieren die Verbindung zu dem, was unsere persönliche Identität transzendiert. Dann verfallen wir dem Gedanken, dass es bei der Erfahrung nur um »mich« geht. Oder wir betrachten die Übung als isolierte Aktivität und übersehen dabei, dass Transformation eigentlich im Alltag geschieht. Wie meine Kollegen und ich in *Innig leben* festgestellt haben:

»Irgendwann im Transformationsprozess erkennt man, dass es keinen Unterschied macht, zu überlegen, wer ich auf der Kirchenbank oder auf der Aikidomatte bin, wer ich im Gemüseladen, auf der Autobahn oder im Büro bin. Die gleiche achtsame Zuwendung, mit der man die Stellung seiner Beine in einer schwierigen Yogaposition zurechtrückt, kann man auch in einer schwierigen Diskussion mit seinem Kind praktizieren. Den gleichen Frieden und die Freude, die man in einer Gruppe gleich gesinnter Praktizierender empfindet, kann man auch in einen Elternabend einbringen. Die gleiche Ehrfurcht, die man nach drei Tagen Visionssuche empfindet, kann auch den Wolken am Himmel und den spindeldürren Bäumen auf dem Parkplatz eines Einkaufszentrums entgegengebracht werden.«[9]

Wenn wir es schaffen, nicht in diese Falle zu tappen und transformative Arbeit als eine isolierte Aktivität zu betrachten, die man nur zu bestimmten Zeiten an bestimmten Tagen macht, entdecken wir, dass das tägliche Leben die eigentliche Übung ist. In diesem Prozess unserer transformativen Praktiken stellen wir eine Verlagerung vom »Ich« zum »Wir« fest, von der anfänglichen Fokussierung auf unsere persönlichen Bedürfnisse und Wünsche hin zu einer mehr integrativen Weltanschauung.[10] Gleichzeitig geht es nicht um Selbstlosigkeit, sondern vielmehr um die Entwicklung eines authentischen Selbst. Wenn wir unsere Verbundenheit erkennen, können wir uns in unseren Beziehungen zu anderen auch in einem größeren Kontext sehen – sowohl zu Lebenden als auch zu Verstorbenen – und die Haltung des Dienens entdecken. Die Transformation unserer Angst vor dem Tod kann zu mehr Freundlichkeit, Großzügigkeit, Liebe, Mitgefühl, Vergebung und Altruismus führen. Außerdem können wir unseren Sinn für mehr Gemeinschaft entwickeln und die Illusion von »dem anderen« aufgeben; wir erkennen in vollem Umfang, dass wir alle zusammen mit dem Leben verwoben sind. Wir bemerken vielleicht, dass wir weniger ablehnend gegenüber Menschen sind, die eine andere Weltanschauung haben, und ihnen stattdessen mit Neugier und Anerkennung begegnen, um gemeinsamen den Weg als sterbliche Wesen zu gehen. Wie wir in den nächsten Kapiteln sehen werden, hilft uns die Überwindung der Angst vor dem Tod, das Leben intensiver und umfassender in unserer multikulturellen Welt zu führen.

Zuletzt betrachten wir, wie die Transformation des Weltbildes für die Entwicklung eines nachhaltigen gesellschaftlichen Verhaltens angewendet werden kann. Wenn wir die Annahmen und Strategien revidieren, die unseren gemeinsamen sozialen und kulturellen Werten zum Thema Tod zugrunde liegen, dann könnten wir eine Wandlung in unserem System bewirken. Wenn eine kritische Masse an Menschen ihre kollektive pathologische Einstellung zum Thema Tod transformiert, können wir den Umgang mit Tod und Sterben in unseren sozialen Institutionen, besonders im Gesundheitswesen, ändern und verbessern. Wir erreichen somit einen Wendepunkt in unserem kollektiven Wohlergehen. Dann können wir unsere eigene innere Transformation in die neu entstehende Kultur, deren Mitschöpfer wir sind, integrieren.

EIN PAAR ABSCHLIESSENDE GEDANKEN

Wenn unsere Vorstellungen über den Tod und das Jenseits durch bestimmte Erlebnisse ins Wanken geraten, haben wir die Chance, eine neue Weltsicht zu entwickeln und unser Leben auf andere Art zu erfahren. Wenn wir unsere unmittelbare persönliche Erfahrung beobachten, zu der Intuition, Offenbarungen und erweiterte Bewusstseinszustände gehören, können wir durch sie Angst und Leid rund um das Thema Tod verringern. Sich bewusst auf einen transformativen Prozess einzulassen kann unser Verständnis darüber, wer wir wirklich sind, subtil oder auch grundlegend verändern. Wir verstehen uns dann als gesunde Individuen, die Teil eines vernetzten Ganzen sind, das keine Begrenzungen kennt. Durch verschiedene Erlebnisse und Übungen erfahren wir eine Transformation, die jeden von uns aus der Vereinzelung in die Zusammengehörigkeit führt. Wenn wir unsere Beziehungen zur sichtbaren und unsichtbaren Welt im täglichen Leben erkennen, ist es uns möglich, ein reichhaltiges, erfülltes Leben in Demut, mit Sinn, Zweck und Hoffnung zu führen.

ÜBUNG
Das eigene Weltbild im Rest der Welt entdecken

In diesem Kapitel ging es um die Rolle, die das Weltbild bei der eigenen Wahrnehmung der Wirklichkeit spielt und wie sich diese Wahrnehmung mit der Zeit so transformieren lässt, dass sie unser Leben bereichert. Mit der folgenden Übung können Sie beobachten, wie Ihr eigenes Weltbild die Welt um Sie herum formt (und auch von der Welt geformt wird).[11]

Beginnen Sie damit, fünf bis zehn Minuten an einem Ort zu verbringen, den Sie gerne aufsuchen. Es kann ein Geschäft, ein

Park, ein Buchladen, ein Restaurant oder Ihr eigener Garten sein. Schlendern Sie durch den Ort, den Sie sich ausgesucht haben. Schauen Sie sich alles an, als ob es das erste Mal wäre. Seien Sie neugierig, was dort geschieht, und achten Sie dabei besonders auf Dinge, die Sie vorher noch nie bemerkt haben. Lenken Sie Ihre Aufmerksamkeit auf die Sinne, beobachten Sie, was Sie hören, sehen, riechen, schmecken und spüren.

Als Nächstes suchen Sie sich einen ruhigen Platz, wo Sie sich hinsetzen und in Ihr Tagebuch schreiben können. Atmen Sie ein paar Mal tief durch, machen Sie Ihren Kopf frei und finden Sie in Ihre Körpermitte. Denken Sie darüber nach, was Sie gerade erlebt haben. Gab es Dinge an dem Ort, die Sie überrascht haben, obwohl Sie bereits öfter dort waren? Hat Sie irgendetwas neugierig gemacht, sodass Sie mehr darüber wissen wollen? Ist Ihnen aufgefallen, dass Sie bestimmte Erwartungen hatten und Vorstellungen darüber, was an diesem Ort geschehen sollte? Haben Sie Dinge entdeckt, die nicht Ihren Erwartungen entsprochen haben? Haben sich die Dinge verändert, als Sie langsam herumliefen, sich auf die Übung konzentrierten und alles auf eine neue Art wahrgenommen haben?

Merken Sie, wie Ihre Weltsicht oder Ihre Brille der Wahrnehmung das Erleben in diesem vertrauten Ort prägt? Schreiben Sie mindestens zehn Minuten lang in Ihr Tagebuch über das, was Ihnen aufgefallen ist, als Sie diesen vertrauten Ort mit neuen Augen betrachtet haben. Indem Sie lernen, Ihren eigenen Blick auf die Welt zu beobachten, können Sie Ihr Leben und Ihr Verhältnis zum Tod auf neue Weise erfahren.

2. KAPITEL
DER ANGST VOR DEM TOD
INS AUGE SEHEN

Willst du das Leben lieben, musst du den Tod lieben.

Tony Redhouse

Warum haben so viele Menschen Angst vor dem Tod? Wieso ist der Tod so ein großes Tabuthema? Schließlich müssen wir doch alle sterben. Josh, ein aufgeweckter 13-jähriger Junge, hat sich seine eigenen Gedanken über den Tod gemacht:

»Ich weiß, dass ich Angst vor dem Tod habe, weil das bei mir eben so ist. Ich will nichts anderes denken und auch kein anderer Mensch werden. Ich will einfach so bleiben, wie ich bin. Denn wenn ich eines Tages zurückdenke, will ich mich an die Person erinnern, die ich jetzt bin.«

Der berühmte Schriftsteller Mark Twain meinte: »Die Angst vor dem Tod ergibt sich aus der Angst vor dem Leben. Wenn ein Mensch sein Leben intensiv lebt, dann ist er jederzeit bereit zu sterben.«

Laut Luisah Teish, Lehrerin und Stammesführerin der Oshun vom Stamm der Yoruba Lucumi, hat uns die moderne Gesellschaft in vielerlei Hinsicht von der natürlichen Rolle entfremdet, die wir im Kreislauf des Lebens spielen.

»Alles befindet sich in ständigem Wandel. Für mich gibt es keinen Beweis dafür, dass der Tod einfach das Ende ist. Wer auch immer Macht über Ressourcen, Medien, Ansichten und Erziehung hat, kann bei den Menschen dem natürlichen Kreislauf gegenüber Angst und Ablehnung schüren. Es sind die Medien, die uns die Angst vor dem Tod einreden. Diese Einstellung schwankt zwischen Angst auf der einen und Romantisierung auf der anderen Seite. Ich persönlich habe mehr Angst vor einem unerfüllten Leben.«

Nach Teishs Ansicht wird unsere Einstellung zum Tod von vielen Faktoren geprägt. Diese Faktoren machen uns auf den Tod aufmerksam, doch viele Menschen in modernen Industriegesellschaften haben kaum je einen Toten gesehen. Daryl J. Bem, Sozialpsychologe der Cornell Universität, der am Anfang des Buches zu Wort kam, meint dazu:

»Erkundigt man sich in Industriegesellschaften wie den Vereinigten Staaten, haben die meisten Menschen einen Leichnam erst gesehen, nachdem er vom Pflegepersonal oder Bestatter bereits entsprechend hergerichtet war. Meistens handelte es sich um die Großeltern oder Eltern. In unserer Kultur ist der Tod nach wie vor ein Tabuthema. Uns fehlt die tägliche Erfahrung damit. Natürlich möchte ich der Gesellschaft keinen ständigen Umgang mit dem Tod wünschen, doch wenn wir uns damit beschäftigen, ändert sich die Einstellung zum Tod, die Betrachtungsweise und die Vorbereitung darauf. Der Tod ist deshalb ein Tabu, weil der größte Teil unserer Kultur ihn als Tabu behandelt. Manche Menschen finden Trost im Glauben. Sie können sich ein Leben nach dem Tod vorstellen. Ich bin der Meinung, dass andere Kulturen dem Tod sehr viel entspannter begegnen.«

Lee Lipsenthal, der zum Zeitpunkt dieses Interviews nur noch wenige Monate zu leben hatte, äußerte sich enttäuscht über unsere kollektive Weltanschauung:

>So wie unsere Gesellschaft in der heutigen Zeit aufgebaut ist, pflegt sie die Angst vor dem Tod. Es tut mir leid, dass ich das so schonungslos sagen muss, aber es hängt mit dieser ganzen Anti-Aging-Bewegung zusammen. Man ist ein Loser, wenn man alt wird. Unsere Gesellschaft stellt den Tod und das Altern als Feinde dar, dabei sind sie doch unvermeidbar.<

DIE VERLEUGNUNG DES TODES

Ernest Becker hat sich von Berufs wegen intensiv mit der Angst vor dem Tod beschäftigt. In seiner Zeit als Professor für Anthropologie an der Universität von Kalifornien, Berkeley, veröffentlichte er sein bahnbrechendes Buch *Die Überwindung der Todesfurcht*,[1] das mit dem Pulitzer-Preis ausgezeichnet wurde. Dieses Buch brachte in den USA eine Diskussion über die kulturelle Bedeutung des Todes in Gang. Für Becker ist die übliche Verleugnung des Todes eine Ursache von Krankheit in unserer modernen Welt:

>Wir haben in unserer Kultur ausgesprochen viel getan, um unsere Sterblichkeit zu verleugnen<, schrieb Becker.[2] Für ihn ist die grundlegende Motivation für menschliches Verhalten das biologische Bedürfnis, unsere elementare Furcht vor dem Tod unter Kontrolle zu bringen. >Es ist die erschreckende Vorstellung, aus dem Nichts entstanden zu sein, einen Namen zu tragen, ein Bewusstsein des Selbst, tiefe Empfindungen, eine unerträgliche innere Sehnsucht nach Leben und Selbstausdruck zu haben – und mit all diesem Reichtum dennoch zu sterben.<

Beckers Arbeit und Theorie über die Verleugnung des Todes hat zu jahrzehntelangen Forschungsarbeiten über die sogenannte Terror-

Management-Theory (TMT) geführt. Ich sprach mit Jeff Greenberg, um mehr über diese provokative Theorie zu erfahren, die er zusammen mit seinen Kollegen, den Sozialpsychologen Sheldon Solomon und Tom Pyszczynski, entwickelt hat.

Inspiriert durch Becker sind Greenberg und seine Kollegen davon ausgegangen, dass der Wunsch zu leben und die Erkenntnis über die Unvermeidbarkeit des Todes zu einem psychologischen Grundkonflikt führen. Dieser Konflikt löst einen inneren »Terror« aus, der nur den Menschen befällt. Nach der TMT hegt jeder von uns diese unterdrückte, unbewusste Todesfurcht. Das heißt, uns ist gar nicht klar, dass uns diese Angst im Griff hält. Als Schutz gegen diese Todesangst versuchen wir, unser Selbstwertgefühl zu stärken, und schließen uns Kulturen oder Gruppen an, deren Werte unserem Leben einen Sinn geben. Zum Beispiel hat die Religionszugehörigkeit in Beckers Modell einen starken Einfluss (das heißt, ein Christ, ein Hindu oder ein Jude wird sich Menschen der gleichen Glaubenstradition anschließen). Während wir mit unserer eigenen Sterblichkeit konfrontiert werden – oder psychologisch ausgedrückt, während unsere *Mortalitätssalienz* steigt –, werden wir gemäß der Theorie aggressiver und gewalttätiger gegenüber Gruppen, die andere Meinungen, Werte und Weltanschauungen vertreten. Gleichzeitig identifizieren wir uns sogar mehr mit unserer »Ingroup« (Eigengruppe), die uns sozialen Rückhalt und Sicherheit gegen eine äußere Bedrohung bietet.

Die Theorie besteht aus drei Haupthypothesen. Die erste ist die *Mortalitätssalienz-Hypothese*. Nach ihr führt ein Bewusstsein des Todes den Menschen dazu, seine Weltanschauung zu verteidigen und seinen Selbstwert aufzubauen. Kurz gesagt, wir wollen uns einfach gut fühlen. Die zweite ist die *Angstpuffer-Hypothese*. Hier geht es darum, dass ein starkes Selbstwertgefühl, stabile soziale Beziehungen und ein tiefer Glaube dem Menschen als Puffer gegen Gedanken an den Tod dienen. Die dritte ist die »*Death Thought Accessibility Hypothesis*« (Sensibilisierung für Gedanken über den Tod – Anm. d. Ü.). Sie geht davon aus, dass die Schwächung des Selbstwertgefühls zu einer erhöhten Sensibilität in Bezug auf Gedanken über den Tod und zu unangemessenen Verhaltensmustern führen kann.

Die Untersuchung dieser Hypothesen hat zu einer Reihe von neuartigen Experimenten geführt, in denen die Wirklichkeit unter kontrollierten Forschungsbedingungen simuliert wurde. In einer Studie untersuchte ein Team von Sozialpsychologen die Mortalitätssalienz-Hypothese bei Amtsrichtern, die von Berufs wegen das gesetzlich vorgeschriebene, vorherrschende soziale Weltbild aufrechterhalten und Gerechtigkeit walten lassen müssen.[3] Um die Hypothese zu prüfen, baten sie die Richter, Strafen für aufgegriffene Prostituierte festzusetzen. Zuvor hatte die Hälfte der Richter einen Mortalitätssalienz-Fragebogen ausgefüllt. Die Forscher stellten diesen Richtern zwei Fragen:»Welche Gefühle löst in Ihnen der Gedanke an Ihren eigenen Tod aus?« und»Was passiert mit Ihnen, wenn Sie tot sind?« Die Forscher verglichen dann die von den Richtern festgelegte Strafkaution aus beiden Gruppen. Es stellte sich heraus, dass die Mortalitätssalienz eine große Wirkung hatte. Die Richter, denen beide Fragen gestellt worden waren, hatten die Kaution auf etwa 450 Dollar gesetzt. Die andere Gruppe der Richter hatte lediglich 50 Dollar angegeben.

Seit dieser Originalstudie wurden in verschiedenen Ländern Hunderte weiterer Studien durchgeführt, die das Ergebnis der ersten bestätigten, dass Menschen mehr an ihren Werten festhalten, wenn ihnen ihre Sterblichkeit bewusst wird. Greenberg erklärt dazu:»Wenn wir an den Tod erinnert und uns darüber bewusst werden, klammern wir uns fester an Strukturen, die uns vor dem Tod beschützen. Zu diesen Strukturen gehören ein Weltbild, das unser Leben mit Sinn und Dauerhaftigkeit erfüllt, und der Selbstwert, den uns das Weltbild vermittelt.« Im Falle der Richter lag der Selbstwert darin, die Gesetze einzuhalten. Bei der einen Gruppe wurde die Einhaltung ihrer Werte durch die Fragen über die eigene Sterblichkeit verstärkt.

Um die zweite TMT-Hypothese, die Angstpuffer-Hypothese, zu prüfen, nahmen die Forscher ein siebenminütiges Video mit Bildern über den Tod auf.[4] Sie produzierten ein Kontrollvideo mit neutralen

Bildern, die nichts mit dem Tod zu tun hatten. Vorab wurde den freiwilligen Probanden der Studie ein falsches Feedback zu ihrer Persönlichkeit gegeben. (Mit diesem Feedback wollten die Forscher den aus
der Psychologie bekannten Barnum-Effekt nutzen, der besagt, dass
ein Mensch, der Komplimente erhält, leichtgläubig wird.) Nach den
Fragebogen, die die freiwilligen Versuchspersonen bei der Auswahl
zur Studie ausgefüllt hatten, wurde ihnen entweder viel kreatives Potenzial und beruflicher Erfolg zugesprochen oder lediglich, dass sie
recht anständige Menschen seien. Nach der Vorführung des Videos
mit den Todes-Bildern und des Kontrollvideos wurden ihre subjektiv
wahrgenommenen Angstzustände als Versuchspersonen abgefragt.
Wenn »sich die Leute gut fühlten, konnten sie sich die Bilder über
Sterben und Tod ohne Angst anschauen«.[5] Diese Angstzustände wurden mit denen der Versuchspersonen verglichen, die beide Videos gesehen hatten.

In einer weiteren Studie wendeten die Sozialpsychologen das
sogenannte *Hot Sauce Paradigm* (Scharfe-Sauce-Paradigma) an. Die
Versuchspersonen wurden in zwei vorausgewählte Gruppen unter-
teilt: Eine war liberal, die andere konservativ. Man setzte jede Ver-
suchsperson in einen Raum und teilte der mit der liberalen politischen Einstellung mit, dass die zweite Person im anderen Raum
konservativ sei und umgekehrt. Dann sollten die Probanden der zweiten Person zur Strafe (scheinbar) eine scharfe Sauce verabreichen.
Wenn die Versuchspersonen den Fragebogen zur Manipulation der
Mortalitätssalienz zuvor ausgefüllt hatten, gaben sie den Personen,
die ihre politischen Ansichten nicht teilten, wesentlich mehr von der
scharfen Sauce.[6]

Forscher haben die Mortalitätssalienz auch im Zusammenhang
mit verschiedenen extremen Weltanschauungen untersucht. Eine Studie beschäftigte sich mit dem islamischen Extremismus. Ein Teil der
studentischen Probanden im Iran musste einen Mortalitätssalienz-
Fragebogen ausfüllen, der andere Teil nicht. Sie sollten anschließend
jeweils ein Interview über Märtyrertum und eins über friedliche Kon-

fliktlösung lesen. Die Gruppe, die den Mortalitätssalienz-Fragebogen ausgefüllt hatte, befürwortete das Märtyrertum deutlich mehr als die Kontrollgruppe (die den Fragebogen nicht erhalten hatte).[7] Eine ähnliche Studie erforschte politisch konservativ ausgerichtete Amerikaner und kam ebenso zu dem Ergebnis, dass der Teil der Gruppe mit dem Mortalitätssalienz-Fragebogen deutlich mehr gewaltsame Maßnahmen bei internationalen Konflikten befürwortete als die Kontrollgruppe.[8]

Becker beschrieb, wie unser Gefühl des Entsetzens vor dem Tod letztendlich dazu führen kann, dass wir die Welt als beängstigend wahrnehmen. Wir versuchen, auf unterschiedliche Weise mit dieser Angst umzugehen. Nach Beckers Modell sind unsere Todesängste unbewusst. Wir tun so, als hielten wir die Welt unter Kontrolle, als hätten die Menschen gottähnliche Eigenschaften und als wäre das Selbst unsterblich. Die Gesellschaft unterstützt die Entwicklung von »Heldensystemen«, die uns glauben lassen, dass wir den Tod transzendieren können, indem wir uns an etwas Nachhaltigem beteiligen, wie beispielsweise dem Bau der Pyramiden oder großer Kathedralen, einer erdumkreisenden Raumstation oder dem Internet. Um mit unserer Sterblichkeit besser umgehen zu können, fühlen wir uns offensichtlich schon seit jeher bemüßigt, Werke zu schaffen oder Taten zu vollbringen, die unseren Tod überdauern. Das gibt uns ein Gefühl der Unsterblichkeit.

Im Vorwort von *Die Überwindung der Todesfurcht,* schreibt der Schriftsteller und Philosoph Sam Kean: »Wir erreichen eine Ersatz-Immortalität, wenn wir uns dafür aufopfern, ein Imperium zu erobern, einen Tempel zu errichten, ein Buch zu schreiben, eine Familie zu gründen, ein Vermögen anzuhäufen, Fortschritt und Wohlstand voranzutreiben, eine Informationsgesellschaft und einen freien Weltmarkt zu schaffen. Da es die Hauptaufgabe im Leben eines Menschen ist, heldenhafte Taten zu vollbringen und den Tod zu transzendieren, muss jede Kultur ihren Mitgliedern ein komplexes, symbolisches System anbieten, das auf unaufdringliche Weise religiös ist.«[9]

Bei der Entwicklung eines Heldenmythos, wie es der vergleichende Religionswissenschaftler Joseph Campbell genannt hat, sind wir persönlich und kollektiv mit Kämpfen beschäftigt. In einem Interview erklärte mir Kean, wenn unsere emotionale Stabilität bedroht sei, brächten uns fremde Weltanschauungen dazu, unsere eigenen Überzeugungen und Glaubenssätze infrage zu stellen. Wie wir bei den TMT-Studien gesehen haben, geraten wir möglicherweise in die Defensive oder empfinden Feindseligkeit gegenüber Menschen, die anders sind als wir selbst. Das nennen Soziologen die »Outgroup« (Fremdgruppe). Dieses defensive Verhalten kann zu Konflikten führen, bis hin zu Religionskriegen, Staatskonflikten und Rassenkriegen. Nach Kean leiden wir an einer Krise des Heldentums: »Unsere heroischen Projekte, die das Böse zerstören wollen, haben den paradoxen Effekt, mehr Böses in die Welt zu bringen. Bei den menschlichen Konflikten geht es um Kämpfe auf Leben und Tod – meine Götter gegen deine Götter, mein Unsterblichkeitsprojekt gegen dein Unsterblichkeitsprojekt.«

EINE ANDERE BETRACHTUNGSWEISE DES TODES

Die TMT-Studien zeigen, dass Gedanken an den Tod destabilisierend und zerstörerisch wirken können. Dennoch kann sich die Auseinandersetzung mit dem Tod psychologisch und verhaltensmäßig positiv auswirken. Hinsichtlich der dritten Hypothese, der *Death Thought Accessibility Hypothesis,* hat ein internationales Team von Sozialpsychologen, geleitet von Kenneth Vail von der Universität von Missouri, im Journal *Personality and Social Psychology Review* darüber berichtet, dass es genügend Beweise dafür gibt, dass der Umgang mit Sterben und Tod eine entscheidende Rolle in der Motivation von Menschen spielt, ihren Werten treu zu bleiben, liebevolle Partnerschaften aufzubauen und sich weiterzuentwickeln.«[10] Dieses Weiterentwickeln kann zum Beispiel so aussehen, dass wir beginnen, eine neue Sportart zu betreiben oder uns einer gesunden Lebensweise zu verschreiben.

Andere Forschungen ergeben, dass Angstpuffer auch zu positivem und lebensbejahendem Verhalten führen können. Die Verknüpfung von Todes-Bewusstsein mit Werten wie Toleranz, Wertschätzung und Neugier fremden Weltbildern gegenüber kann Menschen bei der Bearbeitung der Mortalitätssalienz-Fragebogen das Gefühl nehmen, bedroht zu werden. Diese Bewegung vom »Ich« zum »Wir« wird im Weltbild-Transformationsmodell erläutert. Persönliche Erfahrungen wie Nahtoderlebnisse fördern intrinsische Werte wie Liebe und Mitgefühl. Diese werden mit extrinsischen Zielen, wie Reichtum oder Erfolg, verglichen. Diese Erfahrungen scheinen ein prosoziales Verhalten zu begünstigen, das individuelles und kollektives Wohlergehen unterstützt.[11]

Da die Angst vor dem Tod unsere Glaubensüberzeugungen und Verhaltensweisen sehr stark prägt, wollten meine Kollegen und ich Wege erforschen, um Angst zu transformieren, damit Menschen erfüllter leben können. Wir entwickelten als Erstes einen Onlinekurs mit verschiedenen Einstellungen zum Tod und zum Jenseits.[12] Der Kurs führte zu Gruppendiskussionen und zum Austausch konkreter persönlicher Todes-Erlebnisse. Wir verwendeten Auszüge von Interviews mit Menschen, die verschiedene Kulturen und spirituelle Traditionen vertraten. Die Kursteilnehmer lernten somit andere Weltanschauungen kennen und wertzuschätzen.

Nach dem Kurs untersuchten meine Kollegen und ich seine Wirkung auf das Weltbild der Menschen zum Thema Tod und Leben nach dem Tod. Dafür untersuchten wir Daten aus Tagebuchnotizen und Fragebogen, die wir den Teilnehmern vor und nach dem Kurs geschickt hatten. Wir stellten ihnen zwei Mortalitätssalienz-Fragen, die bereits in der vorherigen Forschungsarbeit verwendet wurden: »Was passiert mit Ihnen, wenn Sie tot sind?« und »Welche Gefühle löst in Ihnen der Gedanke an Ihren eigenen Tod aus?« Die Teilnehmer sollten die Antworten in ihre Tagebücher eintragen. Die Wortwahl der

Teilnehmer in ihren Tagebüchern wurde vor und nach dem Kurs untersucht. Es stellte sich heraus, dass sich ihre Ansichten über den Tod gegen Ende des Kurses wesentlich verändert hatten. Die Teilnehmer waren nicht mehr auf ihren Körper fixiert und hatten weniger an den Tod gedacht; in ihren Tagebüchern verwendeten sie seltener die Ich-Form, was darauf schließen ließ, dass sie sich persönlich weniger mit dem Tod identifizierten. Die Teilnehmer zeigten auch mehr Selbsterkenntnis. Sie beschrieben den Tod kaum mehr als Quelle der Angst und sie verleugneten ihn sehr viel weniger.

Ein Teilnehmer beantwortete vor dem Kurs die Frage nach seinen Gefühlen beim Gedanken an seinen Tod: »Ich hätte Angst davor, etwas zu bereuen. Sogar fast Panik bei dem Gedanken, meine Träume oder Talente nicht gelebt zu haben.« Nach dem Kurs schrieb er: »Meine Seele wird von einem Gefühl des Friedens und der Liebe erfüllt, ich werde von dem, was ich hinterlasse, kaum etwas bereuen.« Diese Person hatte sich emotional verändert. Der Kurs hatte ihr das Gefühl vermittelt, eins mit dem Kosmos zu sein, und sie dafür geöffnet, dem eigenen Tod ins Antlitz zu schauen.

Ein anderer Teilnehmer stellte eine ähnliche Veränderung in seiner Weltanschauung fest. Vor dem Kurs hatte er gesagt: »Das stärkste Gefühl ist die Sorge darum, nicht alles erreicht zu haben, was ich mir vorgenommen habe. Was wäre, wenn ich nicht genug getan oder einfach weniger erreicht hätte, als ich eigentlich erreichen oder erfahren wollte?« Nach dem Kurs schrieb er: »Ich freue mich auf die Aussicht, meine Lebensreise zu beenden und mich auf neue Abenteuer einzulassen.«

Der Kurs hat bei einigen Teilnehmern zu einer tiefgründigeren Einstellung dem Tod gegenüber geführt. Sie empfanden mehr Offenheit und Neugier für unterschiedliche Weltbilder über das Jenseits. Ein Teilnehmer bemerkte:

> »Abgesehen davon, dass sich mein Glaube gefestigt hat, kann ich die Glaubensvorstellungen anderer Kulturen besser ver-

stehen und habe dabei noch ein paar Puzzleteile für meinen eigenen Glauben dazugewonnen … Insbesondere ist es mir ein Anliegen, meinem eigenen Weltbild und fremden Weltanschauungen mit Respekt und Demut zu begegnen. Mir sind Offenheit und Raum wichtig, damit etwas anderes entstehen kann.«

Ein anderer Teilnehmer berichtete:

»Meine persönlichen Erfahrungen und Glaubensvorstellungen sind real, genauso wie die anderer Menschen. Es ist in Ordnung, nicht genau zu ›wissen‹, wie das Jenseits ist; indem wir jedoch unsere Ansichten und Erlebnisse austauschen, können wir über die Existenz eines Jenseits ins Gespräch kommen, auch mit unterschiedlichen Ansichten.«

Diese Forschungsarbeit zeigt, dass die Entwicklung eines stärkeren Todes-Bewusstseins in einer positiven und anregenden Umgebung die Ängste der Menschen und ihre Widerstände gegenüber fremden Weltanschauungen abbauen kann. Somit kann der von Becker eindringlich beschriebenen Krankheit unserer Gesellschaft entgegengewirkt werden.

DIE ANGST VOR DEM TOD VERWANDELN

Das Weltbild-Transformationsmodell beschreibt, wie die Beschäftigung mit anderen Weltbildern uns dabei hilft, uns mit dem Tod auseinanderzusetzen, um unsere Angst davor zu verwandeln. Vielen Menschen ist es bereits gelungen, sich ihrer Todesfurcht zu stellen. Sie haben sie in lebensbejahende Werte umgewandelt durch unmittelbare, persönliche Erlebnisse, durch ihren Glauben und durch ihre Lebensphilosophie.

Den Tod zu umarmen heißt, das Leben zu umarmen

Dean Ornish ist Arzt, klinischer Professor für Medizin in San Francisco und Gründer und Präsident des *Preventive Medicine Research Institute*. Seine persönliche Geschichte zeigt, wie wir ein besseres Leben führen können, wenn wir den Tod annehmen, anstatt ihn zu leugnen und zu fürchten. In einem Interview erzählte mir Dean, wie er als Student an der Universität beinahe seinem Leben ein Ende gesetzt hätte.

»Als Student ging ich auf eine kleine, sehr leistungsorientierte Universität, an der die Hälfte der Studenten ihr Abitur mit der Note Eins oder Zwei abgeschlossen hatten. Außerdem hatte diese Uni die höchste Selbstmordrate pro Kopf im Land … Je mehr ich mich anstrengte, gut zu sein, desto schwerer fiel mir das Lernen. Und je schwerer mir das Lernen fiel, umso schwerer fiel es mir, Leistung zu erbringen. Ich geriet in einen Teufelskreis, in dem ich eine Woche nicht mehr schlafen konnte! Ich war völlig fertig. Diese Art des Schlafentzuges reichte aus, um ziemlich durchzudrehen.

Ich erinnere mich, dass ich in der Physikvorlesung dachte: ›Ich bringe mich einfach um! Warum ist mir das nicht schon früher eingefallen? Damit setze ich diesem ganzen Leid ein Ende.‹ … Ich überlegte mir also, wie ich mich umbringen könnte. Zuerst wollte ich von einem Turm herunterspringen. Dann dachte ich an die Trauer und Erschütterung meiner Eltern. Ich beschloss daher, mich zu betrinken und mein Auto auf einer Brücke in die Leitplanke zu fahren. Jeder würde von einem Unfall in betrunkenem Zustand ausgehen und nicht an Selbstmord denken. Ich glaubte, dass das für meine Familie leichter zu ertragen wäre. Diese Gedanken waren schon ziemlich verrückt, aber damals machte ein solches Szenario absolut Sinn für mich.

Das Ganze war im Jahr 1972. Kurz zuvor hatte meine Schwester Yoga für sich entdeckt. Sie trainierte bei einem Lehrer namens Swami Satchidananda. Er war ein ökumenischer Lehrer, der in den Sechzigern in die USA gekommen war … Meine Eltern wollten eine Cocktailparty für den Swami organisieren – was in Dallas im Jahre 1972 wirklich etwas höchst Ungewöhnliches war. Auf diesem Weg kam der Swami zu uns nach Hause.

Es gibt diesen alten spirituellen Spruch: ›Wenn der Schüler bereit ist, erscheint der Meister.‹ Das bewahrheitete sich damals tatsächlich für mich. Als der Swami das Wohnzimmer meiner Eltern betrat und sagte: ›Nichts kann dir dauerhaftes Glück bringen‹, war das eine Bestätigung für mich. Alle anderen hatten immer gesagt: ›Natürlich machen dich Dinge glücklich, du brauchst nur dieses oder jenes zu tun, dann wirst du glücklich.‹ Mir war damals schon klar, dass das nicht stimmte. Und hier war der Swami, der mir das bestätigte … Ich dachte, kurz vor dem Selbstmord zu stehen, und da stand ich plötzlich diesem heiteren Swami gegenüber. Ich dachte nur: Irgendetwas stimmt hier nicht.«

Dieses Treffen mit Swami Satchidananda hat Dean Ornishs Leben verwandelt. Er erkannte, dass Glück und Seelenfrieden aus unserem Inneren kommen und nicht von der äußeren Welt abhängen. Wir haben diese Qualitäten bereits in uns, sie sind nicht etwas, das wir verlieren könnten. Dean erklärte mir:»Eines der größten Paradoxien im Leben ist, dass wir hinter all diesen Dingen herlaufen, die uns angeblich glücklich und zufrieden machen. Dabei verlieren wir den Blick dafür, was bereits da ist.«

Dean Ornish erkannte außerdem, dass viele spirituelle Praktiken unseren Körper und Geist beruhigen, damit uns klar wird, was in uns schlummert. Angeregt durch diese Erkenntnis, machte Ornish einen Versuch mit Meditation. Sollte diese spirituelle Arbeit erfolglos sein, so dachte er, könnte er ja jederzeit zu seinem ursprünglichen Plan, nämlich dem Selbstmord, zurückkehren. Bei der Meditation empfand er jedoch ein flüchtiges Gefühl von innerem Frieden und Wohlbefinden. Das war für den jungen Mann das Tor zur persönlichen Wandlung.

»Ich stand tatsächlich knapp davor, mich während meines Studiums umzubringen. Ich war schließlich stark depressiv. Das führte mich zu Fragen wie: Wie ist das Sterben? Schläft man ein? Oder geschieht da noch mehr? Ich begann, wissbegierig über dieses Thema zu lesen. Ich machte eigene Erfahrungen dazu. Wenn man genug meditiert, entdeckt man, dass man einen Körper hat, dass man jedoch nicht der Körper ist. Man hat auch einen Verstand, man ist jedoch nicht der Verstand. Es gibt etwas, was den Tod überlebt, was von einem Körper zum nächsten geht.

Das Paradoxe daran ist, dass man … eigentlich nicht vollständig leben kann, solange man nicht bereit ist, den Tod vollständig zu akzeptieren. Es ist zwar ein Klischee, aber es ist wahr. Ich habe das sowohl in meinem eigenen Leben als auch bei vielen anderen Menschen erlebt, mit denen ich in den letzten 35 Jahren zusammengearbeitet habe.«

Als Ornish den Punkt erreicht hatte, wo er sich dem Tod direkt stellen wollte, entdeckte er plötzlich, wie er das Leben annehmen konnte. Bei seiner Arbeit will er jetzt anderen Menschen zu optimaler Gesundheit verhelfen. Er schreibt seinen Erfolg als Arzt der eigenen intensiven Begegnung mit dem Tod zu.

Die Erfahrung von Ornish deckt sich mit der Beschreibung im Weltbild-Transformationsmodell: Es begann mit einer tiefen Destabilisierung; er hatte den Nullpunkt erreicht. Dann begegnete er einem erfahrenen Lehrer und begann mit spirituellen Übungen, die zur Grundlage seiner Arbeit als Arzt und Wissenschaftler wurden. Er versuchte zu verstehen, was er mithilfe der Meditation erlebte, und seine Erlebnisse halfen ihm zum Verständnis des Todes. Durch die Transformation seines eigenen Weltbildes fand er einen Weg, ganzheitlicher und mit mehr Tiefgang zu leben.

»Ich habe in meinem Berufsleben vieles getan, was meine Mitmenschen für verrückt gehalten haben. Ich hätte diese Dinge in der Tat nicht schaffen können, wenn ich damals nicht so nah am Tod gestanden hätte …
Wenn man unbedingt etwas lernen will, dann ist man auch oft erfolgreicher damit … weil man es mit viel weniger Angst und Sorge angeht. Man ist bereit, Dinge zu probieren, die andere Menschen als zu riskant einschätzen; aber man probiert es, weil man bereits so nah am Tod war. Als ich mich damals entschied, mich nicht umzubringen, wollte ich das Leben in seiner ganzen Fülle auskosten; ich wollte nicht einfach nur halb leben.«

Sich für das Leben entscheiden

Wie Ornish hatte sich auch Noah Levine früher das Leben nehmen wollen. Er hatte sich regelrecht danach gesehnt, da er überzeugt war, dass der Tod ihn vom Leid befreien könnte. Sein Vater war aktiv in der Hospizarbeit tätig gewesen, sodass Levine ein vertrautes Verhältnis zum Tod hatte. Nach vielen Jahrzehnten buddhistischer Praxis veränderte sich jedoch Levines Verhältnis zum Tod. Statt »aus dem Körper zu wollen«, war er ganz zufrieden, im Körper zu sein. Heute ist Levine, Autor von *Dharma Punx* und *Gegen den Strom*, praktizierender Buddhist und Berater. Er bietet buddhistische Meditationen, Workshops und Retreats an und leitet Gruppen in Jugendstrafanstalten zum Thema Achtsamkeit für ein gutes Leben. Er hat bei vielen bedeutenden Lehrern gelernt, sowohl in der buddhistischen Theravada- als auch der Mahayana-Tradition.

In der Kontemplation des Selbstmordes hat Levine nie das Gefühl gehabt, dass der Tod gleichzusetzen wäre mit »alle Lichter gehen aus«. Er hatte vielmehr »das Verständnis vom Tod als einen Übergang von einer Form der Existenz zur nächsten, ohne Anhaftung an die Angst vor dem Tod – als sei es ein ganz natürlicher Prozess«. Ein Grundsatz seiner Achtsamkeitslehre liegt in der direkten Konfrontation mit dem Tod und der Anerkennung, dass unser Körper stirbt, er jedoch nicht das ist, was wir in unserer Essenz sind. Ein wichtiges Ritual in vielen buddhistischen Praktiken ist die Einäscherung des Leichnams. Levine sagt: »Genauso wie jener Körper verbrannt wird, wird dieser Körper schließlich verbrannt. Finde also einen Ort, der nicht dieser Körper ist, um dort Zuflucht im spirituellen Sinne zu finden.« (In Kapitel sechs werden wir auf Übungen zur Vorbereitung auf den Tod eingehen.)

Für Levine ist der Selbstmord kein Zufluchtsort mehr. Sein Ziel ist es, ein sinnvolles Leben zu führen. In einem Interview zur Transformationsstudie unterstrich Levine die Gewissheit des Todes, gepaart mit seinem unsicheren Zeitpunkt. Er erklärte, dass diese doppelte Natur des Todes ihm ein Gefühl für die Dringlichkeit gibt, sein Leben bewusst zu leben und seine Zeit einzuteilen. Zu seiner Weltsicht gehört auch die Inkarnation. Wenn man seine Hausaufgaben nicht mache, werde man so lange in einem anderen Körper wiedergeboren, bis man seine Lektion gelernt habe: »Meistens geht es darum, sich von Illusionen zu befreien, von Gier, Aversion und Verwirrung.« Levine fuhr fort:

> »Die Reflexion über den Tod inspiriert mich zur spirituellen Praxis. Außerdem sage ich öfter: ›Ich weiß nicht, wie viel Zeit mir noch bleibt, deshalb sollte ich besser achtsam sein.‹ Als ich jünger war, dachte ich, dass ich mein Leben gerne gegen ein anderes eintauschen würde. Heutzutage denke ich: ›Nein, ich habe jetzt dieses Dasein, ich will es gegen kein anderes tauschen. Eigentlich möchte ich mich aus dem Kreislauf

befreien. Ich würde gerne diese Befreiung erleben, von der Buddha gesprochen hat – aus dem Zyklus der Wiedergeburt aussteigen und in die Unsterblichkeit eintreten.‹«

Die Identität neu definieren

Viele spirituelle Lehrer glauben, dass wir unsere Ansicht darüber, wer wir sind, verändern und somit unser Weltbild transformieren können. Der Aspekt des Todes, der uns Angst macht, ist eine Frage der persönlichen Identifikation: Wer oder was stirbt? Die Antwort auf diese Frage kann uns dabei helfen, eine neue Beziehung zum Tod zu finden, meint Satish Kumar. Er ist ehemaliger Mönch, war lange Aktivist für Frieden und Umwelt und ist Herausgeber der Zeitschrift *Resurgence & Ecologist.* Er erklärte mir sein Weltbild:

»Meine Identität, die wir kleine Identität nennen wollen – wie mein Name, meine Nationalität, meine Religion oder meine Lieblingsmarke –, überlebt den körperlichen Tod nicht. Das sind unbedeutende Identitäten. Wenn ich Teil des Universums und der Erdengemeinschaft bin, dann bin ich ein wesentlicher Bestandteil der Lebenskraft, die meine wahre Identität ist. Sie ist meine primäre Identität.

Zu meinen sekundären Identitäten gehören meine Geburt als Inder, mein Alter, meine Zugehörigkeit zum Jainismus usw. Das sind alles sekundäre Identitäten. Wir brauchen nicht zu befürchten, diese sekundären Identitäten zu verlieren.«

Das Weltbild-Transformationsmodell beschreibt, wie uns eine positive Transformation vom kleinen »Ich« zum großen »Wir« führt, die uns mit etwas Größerem als uns selbst in Verbindung bringt. Kumar gibt dieses Konzept auf folgende Weise wieder:

»Unsere primäre Identität besteht darin, Teil der Lebenskraft zu sein. Diese Lebenskraft vergeht nie. Sie ist ewig, unendlich und dynamisch.

Wenn wir in einem Körper bleiben und niemals sterben würden und dennoch Angst vor dem Sterben hätten, dann würden wir die dynamische Kraft blockieren, die sich ständig verändern will. Wenn wir diese Dynamik blockieren würden, wäre die Welt ein langweiliger Ort.«

Wie Becker, Kean, Greenberg und andere argumentiert Kumar, dass die Todesfurcht der Menschen zu unangemessenen Verhaltensmustern führt. Diese Angst kann den Prozess der positiven Weltbild-Transformation hemmen. Für Kumar liegt der Schlüssel zur Überwindung der Todesangst in einem Weltbild, das uns nicht mehr von der Natur trennt. Der Ökologe beschreibt den Wandel von der äußeren zur inneren Motivation, mit deren Hilfe wir unsere wahre Natur erkennen können. Wenn wir den Sinn für unser Selbst und unser wirkliches Ich erweitern, können wir uns mit einer umfassenderen und transzendenteren Wirklichkeit verbinden.

»Wir wollen ewig leben, und weil wir ewig leben wollen, wollen wir natürlich auch Besitz haben und Kontrolle ausüben. Deshalb wollen wir die Natur beherrschen, das Land beherrschen, wir wollen Eigentum und wollen Menschen beherrschen, und wir wollen Beziehungen beherrschen. Das ist es, was das reibungslose Funktionieren des Universums zerstört. Und die Erde ist Teil dieses Universums ...
Wenn wir unseren Körper verlassen und erkennen, dass die ganze Erde unser Zuhause ist, dass wir ein Organ des Erdenkörpers sind, dass der Erdenkörper Teil des gesamten Universums ist, dann haben wir unseren Geist ausgedehnt. Mit diesem erweiterten Geist können wir den Geist Gottes berühren. So können wir uns befreien und nicht dieses Land, diese Be-

ziehung, dieses Haus oder dieses Geld besitzen wollen. Diese Besitzgier, ausgedrückt durch ich, ich, ich und *meins, meins, meins,* wird sich auflösen. So kann die wahre, echte Ökologie entstehen.

Der beste Freund der Angst ist Ignoranz, da Ignoranz Angst bewirkt ... Wenn man diese Ignoranz verliert, erkennt man, dass man Teil des Kontinuums, Teil der Entwicklung ist. Wenn man das erkennt, verschwindet auch die Angst.«

Unsere Gaben anerkennen

Michael Bernard Beckwith ist Gründer und Direktor des *Agape International Spiritual Center* mit Sitz in Los Angeles. Als multikulturelle, transkonfessionelle Gemeinschaft in der Tradition neuer Gedankenformen und zeitloser Weisheit hat Agape Tausende lokale Gruppen und globale »Live-Streamers«. Die Vision und Mission von Agape basieren auf dem Grundsatz einer mitfühlenden, positiven Existenz auf der Erde.

Beckwith erklärt seine Philosophie, wie man mit der Angst vor dem Tod geschickt umgehen kann:

»Wenn bei uns die spirituelle Erkenntnis erwacht, beginnen wir zu verstehen, dass alle Wesen eins sind und die gesamte Existenz kosmisch miteinander verbunden ist.

Wir begreifen, dass wir mehr als genug von dem besitzen, was gut und vollkommen ist, einschließlich unserer Unsterblichkeit. Wir sterben nie, da wir nie geboren wurden. Wir leben zwar unsere Inkarnation, aber als spirituelle Wesen sind wir Teil eines evolutionären Kontinuums, das in vielen Dimensionen existiert.

Wenn die Menschen begreifen, dass das Leben auf Erden nicht von Dauer ist und ihre Inkarnation zu einem ungewissen Zeitpunkt enden wird, und sie ihre Fähigkeiten und Talente nicht mehr ausüben können, entsteht sehr viel Angst.

Das Ego des Menschen – die Wahrnehmung des Selbst, getrennt vom Ganzen – wird sehr unruhig, wenn es merkt, dass seine Zeit begrenzt ist. Es trifft Entscheidungen, die sich nach Tabellen über die Lebenserwartung richten. Als ob dies das Hauptkriterium wäre.

Wie viel weiser ist es, sich nicht nach einer Zeitspanne zu richten, sondern Entscheidungen aus einem Bewusstsein heraus zu treffen, bei dem es um die Frage geht: ›Welche Fähigkeiten und Talente will ich hier verfeinern und leben, bevor ich diese dreidimensionale Ebene verlasse? Wie kann ich nutzbringend auf der Erde wirken, solange ich hier bin?‹ Diese Form der Selbsterforschung hat eine weitaus höhere Schwingung als die Aussage: ›Ich habe Angst vor dem Sterben!‹«

In der Gegenwart sein

Im Moment zu leben kann Balsam für die Todesangst vieler Menschen sein. Bruder David Steindl-Rast, der bereits in Kapitel eins zu Wort kam, erklärte es mir so:

»Menschen, die im Sterben liegen, sind gezwungen, im gegenwärtigen Moment zu sein, da sie keine Zukunft mehr haben. Je näher sie dem Tod kommen, desto mehr müssen sie im Hier und Jetzt sein. Ein Aspekt des Seins, den [der Psychologe Abraham] Maslow im Gipfelerlebnis erkannt hat, ist die Schönheit – denn für den Bruchteil einer Sekunde, in dem unser kleines Ego loslässt und wir es vergessen, stehen wir in direktem Kontakt mit dem Sein.

Die transformierende Kraft des Universums kann einen wandeln, wenn man einfach präsent ist, wo man gerade ist. Man muss nichts dafür tun, um älter zu werden. Das geschieht von allein. Man muss nichts tun, um die Nahrung zu verdauen. Das übernimmt die Natur, man könnte es auch gar nicht aktiv beeinflussen, selbst wenn man wollte. Um spirituell zu wachsen und sich zu verändern muss man überhaupt nichts tun. Es passiert einfach, wenn man sich der Entwicklung nicht in den Weg stellt.

Ich will damit sagen, dass man etwas berührt, was nicht der Zeit unterworfen ist, wenn man im gegenwärtigen Moment lebt. Wir leben in dem, was T. S. Eliot ›die Momente innerhalb und außerhalb der Zeit‹ nannte. Wir wissen, was das Jetzt bedeutet, und das Jetzt befindet sich nicht in der Zeit. Es ist ein kleiner Streifen zwischen der Vergangenheit und der Zukunft. Das Jetzt ist jenseits von Zeit.«

Lee Lipsenthal verstand es, im Augenblick zu leben und dabei sein authentisches Selbst zu spüren. Er erzählte mir, er habe keine Angst vor seinem bevorstehenden Tod, da seine Art zu sterben nicht anders sei als seine Art zu leben.

»Die Schönheit aller vergangenen Ereignisse reicht aus. Die Menschen meinen, es sei mutig von mir, in der Öffentlichkeit über mein Sterben zu sprechen. Aber ich empfinde es nicht als mutig; ich sterbe einfach, mehr nicht. Ich unterrichte, ich bin mit Menschen zusammen, genieße das Leben, genieße das Spiel. Das bin ich. Und zufälligerweise bin ich jetzt dabei zu sterben. Diese Sache, die als Heldentat oder Resilienz angesehen wird, ist einfach nur ich, der stirbt. Das ›Ich‹ hat sich nicht verändert. Das körperliche Wesen hat sich sicherlich verändert, ich habe Knoten in meinem Hals. Aber das Kern- ›Ich‹ ist unverändert. Diese Heldentat-Resilienz-Geschichte bedeutet für mich einfach nur ein Sein mit dem Krebs. Ich wüsste nicht, wie ich anders damit umgehen sollte.«

Bedingungslose Liebe finden

Der Indianer Tony Redhouse heilt als spiritueller Lehrer mit indianischen Heilgesängen, er hat das indianische Yoga erfunden, unterstützt mit seinem traditionellen Wissen indianische Gemeinden, arbeitet als Berater für Gesundheitsorganisationen und leitet Seminare über indianische Kultur. Außerdem hat er eine Krebskrankheit überstanden. Für Redhouse ist die bedingungslose Liebe – eine Liebe ohne Bewertungen – der größte Puffer gegen die Angst, auch gegen die Todesangst.

»Der einzige Grund, warum wir Angst haben, liegt in der Bewertung … Unser Verstand fällt ein Werturteil, weil wir irgendein Kriterium nicht erfüllen. Wir vergleichen uns mit irgendeinem Ideal. Wenn wir jede Angst, auch die Angst vor dem Tod, auflösen, dann können wir bedingungslose Liebe begreifen. Wir können sie dann annehmen. Und das führt uns wieder zurück zu unserem Selbst. Jemand hat einmal gesagt: ›Liebe deinen Nächsten wie dich selbst.‹ Als ich mich für 48 Wochen einer Chemotherapie unterziehen musste, schaute ich kurz in den Spiegel und war zutiefst erschüttert und deprimiert. Mein Energieniveau war in den Keller gesackt, und ich wollte mich nur noch unter die Bettdecke verkriechen und die ganze Zeit schlafen.

In dieser Phase stand ich doch auf und schaute noch einmal bewusst in den Spiegel. Ich sah mir lange und tief in die Augen. Ich sagte mir: ›Tony, ich liebe dich so, wie du bist. Mit allem, was du durchgemacht hast, mit jeder Beziehung, jeder Niederlage, jedem Herzschmerz, jedem Erfolg – ich liebe dich einfach so, wie du bist. Genau so, wie du bist. Du brauchst nichts an dir zu ändern. Ich nehme dich bedingungslos an.‹ Wenn wir Zugang zu dieser bedingungslosen Liebe finden, die nicht urteilt, wenn wir alles, was wir in dem Augenblick sind, annehmen können, auch nur für eine Sekunde, dann schauen wir in den Spiegel und sagen: ›Ich liebe dich, so wie du bist. Mit allem, was du im Leben durchgemacht hast – Scheidung, Süchte, einfach alles –, ich liebe dich bedingungslos.‹ Das löscht die Angst vor dem Tod aus.«

Fürsorgliche Gemeinschaft

Für den Arzt Gerald Jampolsky liegt der Schlüssel zur Heilung unserer Todesangst in der Liebe und Fürsorge. Einsamkeit und gesellschaftliche Isolation können zu einem frühen Tod führen; das Festhalten an altem emotionalen Ballast kann Leid verursachen. Von Jampolsky stammt der Ansatz *Attitudinal Healing* (Heilung von inneren Lebenseinstellungen), den er folgendermaßen beschreibt:»Es geht hier um eine kulturübergreifende Methode, die selbst auferlegte Blockaden wie Bewertungen, Schuldgefühle, Scham und Selbstverurteilung auflösen kann, um dauerhaft Liebe, Frieden und Freude in das eigene Leben einzulassen.«[13]

Menschen mit einer lebensbedrohlichen Krankheit empfinden oft Panik und Angst vor dem Sterben. Jampolsky ist der Meinung, dass dieses Leid transformiert werden kann, wenn diese Menschen in eine Gemeinschaft eingebunden sind, die Liebe und Vergebung praktiziert:

»Sie befinden sich in einer Gruppe mit Gleichgesinnten, in der man sich gegenseitig hilft. Sie entdecken dabei, dass es ihnen viel leichter fällt, in der Gegenwart zu bleiben, je mehr Liebe sie geben.

Dadurch entkommen sie ihrem alten Denkmuster, dass die Vergangenheit die Zukunft bestimmt. Sie lernen, im Augenblick zu leben und zu vergeben. Nicht vergeben zu können erzeugt Giftstoffe im Körper, wodurch wir uns selbst Schmerz zufügen. Wir halten an der Wut auf jemanden fest, und oft hilft auch kein Morphium im Sterbeprozess, um diesen Schmerz zu lindern. Wenn diese Menschen jedoch bereit sind, sich selbst oder anderen zu verzeihen, dann wirkt das Mittel plötzlich …

Der Zweck unserer Gruppen ist es, Vergebung zu üben, keine Werturteile zu fällen und das Geben und Nehmen zu erfahren. Wir gewinnen, wenn wir wirklich in der Gegenwart bleiben und keine Fragen über das Morgen stellen oder was passieren wird, wenn der Arzt eine Verschlechterung des Gesundheitszustandes auf den Röntgenbildern feststellt. Diese Fragen rufen bloß Angst hervor. Und wir stellen fest, dass unsere Besucher am Krankenbett selbst viel Angst und Sorge haben und darum bemüht sind, uns nichts Falsches zu sagen.

Viele alte Freunde besuchen uns aufgrund ihrer eigenen Angst vor dem Tod nicht im Krankenhaus. Wir fühlen uns vielleicht von ihnen im Stich gelassen. Doch anstatt uns darüber aufzuregen und es ihnen übel zu nehmen, sollten wir ihnen einfach Liebe schicken und uns friedvoll und verbunden fühlen anstatt getrennt von ihnen. Wir lernen, dass Sinn und Zweck von Beziehungen das Verbundensein ist, nicht die Trennung. Somit ergibt sich eine ganz neue Lebensart.«

EIN PAAR ABSCHLIESSENDE GEDANKEN

Die Terror-Management-Theorie geht davon aus, dass unsere Angst vor dem Tod unter der Bewusstseinsschwelle begraben liegt. Sowohl unser Entsetzen vor dem Tod als auch unsere heldenhaften Anstrengungen, den Tod zu überwinden, hängen mit unserer Weltsicht zusammen. Uns über den Tod und unsere Angst davor bewusst zu werden, kann zu einer tieferen Selbsterforschung führen. Wenn wir den Tod ins Sichtfeld rücken und darüber sprechen würden, könnten wir unser Verständnis darüber besser in unser tägliches Erleben integrieren. In der Gegenwart zu bleiben hilft uns, weniger Angst zu empfinden. Wir stehen uns dann nicht mehr selbst im Weg, wenn es um das Unvermeidliche geht.

Die Versuchsergebnisse aus der Sozialpsychologie und des Weltbild-Transformationsmodells deuten darauf hin, dass ein Todesbewusstsein die Menschen dazu motivieren kann, ihrem Leben neue Prioritäten zu geben, ihren Selbstwert und ihre Identität zu stärken, liebevoller und fürsorglicher mit ihren Mitmenschen umzugehen, und für mehr gesellschaftliche Harmonie zu sorgen. Indem wir uns mit unserer eigenen Weltsicht und der Sicht der anderen zum Thema Tod auseinandersetzen, können wir kreativer, innovativer sowie flexibler mit der Beziehung zu uns selbst und zu unserer Gemeinschaft umgehen. Das gilt auch für unsere Beziehung zur Welt, in der wir leben. Die Erforschung anderer Einstellungen zum Tod wird zur Grundlage, auf der wir über unseren möglichen Widerstand gegenüber Veränderung nachdenken können. Das ist der Beginn der Transformation des eigenen Weltbildes.

Wenn wir den Tod als großes Mysterium behandeln, betrachten wir ihn möglicherweise als Abenteuer und als eine Chance, sich auf etwas Unbekanntes einzulassen. Wenn wir ein positives Bewusstsein vom Tod entwickeln, anstatt ihn zu verdrängen, nehmen wir uns selbst und andere neu wahr. Im nächsten Kapitel erforschen wir die Natur persönlicher Nahtod- und Todeserfahrungen und betrachten ihre Rolle als Katalysatoren für ein dauerhaftes persönliches Wachstum und Wohlergehen.

ÜBUNG
Einfach nur sein

Die Wissenschaft hat herausgefunden, dass ein starkes Selbstwertgefühl ein guter Puffer gegen die Angst vor dem Tod darstellt. Ich möchte Ihnen eine einfache Übung dazu anbieten:

Setzen Sie sich still hin. Fangen Sie an zu lächeln. Spüren Sie in dieser positiven Haltung die Muskeln in Ihrem Gesicht.

Denken Sie dabei an Ihre guten Eigenschaften (beispielsweise »Ich bin kreativ«, »Ich habe Humor«, »Ich kann andere liebevoll in die Arme nehmen«, »Ich bin klug«). Atmen Sie in diese Gedanken über Ihre Qualitäten hinein. Lächeln Sie weiterhin, während Sie in diese positiven Aspekte hineintauchen und sie genießen.

Nehmen Sie sich ein paar Augenblicke für dieses Erlebnis und spüren Sie, wie gut es Ihnen tut. Dann notieren Sie alle Gefühle, Empfindungen und Erkenntnisse in Ihrem Tagebuch.

Sie können Ihre Erkenntnisse auch mit einem Familienmitglied oder einem Freund teilen und ihn anregen, über seine eigenen positiven Eigenschaften zu reflektieren. Dadurch entsteht eine gegenseitige Zuwendung, die das eigene Selbstwertgefühl stärkt und dabei hilft, negative Reaktionen auf den Tod zu wandeln.

3. KAPITEL
ÜBER DEN TOD UND DIE PHYSISCHE WELT HINAUS- BLICKEN

> Noetische Erfahrungen ... Momente der Erkenntnis,
> die der unruhige Intellekt nicht ergründen kann.
> Wenn auch nicht in Worte zu fassen, wohnt ihnen
> dennoch eine eigentümliche Autorität inne.
> *William James*

Simon Lewis war ein aufstrebender Filmproduzent. Dank der erfolgreichen Koproduktion des Films »Kuck mal, wer da spricht« hatte er bereits eine Vereinbarung für Nick Noltes nächstes Filmprojekt getroffen, und sein Film *Age Old Friends*, eine HBO-Produktion, gewann sogar ein paar Emmys. Doch dann war er plötzlich gezwungen, radikal sein Leben zu verändern.

»Ich war auf dem Weg zu einem Abendessen, als ein großer Lieferwagen ein Stoppschild überfuhr und mit etwa 120 Stundenkilometern in mein Auto raste. Dabei wurde es durch den Aufprall in einen Baum geschleudert. Der Unfall ereignete sich nur ein paar Kilometer vom *Cedars-Sinai-Medical-Center*, einem der größten Krankenhäuser in Los Angeles. Einige Rettungssanitäter waren gerade nach Dienstschluss auf dem Weg nach Hause, als sie den Unfall sahen. Sie ...

berichteten der Polizei, es gäbe keine Überlebenden im Auto und ich sei tot.

Dieser Ort des reinen Bewusstseins, den ich durch den Unfall erlebte, befand sich auf der Glasgow-Koma-Skala 3, der niedrigsten Komastufe. Dort blieb ich über einen Monat lang. Niemand erwartete, dass ich überleben würde ...

Als ich aus dem Koma erwachte, erinnerte ich mich an etwas: Ich hatte auf meiner Reise durch diesen inneren Raum, durch diese Ewigkeit, einen Beschützer gehabt. Ganz allmählich, mitten in der Nacht, fiel mir ein, wer dieser Beschützer gewesen ist: meine Frau! Ich war so glücklich über diese Erkenntnis, dass ich der Nachtschwester davon erzählte, die mich alle 20 Minuten umbettete.

Als meine Mutter mich am nächsten Morgen besuchte, erkannte ich sie, konnte mich aber an nichts weiter erinnern (die Erinnerungen kehrten erst einige Wochen später nach und nach zurück). Sie erklärte mir, warum ich in diesem Raum und in diesem Bett lag: Ich befand mich dort, weil ich einen Unfall gehabt hatte. Davor war ich Filmproduzent und mit Marcy verheiratet gewesen, die beim Unfall gestorben war. Während meines Komas hatte man sie bereits in Phoenix, Arizona, beigesetzt.

Somit hatte ich alles verloren, was mir am liebsten und teuersten in meinem Leben gewesen war. Deshalb hatte ich diese Reise durch das Bewusstsein angetreten, um herauszufinden, wer ich wirklich bin. Ich wollte wissen, wer ich bin und wofür ich noch weitermachen sollte.«

Lewis erlebte das, was William James als *noetische Erfahrung* beschrieb – eine direkte, persönliche Begegnung mit dem Tod und der Welt jenseits des Physischen. Diese Erfahrung transformierte Lewis' Leben. Seit vielen Jahren beschäftige ich mich sowohl privat als auch beruflich mit diesen unergründlichen Quellen der Erleuchtung. Und ich habe wiederholt die Bestätigung erhalten, wie wertvoll solche Erfahrungen für die Entwicklung und Wandlung unseres Weltbildes zu einer positiven, lebensbejahenden Einstellung sind.

Noetische Erfahrungen bringen Menschen von einer ausschließlich materialistischen Sichtweise zu einer spirituellen und mystischen Weltanschauung. Viele Menschen berichten über intensive und fesselnde Bewusstseinszustände, die ihr Verständnis vom Tod und was danach kommen mag, beeinflusst haben. Diese Begegnungen mit dem Transzendenten bieten eine Art persönlicher Methodik, um das transformative Potenzial der eigenen inneren Erlebnisse zu verstehen. Man kann die Wirklichkeit auf eine Weise wahrnehmen, die über die Logik und den Verstand hinausgeht. Im Zusammenhang mit Sterben und Tod mögen solche Erfahrungen schmerzhaft sein und können Menschen aus ihrem natürlichen Gleichgewicht werfen. Noetische Erfahrungen bieten jedoch auch Inspiration und Hoffnung und lassen ein Gefühl der Achtsamkeit gegenüber dem Leben entstehen.

EINE NOETISCHE REISE

Lewis hatte ein tief greifendes noetisches Erlebnis, das mit wechselnden Bewusstseinszuständen einherging. Auch wenn er nie ein solches Erlebnis angestrebt hatte, konnte er seine Erinnerung an die Zeit im Koma dafür verwenden, seine Vorstellung von Inkarnation und sein Wahrheitsverständnis zu verwandeln.

Als Lewis von seinem Erlebnis berichtete, brachte er einen erkenntnistheoretischen Punkt zur Sprache: Woher wissen wir, was wir wissen? Er hatte seine Frau ja nicht als seine Frau erkannt. Sie war vielmehr eine Art Präsenz, die ihn zurück in seinen Wachzustand geführt hatte.

»Ich bewegte mich durch einen uralten Hain, in einem Boot, und hörte, wie der Regen auf das Kabinendeck prasselte. Auf dem Deck war eine Person, von der ich wusste, dass ich mit ihr in Sicherheit war, wenn ich einfach nur zu ihr hochgehen könnte. Aber ich wusste nicht, wer sie war. Es war nur die Erinnerung an Sinneseindrücke in der Situation, auf der niedrigsten Stufe des Komas, die ich den inneren Raum nenne. Ich beschrieb alles, was mir dort widerfuhr, als gleichzeitig neu und vertraut, auch wenn das unmöglich erscheint. Etwas kann nicht sowohl neu als auch vertraut sein. Aber auf der tiefsten Bewusstseinsebene ist das so. Auf dieser tiefen Ebene wird alles, was man erlebt, auf einer noch tieferen Bewusstseinsebene kreiert, die sich bis in die Unendlichkeit erstreckt. Normalerweise kann man nicht in die Tiefen des Bewusstseins hinunterschauen, denn laut Definition schaut man von einer höheren Bewusstseinsebene aus. Das eigene Unterbewusstsein ist für uns normalerweise nicht wahrnehmbar.«

Lewis' Weltbild hatte sich verändert, er hatte eine neue Seinslehre entdeckt und ein neues Verständnis von dem entwickelt, was für ihn real und bedeutsam ist. Sein persönliches Erlebnis hatte ihn tief greifend verwandelt. Seine Erklärungen zeigen, dass die Wirklichkeit nicht nur auf unterschiedliche Art erkannt und erlebt werden kann, sondern dass es sogar verschiedene Wirklichkeiten gibt, die nebeneinander existieren. Er erklärte mir:

»Wie konnte das meine Weltsicht verändern? Es gibt verschiedene Ebenen. Das genetische Gedächtnis, das über die Generationen weitergegeben wird, und der innere Raum – langsam stieg ich unendlich kleine Stufen mit sehr sanfter Steigung auf, die zu einer Gesamtschau führten, in der ich das Bewusstsein als ein Kontinuum wahrnahm. Es war ein unvergessliches Erlebnis, den Fluss der Zeit zu sehen – es hat mein Leben sicherlich verwandelt. Als ich mein eigenes Unterbewusstsein sah, sah ich auch, wie die Zeit stehen blieb. Das hat sich in mir fest gesetzt, denn ich habe erkannt, dass mein Unterbewusstsein keine Zeit kennt. Es kennt den Unterschied zwischen Tag und Nacht, aber es kennt weder Uhrzeit noch Datum. Es kennt nur das unendliche Jetzt, in dem das Bewusstsein lebt. Das hat mein Leben vollkommen verändert … Wenn wir sterben, zeigen sich weitere Tiefen des Bewusstseins. Ich ging auch weiter und stellte fest, dass der Geist immer neugierig ist. Wo diese Neugier hingeht, wenn der Körper stirbt … das ist die große Unbekannte. Was ich in dem Bewusstseinszustand auf der Glasgow-Koma-Skala 3 erlebte, war eine andauernde Reise mit Rückblicken, die sich alle nacheinander abspielten.«

Lewis' Prozess der persönlichen Erforschung zeigte ihm, wie unsere Erfahrungen und unsere Weltsicht die Echtheit der Realität beeinflussen. Wie William James bereits vor hundert Jahren andeutete, können noetische Erfahrungen realer als real sein. Es gibt eindeutige Berichte über diese Erfahrungen, die besagen, dass unsere derzeitige Wahrnehmung der Welt nur ein begrenzter Ausschnitt von dem ist, was möglich erscheint. Wie Lewis haben viele Menschen von Nahtoderfahrungen berichtet, die von einer Welt hinter der physischen und materiellen Welt erzählen. Sie haben durch diese Erlebnisse eine persönliche Transformation erfahren. Kern der Weltbild-Transformation ist es, uns eine Perspektive zu bieten, uns unserem unmittelbaren Wissen und unseren subjektiven Erlebnissen zu nähern.

KATALYSATOREN FÜR DIE TRANSFORMATION

Viele Dinge prägen das, was wir in unserem Leben als wahr erachten. Die moderne Wissenschaft nutzt beispielsweise zum Verständnis objektiver Wirklichkeit den auf Sinneserfahrungen beruhenden Empirismus. Aus dieser Perspektive gesehen ist das, was wahr ist, etwas, das wir erfahren und mit unseren fünf Sinnen messen können. Mit dieser Sichtweise definieren wir die Wirklichkeit aufgrund ihrer physischen Natur; wir sind real in Bezug auf unsere Verkörperung. Andere Dimensionen werden jedoch vom wissenschaftlichen Weltbild als nicht real betrachtet oder sogar ausgeschlossen. Traditionelle Wissenschaft und Medizin betrachten mystische Bewusstseinszustände und meditativ-intuitives Wissen normalerweise als etwas Pathologisches oder als ein Ergebnis von Wahnvorstellungen. Wobei es gerade die Erkenntnisse und Erfahrungen sind, die über die simplen physischen Erklärungen hinausgehen, die eine entscheidende Rolle dabei spielen, wie Menschen den Tod oder das Jenseits verstehen.

Das Weltbild-Transformationsmodell erklärt uns, wie solche eigentlich unbeschreiblichen Einsichten eine Veränderung in unserer Wahrnehmung der Wirklichkeit beschleunigen können. Es kann allerdings auch passieren, dass diese Erfahrungen verdrängt werden. Das ist abhängig von den Lebensumständen der Person, von ihrem Bewusstsein oder ihren rationalen Abwehrmechanismen. Wenn wir unsere Weltsicht zum Thema Tod bewusst anschauen, kann jedoch eine schmerzhafte Erfahrung zu einem Geschenk werden. Und unter Umständen ändern wir auch unsere Werte, Prioritäten und Ziele.

Wie wir aus den Forschungsarbeiten über die Terror-Management-Theorie erfahren haben (Kapitel zwei), kann unsere Wahrnehmung des Todes existenzielle Angst auslösen. Sie kann jedoch, unter den richtigen Umständen, auch zu lebensbejahenden Entscheidungen und Erfahrungen führen. (In den nächsten Kapiteln werden wir einige dieser Umstände beleuchten.) Die Erfahrungen von Simon Lewis während seines Komas brachten ihn zum Beispiel dazu, seine Weltsicht neu zu strukturieren. Diese existenzielle Erfahrung bot ihm die Gelegenheit, seine Einstellung zu sich selbst und seinen Platz in der Welt neu zu definieren und umzugestalten. Noch wichtiger waren die Veränderungen in seinem Leben, die dauerhaft waren. Durch seine Erlebnisse änderte sich seine Identität, da er ein Gefühl der Verbundenheit und Einheit mit allem entwickelte. Diese Krise bewirkte eine

Erweiterung seiner Weltsicht. Wie es im Weltbild-Transformations-modell beschrieben wird, setzte er seine Erfahrungen auch dafür ein, anderen Menschen zu helfen, ihre Angst vor dem Tod zu transzendieren.

VERBINDUNGEN JENSEITS DES TODES

Jean Watson, eine hervorragende Professorin und emeritierte Dekanin der Universität von Colorado, *College of Nursing,* in Denver, außerdem Gründerin des *Watson Caring Science Institute,* machte im Alter von 16 Jahren eine noetische Erfahrung, in der es um den Tod ihres Vaters ging.

»Mein Vater starb plötzlich an einem Herzinfarkt, während ich in der Schule war. Als ich nach Hause kam, war er einfach nicht mehr da. Man hatte seinen Leichnam bereits abtransportiert. Ich wollte ihn unbedingt noch einmal sehen, um mich von ihm zu verabschieden. Ich erinnere mich daran, dass mir die Situation komplett unstimmig vorkam. Ich wollte ihn ja nur noch einmal sehen! Natürlich habe ich ihn bei seiner Beerdigung noch einmal gesehen, das war jedoch nicht dasselbe. Ich hatte einfach auch danach noch immer diesen Wunsch, ihn noch einmal zu sehen.

In der Nacht nach seiner Beerdigung erschien er mir in meinem Schlafzimmer. Ich weiß noch, wie ich vom Bett aufschaute und ihn in voller Größe in der Tür stehen sah. Ich war noch so jung und natürlich bin ich sehr erschrocken. Ich schloss also die Augen und kroch unter die Bettdecke. Dann lugte ich wieder darunter hervor, und da stand er immer noch. Es war gleichzeitig beängstigend und beruhigend, als ob er noch einmal gekommen wäre, um mir zu sagen, dass alles in Ordnung sei.«

Da Watson Angst vor dieser Erscheinung ihres Vaters hatte, suchte sie einen vertrauenswürdigen Mentor auf. Sie fragte ihren Biologielehrer, ob er daran glaube, dass man Menschen nach ihrem Tod wiedersehen könnte. Sie erinnert sich:»Er meinte, das sei möglich und ich war sehr erleichtert.« Ihr Lehrer half Watson, ihre noetische Erfahrung zu verstehen und sie in ihr bestehendes Weltbild zu integrieren. Die Erfahrung half ihr, ihr Gefühl des Getrenntseins vom Vater aufzulösen und einen gewissen Trost zu empfinden.

Als junge Krankenschwester und Studentin der Biologie lernte Watson die Vorstellung kennen, dass Energie nie erzeugt oder zerstört werden kann. Mit diesem Konzept konnte sie die Natur des Todes besser verstehen und sie begann, ihr Weltbild neu zu definieren. Sie berichtete mir von der Transformation, die sie durch diesen neuen Gedanken erlebt hatte:

»Wenn jemand stirbt, dann ist seine Energie, seine Seele immer noch irgendwo da draußen im Universum. Das war eine prägende Erkenntnis für mich: Ich merkte, dass ich auf dieser Seite des Schleiers stand anstatt auf der anderen.

Vor Kurzem hat mein Mann Selbstmord begangen. Das hat mich ehrlich gesagt ziemlich fertiggemacht. Während wir im Gedenkgottesdienst saßen, machte mein Enkel eine ähnliche Erfahrung wie ich mit meinem Vater. Ich bemerkte, wie er seinen Kopf ständig hin und her bewegte und dachte, er sei verlegen, weil ich meinen Arm um ihn gelegt hatte. Nach der Beerdigung kam er jedoch zu mir und fragte mich, ob er mit mir unter vier Augen sprechen könnte, ohne dass jemand anderes zuhörte. Wir gingen in mein Zimmer, und er erzählte mir, wie er seinen Großvater an der Decke des Raumes gesehen habe, als der Pfarrer mit seiner Rede begann. Mein Enkel beschrieb den Großvater als eine Form, die versuchte, ihm etwas zu sagen. Er hatte seinen Kopf deshalb immerzu bewegt, weil er wissen wollte, ob er das, was er wahrnahm, auch wirklich sah. Es war die gleiche Erfahrung, die ich als Teenager gemacht hatte.«

Diese noetischen Erfahrungen zu begreifen kann eine Herausforderung sein, wenn sie aus dem Rahmen der normalen Weltsicht unserer westlichen Kultur fallen. Im Grunde werden solche Erfahrungen oftmals von Psychologen und Psychiatern als krankhaft bezeichnet, weil sie teilweise das transformative Potenzial nicht erkennen. Für manche Menschen kann es hilfreich sein, diese Informationen in ein neues Weltbild zu integrieren, um ihr Verständnis von einem Leben mit Bedeutung und Sinn zu verändern. Somit entwickeln sie weniger Angst vor dem Tod. Watson half ihrem Enkel, genauso wie ihr Biologielehrer ihr damals geholfen hatte. Später fand Watson einen anderen Lehrer, der ihr half, den Verlust ihres Mannes zu verarbeiten.

»Der einzige Sinn dieser Erfahrungen lag darin, dass sie mich zum Workshop eines indianischen Häuptlings führten. Ich fragte ihn nach diesen Erlebnissen. Er antwortete, dass wir alle aus der geistigen Welt kommen. Wir seien hier auf Mutter Erde für eine bestimmte Periode, um die Reise der Seele zu erfüllen. Wenn der Auftrag der Seele erledigt sei, kehren wir zurück in die geistige Welt.
Unser Dasein hier auf Erden kann entweder einem großen Zweck dienen oder eben nur eine kleine Bedeutung haben. Der Sinn und Zweck kann einfach darin liegen, sich an einem bestimmten Ort zu befinden, um einer alten Dame über die Straße zu helfen. Wenn damit die Aufgabe der Seele erfüllt ist, kann sie wieder nach Hause gehen.
Ich wollte diskret sein und den Begriff ›Selbstmord‹ nicht benutzen, daher fragte ich ihn: ›Was ist denn, wenn die Seele bereits vorzeitig geht?‹ Seine Antwort: ›Das ist dein Ausdruck, *vorzeitig*.‹ Er meinte, dass wir alle irgendwann sterben und den Zeitpunkt, wann wir ins Leben treten ebenso selbst

bestimmen wie den Zeitpunkt zu gehen. In seiner Sprache gibt es kein Wort für Selbstmord.«

Diese Erfahrungen, die sich über mehrere Jahrzehnte erstreckten, haben Watsons Selbstverständnis geprägt. Sie hat die Werte und Glaubenssätze ihres Weltbildes verändert, eine Herausforderung, die ihr mehr Erkenntnisse über das Leben und das mögliche Weiterbestehen des Geistes nach dem physischen Tod brachte. Ihre noetischen Erfahrungen waren zum jeweiligen Zeitpunkt zwar dramatisch gewesen, aber es gelang ihr, sie in ihr persönliches Wertesystem zu integrieren und so ihre Vorstellung von der Sinnhaftigkeit des Lebens und dem, was im Leben möglich ist, zu erweitern.

»Alle diese Erfahrungen, angefangen von der Kindheit bis hin zur letzten Phase mit meinem Mann, haben mich sehr geprägt. Sie haben vermutlich auch mein drittes Auge geöffnet, um mich empfänglicher für das Jenseits und die andere Seite des Schleiers zu machen. Es hilft mir anzuerkennen, dass es so vieles gibt, von dem wir noch nichts wissen.«

DAS TRANSFORMATIVE POTENZIAL VON NAHTODERFAHRUNGEN

Der Tod eines uns nahestehenden Menschen kann eine noetische Erfahrung bewirken, wie im Falle von Jean Watson. Eine andere noetische Erfahrung ist die *Nahtoderfahrung*, in der wir selbst sterben oder fast sterben, jedoch wieder ins Leben zurückkehren.

Einen neuen Platz im Universum finden

Joseph McMoneagle ist kein Mensch, bei dem man eine spirituelle Ader vermuten würde. Er ist ein Ex-Offizier des militärischen Nachrichtendienstes der USA, der im Vietnamkrieg im Einsatz war und eine hochrangige Position im Nachrichten- und Sicherheitsdienst der Armee innehatte. Nach seinen noetischen Erlebnissen wurde er für ein streng geheimes Projekt zu übersinnlicher Intelligenz rekrutiert, heute bekannt als Stargate-Projekt.[1] Vor seiner Arbeit an diesem Projekt machte er zwei Nahtoderfahrungen, die ihm zu einem lebensbejahenden Weltbild verhalfen. Beim ersten Erlebnis befand er sich in Österreich, gemeinsam mit seiner Frau und einem Freund beim Abendessen. Als ihm plötzlich übel wurde, entschuldigte er sich kurz.

»Ich ging durch die Tür des Restaurants nach draußen, hörte ein Geräusch, als ob jemand mit den Fingern schnippt, und stand plötzlich auf einer Pflasterstraße. Es regnete, und der Regen rann an der Innenfläche meiner Hand herunter. Ich dachte mir, wie seltsam. Ich schaute zurück und sah, wie ein Körper halb drinnen, halb draußen in der Restauranttür lag. Er sah wie meiner aus. Mein Freund kam aus dem Lokal und zog den Körper in seinen Schoß. Er schlug mit der Faust auf die Brust des Körpers; damals im Jahr 1970 war die Kombination aus Herzdruckmassage und Beatmung als Wiederbelebungsmaßnahme noch nicht selbstverständlich. Später erfuhr ich, dass ich Krämpfe gehabt hatte, ohnmächtig geworden war und meine Zunge verschluckt hatte. Um mir zu helfen, hatte er mir wiederholt mit der Faust auf die Brust geschlagen. Man lud den Körper in ein Auto und fuhr zu einem Krankenhaus nach Passau. Das dauerte eine ganze Weile, da es 66 Kilometer entfernt lag. Bis ich endlich im Krankenhaus ankam, hatte ich bereits eine Weile nicht geatmet, und mein Herz stand still. Ich beobachtete alles, ich segelte neben dem Auto her. Ich sah, wie man in der Notaufnahme meine Kleider aufschnitt und Nadeln in meine Brust setzte. Ich schwebte an der Decke des Raumes in diesem außerkörperlichen Zustand. Ich spürte Wärme an meinem Nacken und dachte, es seien diese hellen Leuchten an der Decke. Ich drehte mich herum, um sie mir anzuschauen, und fiel rücklings in einen Tunnel, fiel immer schneller, und als ich am Ende herauskam, wurde ich von diesem sehr warmen, leuchtenden Licht aufgefangen.«

Was McMoneagle hier beschreibt, war ein klassisches Nahtoderlebnis. Für seine Angehörigen war die Situation beängstigend, für ihn jedoch voller spiritueller Erkenntnisse:

»Augenblicklich kannte ich alle Antworten in Bezug auf die Ordnung des Universums. Ich wusste, dass ich in der Präsenz Gottes war, weil es einfach nichts anderes hätte sein können. Ich wurde von Liebe und Frieden überwältigt. Dann sagte eine Stimme: ›Du kannst nicht bleiben, du musst zurück.‹ Ich fing an zu diskutieren: ›Nein, ich will nirgendwo mehr hin.‹ Dann kam wieder dieses Schnippgeräusch, ich setzte mich auf und befand mich unter einer Decke, nackt.

Ich schaute mich um, im Nachbarbett lag ein Deutscher. Ich hatte 25 Stunden im Koma gelegen. Ich war sehr aufgeregt und fing sofort an zu erzählen: ›Gott ist ein weißes Licht. Du bist gar nicht tot.‹ Der Patient lief aus dem Zimmer, um einen Arzt zu holen, der mir ein Beruhigungsmittel verabreichte.

Als ich aufwachte, wurde ich zu einer Klinik nach München transportiert, um mein Gehirn untersuchen zu lassen. Man hielt mich für verrückt und glaubte, dass ich wegen des Sauerstoffmangels Gehirnschäden erlitten hätte. Nach zwei Wochen war jedoch klar, dass ich keinen Gehirnschaden davongetragen habe.

Dennoch konnte ich die Ereignisse nicht unter einen Hut bringen. Ich hatte weitere spontane außerkörperliche Erlebnisse. Ich konnte Gespräche mithören, die vier Zimmer weiter geführt wurden. Ich konnte die Gedanken der Menschen lesen, die den Raum betraten. Ich war psychisch verwirrt. Und ich hatte komplett die Angst vor dem Tod verloren – das Militär wurde dadurch auf mich aufmerksam. Schließlich entließ man mich aus der Reha, und ich führte die nächsten sieben Jahre schwierige militärische Tätigkeiten aus, da ich ja keine Angst mehr vor dem Tod hatte. Lange Zeit, bis 1985, war ich davon überzeugt, dass Gott das weiße Licht ist und man nicht stirbt, sondern nach dem Tod weiterlebt.«

McMoneagle erlebte 1985 eine zweite Nahtoderfahrung, als er einen Herzinfarkt erlitt. Während des Sterbens nahm er sich vor, seinen Körper zu verlassen und zu dem weißen Licht zu gehen, das er zuvor erlebt hatte.

»Ich wollte den Tod bewusst erleben, ihm ganz bewusst begegnen. Diesen Plan haben die Ärzte gründlich durchkreuzt. Im Sterbeprozess konnte ich das Licht zwar wahrnehmen, mich ihm jedoch nicht nähern. Aus irgendeinem Grund, den ich nicht erklären kann, war es mir verboten.
Ich konnte das Licht sehen, und sah auch seine Ränder. Das stellte mich vor eine unglaublich große philosophische Frage, denn nach meiner Definition war Gott ein grenzenloses Wesen, und grenzenlose Wesen können keine Ränder haben.«

Nach dieser zweiten noetischen Erfahrung begann McMoneagle, sich mit den Feinheiten seines Weltbildes auseinanderzusetzen. Wie auch viele andere Menschen, die sich auf die transformative Reise begeben hatten, dachte er lange über seine Erfahrungen nach. Nach über einem Jahr kam er zu dem Schluss, dass wir selbst das Licht sind, wenn wir den Körper verlassen. Diese Schlussfolgerung führte ihn zu einem neuen Verständnis von Raum und Zeit.

»Ich glaube, dass wir gewissermaßen zu einer fast reinen Form von Energie werden. Und in diesem Zustand reiner

Energie verschmelzen wir mit all dem Wissen, das wir in allen unseren Formen, in den vielen Leben, die wir gelebt haben, sammeln konnten. Ich glaube an unterschiedliche und nicht wiederkehrende Leben. Ich glaube nicht, dass wir in ein lineares Leben hineingeboren werden, sondern mehrere Leben gleichzeitig leben. Wenn wir unseren Körper verlassen, dann verbinden sich diese Leben miteinander; das ganze Wissen verschmilzt zu einem. Wir nehmen deshalb an, dass das Licht Gott ist, weil dieses unendliche Wissen so überwältigend ist, dass wir der Meinung sind, dass es Gott sein müsse.

Es ist die erste Schwelle von etwas, das wir das Leben nach dem Tod nennen, vor allen Dingen ist es jedoch richtungsweisend für den Verlust der Identität. Der Grund, warum wir von diesem Nahtoderlebnis zurückkehren, liegt in unserem Überlebensmechanismus, der den vollständigen Verlust unserer Identität verhindern will. Das wahre Leben nach dem Tod ist der Verlust der Identität. Es geht um die Wiedereinführung in die reinste, wie auch immer geartete Form von Energie, aus der die ganze Schöpfung oder Materie besteht. Werden wir zum Ursprung eines neuen Sterns oder Ähnliches? Ich weiß es nicht.

Mein Bewusstsein ist über das Raum-Zeit-Kontinuum zerstreut, da Raum-Zeit eine Illusion ist. Wenn ich nicht mehr körperlich bin, wenn mein Körper stirbt, bin ich auch nicht mehr physisch in all den Manifestationen vorhanden. Alle diese Erfahrungen geschehen gleichzeitig. Wir haben deshalb einen Körper angenommen, damit wir Wissen ansammeln oder eben Erfahrungen machen können. Wenn das stimmt, dann machen Sie und ich jetzt gerade eine Erfahrung. Wenn das wiederum wahr ist, dann ist die Erfahrung, die ich hier gerade mache, und die, die Sie dort gerade machen, ziemlich armselig, da ich nur die eine Hälfte bekomme und Sie die andere Hälfte. Aber was ist, wenn wir in Wirklichkeit beide die gleichen sind? Dann bekommen wir ja die vollständige Erfahrung. Das wissen wir jedoch erst, wenn wir nicht mehr als Körper existieren. Im physischen Sinne verstehen wir das nicht, aber wir müssen die Erfahrung machen, indem wir unsere Rollen spielen. Mit anderen Worten, wir sind in mehrere Leben inkarniert. Der Todesprozess oder das Loslösen vom Physischen beendet jede physische Realität. Alle Manifestationen lösen sich auch gleichzeitig auf, und alles wird zusammengefasst zu einem Verständnis vom Universum.«

McMoneagles Erfahrung ist ein weiteres Beispiel dafür, wie das Trauma einer Todeserfahrung zu einer positiven Begegnung werden kann, was jenseits unserer Verkörperung möglich ist. Wie andere Menschen mit Nahtoderfahrungen bereits berichtet haben, fand auch McMoneagle einen Zugang zu persönlichem Wachstum, bei dem es weniger um die Stärkung seines Selbst ging als vielmehr um ein aufbauendes und sinnvolles Sozialverhalten. Wie Forschungsergebnisse über die positive Entwicklung von Terror-Management- und Weltbild-Transformation erkennen lassen, haben diese Erfahrungen McMoneagle dazu geführt, die intrinsischen Ziele und Prioritäten über die extrinsischen zu stellen. Seine Weltsicht verwandelte sich vom kleinen »Ich« zum größeren, verbundenen »Wir«. Er erklärte es so:

»Es ist wichtig zu verstehen, dass so, wie ich Sie behandle, besonders in diesem Augenblick, ich mich auch selbst behandle. Wahres Karma bedeutet: Alles, was ich tue, tue ich mir auch selbst an. Das ist das tiefere Verständnis. Alles, was ich einem Lebewesen antue, tue ich mir auch selbst an. Wenn man aus der physischen Realität tritt, dann hört diese gesamte physische Realität auf. Man ist nicht länger Teil davon. Man gibt seine Identität auf. Ich finde es interessant, dass es immer um die Frage nach der Identität geht, unabhängig von der Glaubensstruktur oder theologischen Ausrichtung.«

Die Nahtoderfahrung von Pam Reynolds

Pam Reynolds machte eine dramatische Nahtoderfahrung. Sie litt an einem Gehirnaneurysma in einem Bereich des Hirns, der für eine Operation nur sehr schwer zugänglich war. Die Chirurgen fürchteten, dass eine Operation in dem Bereich das Aneurysma zum Platzen bringen würde. Pam würde jedoch ohne Operation auf jeden Fall daran sterben. Deshalb entschieden sich die Ärzte für eine radikale Operationsmethode, die bislang kaum erprobt war. Dean Radin, ein leitender Wissenschaftler am *Institute of Noetic Sciences*, sagte dazu:

»Zuerst wird der Körper heruntergekühlt. Dann wird eine Vene geöffnet und das meiste Blut aus dem Körper entnommen. Die Patientin wird auf einen Tisch gelegt, der abgekippt wird, damit das Blut komplett aus dem Gehirn sickern kann. Das reduziert den Blutdruck im Gehirn. Dann kann der Eingriff am Aneurysma vorgenommen werden. Anschließend wird das Blut wieder zurück ins Gehirn geleitet. Bei dieser Methode wird der Körper auf 15,5 Grad Celsius heruntergekühlt. Dadurch entsteht ein Schockzustand, und es kommt zum Herzstillstand. Das ist der Tod auf einer Ebene. Wenn dann noch das Blut aus dem Körper gesaugt wird, ist der Körper tatsächlich tot. Es ist wie ein zweifacher Tod ...«

»Die Chirurgen lösen anschließend laute Klicks aus, die der Patientin über einen Kopfhörer übermittelt werden«, fuhr Radin fort. Normalerweise würden diese Klicks zu einer Reaktion im Hirnstamm führen. Gibt es jedoch keine Reaktion mehr, dann wird der Patient als »dreifach tot« betrachtet.

»Das Gehirn ist blutleer. Es ist elektrisch nicht aktiv. Die Patientin ist unter Vollnarkose. Ihre Ohren werden mit lauten Klicks beschallt. Die Augen sind mit Pflastern zugeklebt. Für uns ist das die absolute Form des Todes.«

Im Fall von Pam Reynolds löste dieser dreifache Tod eine vollendete Nahtoderfahrung aus, bei der ihr Bewusstsein den Körper verließ. Radin beschrieb den Vorgang mit folgenden Worten:

»Sie sah den Tunnel, traf all ihre Verwandten und andere Personen. Das ist zwar interessant, aber nicht beweiskräftig in dem Sinne, dass es vergleichbar ist mit anderen Erfahrungen. Die Patientin berichtete jedoch von einigen Dingen, die ungewöhnlich waren, wie beispielsweise das Geräusch der Säge, mit der ihr Schädel geöffnet wurde, oder die Musik, die während der Operation gespielt wurde. Es stellte sich alles als korrekt heraus. Das … Instrument zur Öffnung des Schädels hatte ein seltsames Profil und erschien ihr nicht passend für diese Art Operation. Nachträglich dachte man, sie hätte es sich ausgedacht. Aber es stellte sich heraus, dass sie recht hatte.
Gegen diesen Umstand als Beweis [für eine außerkörperliche Erfahrung] wird argumentiert, dass sie möglicherweise bei Einleitung der Vollnarkose oder beim Erwachen etwas mitbekommen hatte. Das war jedoch nicht die Erfahrung, um die es bei ihr ging. Ihr Erlebnis war: Sie wachte auf, als sie tot war.
Ihre Erfahrung war deshalb außergewöhnlich, weil die Fähigkeit, einen klaren Gedanken zu fassen, rapide nachlässt, sobald die Narkose eingeleitet wird, vor allem jedoch bei einer Sauerstoffunterversorgung oder der Stilllegung anderer physiologischer Funktionen. Auch das Erinnerungsvermögen verschwindet. Diese Patientin hatte jedoch genau das Gegenteil

berichtet. Ihre Beschreibungen waren sogar noch weitaus lebendiger. Sie erinnerte sich klar an die gesamte Abfolge [der Operation]. Diese beiden Aspekte passen im Grunde nicht zur Idee einer physiologischen Stilllegung, die wider Erwarten die Fantasie anregte und zufällig genau den Vorgang beschrieb, der tatsächlich stattgefunden hatte. Dieser Fall ist deshalb so beeindruckend, weil der Nachweis über den Tod der Patientin sehr eindeutig war.«

Ein weiteres neues Weltbild

Dannion Brinkley ist ehrenamtlicher Hospizmitarbeiter, Autor und Dozent in den Bereichen Spiritualität, Persönlichkeitsentwicklung und komplementärer, alternativer Medizin. Brinkleys Verständnis und Mitgefühl für leidgeprüfte Menschen hat seinen Ursprung in seiner persönlichen Geschichte. Er erlebte drei Nahtoderfahrungen, die am vollständigsten dokumentiert sind, und erlitt dabei unvorstellbare Schmerzen. In einem Interview erzählte er mir, was bei seiner ersten Todeserfahrung geschah.

»Eines Tages im Jahr 1975 wurde ich von einem Blitz getroffen. Ich war 28 Minuten lang tot, sechs Tage lang vollkommen paralysiert und sieben Monate lang teilweise paralysiert. Ich brauchte zwei Jahre, um wieder allein laufen und essen zu können.

[Kurz nachdem mich der Blitz getroffen hatte], befand ich mich in einer Welt zwischen dieser und der anderen. Sie war mir jedoch vertrauter als jeder Ort auf dieser physischen Welt, an dem ich bisher gelebt hatte. Ich fühlte mich dort sehr wohl und war losgelöst vom Geschehen. Ich war Beobachter anstatt Beteiligter.

Ich beobachtete, wie man mich in den Rettungswagen lud. Ich beobachtete alles, was geschah. Es war mir eigentlich auch egal, weil ich mich dort oben, schwebend über dem Ganzen, sehr wohlfühlte. Im Rettungswagen hörte ich einen der Typen sagen: ›Er ist gegangen. Er ist gegangen.‹ Ich fragte mich nur: ›Gegangen? Wohin denn? Ich bin doch hier.‹«

Diese Erfahrungen brachten Brinkley einen gewissen Trost angesichts des Todes. »Ich bin in einem Glauben aufgewachsen, der besagt, dass jeder in die Hölle kommt ... da gab es nichts dran zu rütteln«, berichtete er mir. »Aber wenn du erkennst, dass du nicht stirbst und auch nicht in die Hölle kommst, dann verändert das deine Haltung dem Leben gegenüber vollkommen.«

Sich annähernde Weltbilder

Wie Brinkley hatte Eben Alexander III eine dramatische Nahtoderfahrung, die sein Weltbild verwandelte. Alexander arbeitete 25 Jahre lang als Neurochirurg, dabei auch 15 Jahre am *Brigham and Women's Hospital, Boston Children's Hospital* und der *Harvard Medical School.* Über viele Jahre behandelte er Hunderte von Patienten, die an ernsthaften Beeinträchtigungen ihres Bewusstseins litten. Viele von ihnen lagen im Koma nach einem Trauma, wegen eines Gehirntumors, eines geplatzten Aneurysmas, wegen Infektionen oder Schlaganfällen. Während seiner beruflichen Laufbahn war er Autor und Mitverfasser von über 150 Aufsätzen in wissenschaftlichen Fachzeitschriften und hielt über 200 Vorträge auf Konferenzen und medizinischen Einrichtungen weltweit.

Wegen seines medizinischen und fachlichen Wissens glaubte er, das Gehirn gut zu kennen und zu verstehen, wie es Bewusstsein, Geist und Seele hervorbringt.

»Ich war hin- und hergerissen ... in den über 20 Jahren, die ich in der Neurochirurgie verbrachte ... konnte ich mir so etwas wie das Jenseits nicht vorstellen, da ich nicht nachvollziehen konnte, wie Bewusstsein den Tod von Gehirn und Körper überleben sollte ... Ich meinte zu wissen, wie das

Gehirn Bewusstsein hervorbringt, und konnte mir ein Weiter-leben des Bewusstseins nach dem körperlichen Tod nicht vor-stellen.«

Doch dann veränderten sich die Dinge für Alexander plötzlich voll-kommen:

»Am 10. November 2008 wachte ich um 4.30 Uhr mit hefti-gen Rückenschmerzen auf. Ich wurde wenig später in tiefster Bewusstlosigkeit in rasendem Tempo in die Klinik gefahren. Es wurde sofort eine bakterielle Meningitis diagnostiziert, mit nur 2 Prozent Überlebenschance, jedoch ohne Chance auf neurologische Genesung. Mitten im tiefsten Koma war meine erste Erinnerung, dass ich nichts mehr von meinem bisherigen Leben wusste. Dann ent-wickelte sich dieses wunderschöne, schnell wirbelnde Licht, das zunächst ganz klein war und dann langsam auf mich zukam und dabei immer komplexer wurde, mit diesen wun-derbaren Schnörkeln aus Weiß und Gold. Es wurde von einer lieblichen Musik begleitet. Als diese wirbelnde, weiße Licht-melodie auf mich zukam, öffnete sie sich zu einem Riss in einer Hülle. Zum Vorschein kam ein Portal in eine vollkom-men neue Welt, die ultra-real, frisch, pulsierend, lebendig und wunderschön war.«

Sogar in diesem Zustand zweifelte der ewige Wissenschaftler noch an seinem noetischen Erlebnis.

»Ich entwickelte dazu neun verschiedene Hypothesen, um es als ein gehirnbedingtes Phänomen zu erklären. Alle diese Erklärungen brachten jedoch herzlich wenig, denn ich er-kannte, dass mein … äußerst ernsthaft geschädigtes Menin-gitis-Gehirn nichts von alledem hätte produzieren können.

Zu wenig von der Hirnrinde funktionierte noch, um diese Hyperrealität – diese unglaublich reichhaltige und lebendige Realität – erschaffen zu können … Jahrelang kämpfte ich mit dem Rätsel, wie Erfahrung und Erinnerungsvermögen außerhalb vom Gehirn funktionieren können.«

Vor seiner Nahtoderfahrung hatte Alexander auf einen liebenden Gott und ein Leben nach dem Tod gehofft, aber diese Gedanken wurden durch seine wissenschaftliche Ausrichtung überlagert. Seit diesem Erlebnis hat er weltweit seine spirituellen Erkenntnisse öffentlich vorgetragen. Seine Geschichte schrieb er in *Blick in die Ewigkeit* nieder. Dieses Buch stand monatelang an der Spitze der *New-York-Times*-Bestsellerliste. Seine persönliche Transformation führte ihn dazu, sich für Veränderungen in der Gesellschaft und im Gesundheitswesen einzusetzen. Es war ihm ein Anliegen aufzuzeigen, dass man dem Tod mit Zuversicht begegnen kann und darauf achten sollte, wie das Thema Tod unser Leben in dieser Welt beeinflusst. Obwohl die Erlebnisse von Alexander wie auch die der anderen in diesem Kapitel erwähnten Menschen keinen objektiven Beweis für ein Jenseits liefern, hatten sie einen entscheidenden Einfluss auf deren Verständnis über die Bedeutung vom Leben.

ZEUGE DES LEBENS

Wie wir in Kapitel eins gesehen haben, basieren nicht alle Erfahrungen, die eine transformative Kraft auf das Weltbild haben, auf Leid und Krankheit. Auch nicht alle noetischen Erfahrungen haben mit einer Todesbegegnung zu tun. Manche Menschen erleben diese Art von Erfahrungen in der Natur oder in Augenblicken der Glückseligkeit oder Ekstase.

Yassir Chadly ist ein Imam, also ein spirituelles Oberhaupt, der Masjid-Al-Iman-Moschee in Oakland, Kalifornien. Diese ist multikulturell und orientiert sich am Sufismus. Als junger Mann war Chadly Schwimmer in der marokkanischen Nationalmannschaft und ging oft zum Surfen. Eines Tages hatte er ein intensives Erlebnis im Meer.

»Ich wollte eigentlich surfen, doch das Meer war total unbewegt, ohne eine einzige Welle. Ich überlegte also, was ich tun sollte. Da es mit dem Surfen nicht klappte, ich aber nun mal hier war, ging ich einfach schwimmen. Ich legte mich im Wasser auf den Rücken, entspannte meinen Körper und ließ mich von den sanften Wellen schaukeln. Meine Augen waren geschlossen. Plötzlich und völlig unerwartet spürte ich, wie sich mein Körper über seine Grenzen hinaus ausdehnte. Ich konnte ihn nicht bremsen. Er ging auf wie Hefe, wurde immer größer und größer und größer. Ich konnte ihn nicht zurückdrängen und wieder kleiner machen. Er wuchs einfach weiter und weiter, bis der Ozean und ich eins waren. Ich spürte, wie das Meer sich auf der Erde bewegte und ich mich mit ihm. Das ganze Meer und ich waren eins. In meinem Kopf hörte ich einen Vers aus dem Koran: ›Sag, dass Gott eins ist.‹ Die Bedeutung war mir klar, denn nun spürte ich diese Einheit. Ich begriff: Ich, das Meer oder der Sand – wir sind alle eins. Es gibt keinen Unterschied. Wir reden von ›Ich‹ oder ›Du‹, aber in der anderen Sphäre gibt es gar kein ›Ich‹. Es gibt auch keinen Unterschied zwischen ›Ich‹ und ›Du‹.«

Chadly erlebte eine Einheit und Verbundenheit, die jede Trennung in der Wirklichkeit ausschloss. Diese Erfahrung ist im Weltbild-Transformationsmodell dargestellt. Das Erlebnis umfasste nur einen Augenblick, aber die Auswirkungen waren nachhaltig. Der Imam fragte sich über die Jahre hinweg, wie seine transformative Erfahrung in Beziehung zur Zeit nach dem Tod steht. Er erklärte:

»Je älter man wird, desto mehr wird die eigene spirituelle Einstellung zu einer Realität. Am Anfang beschäftigt man sich mit der Spiritualität, weil es alle anderen auch tun. Mit zunehmendem Alter erkennt man dann, wie nützlich die Spiritualität für ein Leben nach dem Tod sein kann. Je mehr graue Haare man bekommt, desto mehr versteht man. Im Alter werden folgende Fragen immer wichtiger: Ist der Tod das Ende von allem und danach kommt nichts? Oder ist da doch etwas? Am Anfang weiß man, dass der Tod irgendwann vor der Tür steht, man meint jedoch, er käme nie zu einem selbst, nach dem Motto: ›Der Tod ereilt jeden, nur nicht mich.‹ Im Alter wird der Tod jedoch immer realer. Ich weiß, dass dieser letzte Tag in mir ist. Ich habe diesen Zeitpunkt in mir, aber wie werde ich mit diesem letzten Tag umgehen? Wie wird er sein? Man fängt an, mehr darüber nachzudenken, und die eigene Spiritualität stimmt sich darauf ein. Man beginnt zu verstehen, was Vorbestimmung ist. Man gibt sich ihr hin, man gibt sich Gott hin.

Es gibt diese Angst, sich zwischen Leben und Tod zu bewegen, und die Sorge, wie es wohl sein wird. Man sagt, dass beim Tod alles auf einmal schmerzt und dass dies ein Mitgefühl für die gesamte Menschheit hervorruft. Wenn man einen Menschen sterben sieht, denkt man nicht: ›Ich bin Marokkaner und er ist Amerikaner.‹ Nein, man denkt: ›Das ist mein Bruder.‹ Ich arbeite in einem Schwimmbad und öffne es jeden Tag um 5.30 Uhr. Eines Morgens bemerkte ich, dass der Pool nicht abgedeckt war. Ich entdeckte einen Mann im Wasser, er trieb mit dem Gesicht nach unten im Becken. Dann sah ich eine Pistole auf dem Grund des Schwimmbeckens. Der Mann hatte sich erschossen. Als ich sah, dass er tot war, dachte ich tatsächlich nicht: ›Er ist Amerikaner, ich bin Marokkaner.‹ Vielmehr dachte ich: ›Ich bin er, und er ist ich.‹«

Diese Sichtweise führte Chadly zu den großen Fragen des Lebens. Was lässt uns sterben? Wird uns jemand nach unserem Tod empfangen? Die Antwort ist für ihn in der Seele zu finden.

»Nachdem wir gestorben sind, stellt die Seele Fragen über das Werk Gottes. Man sagt, dass wir aus einem großen Trichter kommen – unten eng und oben offen, mit Löchern wie in einem Bienenstock. In jedem Loch befindet sich eine Seele, sodass wir alle einen genauen Platz in diesem Trichter haben. Wenn man für das Licht offen ist, hat man einen offenen Platz im Trichter. Wenn man es nicht ist, dann hat man einen dunklen Platz. Wir alle haben einen bestimmten Platz an diesem Ort.«

DIE SEELE SPÜREN

Wir brauchen kein spirituelles Weltbild zu haben, um noetische Erfahrungen zu machen, und auch unsere Einstellung zum Jenseits ändert sich nicht automatisch nach einem solchen Erlebnis. Michael Shermer ist ein gutes Beispiel dafür. Geboren und aufgewachsen als fundamentalistischer Christ, ist Shermer jetzt Atheist geworden und gibt die Zeitschrift *Skeptic* heraus. Er braucht keinen spirituellen Rahmen oder eine noetische Erfahrung, um mit schmerzvollen Verlusten umzugehen. Er teilte mir seine Weltsicht mit:

»Mein Vater starb plötzlich an einem Herzinfarkt. Ich war nicht bei ihm, als es passierte. Meine Mutter kämpfte zehn Jahre lang gegen ihren Gehirntumor, bis sie starb. Ich habe mich während dieser Zeit intensiv um sie gekümmert. Dann sind auch meine Pflegeeltern ... schwer krank geworden und ihr langsames Sterben begann ... Als ihr Betreuer begleitete ich sie ständig zu den Ärzten. Ich habe dabei viel durchgemacht. Ich bin sicher, meine Telomere (die Enden der Chromosomen – Anm. d. Ü.) haben sich durch den vielen Stress verkürzt ... All die Erlebnisse haben den Tod sehr präsent werden lassen. Aber jetzt sind alle meine Lieben aus dem Leben geschieden; ich bin absolut sicher, dass sie nirgendwo anders existieren.«

Shermer überraschte mich jedoch, als er zugab, ein noetisches Erlebnis nach dem Tod seiner Mutter gehabt zu haben:

»Nach ihrem Tod glaubte ich, gelegentlich ihre Stimme oder von ihr verursachte Geräusche zu hören. Aber haben wir nicht alle schon einmal diese akustischen Halluzinationen erlebt? Nach kurzer Zeit hörte es auch auf. Es ist einfach nur Teil des Erwachsenwerdens und des Lebenskreislaufs. Das ist meine Einstellung, und ich denke nicht weiter darüber nach.«

Ich fragte Shermer nach seiner Erklärung dafür, die Stimme seiner Mutter gehört zu haben. Er sagte:

»Ich will jetzt keine große Sache daraus machen. Ich erinnere mich nur an einige Male, als ich spätabends im Bett lag. Ich meine diesen Übergangszustand kurz vor dem Einschlafen. Es ist so eine Art Übergang, bei dem dein Geist alles Mögliche produziert; ich glaube nicht, dass es mehr ist – mehr als diese zusätzlichen Halluzinationen, die ich durch Schlafentzug hatte. Nichts weiter.«

Vielleicht liegt der einzige Unterschied zwischen Shermers Erfahrung und der von Jean Watson, Eben Alexander, Pam Reynolds, Dannion Brinkley oder Yassir Chadly in der Bedeutung, die sie ihren Erfahrungen zugeschrieben haben. Im Gegensatz zu den anderen Interviewpartnern in diesem Kapitel hat Shermer die Erfahrung, die Stimme seiner verstorbenen Mutter zu hören, als Halluzination abgetan, anstatt dieser Erfahrung eine Bedeutung für sein Leben beizumessen. Nur weil er seiner noetischen Erfahrung keine Bedeutung zuschreibt, wird er damit nicht zu einem Pessimisten. Er selbst beschreibt sich als Mensch, der ein engagiertes Leben führt. Seine Rolle als Betreuer vermittelte ihm ein sehr intensives Verständnis vom Leben und erlaubte ihm, seinen Liebsten helfen zu können. Wie wir im Zusammenhang mit der Terror-Management-Theorie erfahren haben, fungieren Selbstwert und Zuversicht als Puffer gegen die Furcht vor dem Tod und verändern die Einstellung zur eigenen Sterblichkeit. Shermer zeigt auf, dass Religion und spirituelle Praktiken nicht die einzigen Wege sind, um mit der eigenen Sterblichkeit konstruktiv umgehen zu können.

EIN PAAR ABSCHLIESSENDE GEDANKEN

Noetische Erfahrungen in unser eigenes Weltbild hineinzulassen und zu integrieren hilft uns dabei, einen Puffer gegen unsere Todesfurcht zu schaffen. Das funktioniert auch unabhängig von der Nachweisbarkeit nicht alltäglicher Daseinsbereiche.

Wir reagieren sehr individuell auf direkte Erlebnisse im Zusammenhang mit dem Tod und dem Jenseits. Die in diesem Kapitel beschriebenen Menschen haben auf unterschiedliche Weise erkannt und herausgefunden, was für sie wahr ist. Die Fähigkeit zu entwickeln, gelassen auf schwierige oder nicht alltägliche Begegnungen zu reagieren, bewirkt ein Gefühl der Verbundenheit und Ausgeglichenheit. Fragen nach dem Jenseits können mit Neugier und Offenheit aufgenommen werden, sie können in einem spirituellen Rahmen oder auch außerhalb gestellt werden. Eine Todeserfahrung kann ein tief greifendes Transformationspotenzial haben, unabhängig von unserer spirituellen Ausrichtung. Vielleicht ist es uns im 21. Jahrhundert vergönnt, unsere Fähigkeit zu entwickeln, verschiedene Erkenntniswege zu gehen und unterschiedliche Perspektiven schätzen zu lernen. Dies gehört zur Gesamtheit unserer menschlichen Existenz, die wir miteinander teilen. Jeder von uns trägt einen Teil zum Puzzle bei. Keine einzige Erfahrung, keine einzige Seinslehre ist wichtiger als alle anderen. Diese pluralistische Ansicht sollte jeden von uns dazu veranlassen, Bescheidenheit, Mitgefühl, Anerkennung, Dankbarkeit und Verbundenheit in unsere Beziehung zum Tod und dem, was danach kommen mag, mit einfließen zu lassen. Dieses Spektrum an Perspektiven werde ich im nächsten Kapitel eingehender beleuchten.

ÜBUNG
Sich mit der Welt verbinden

Suchen Sie sich einen bequemen Platz zum Sitzen und Entspannen. Atmen Sie drei Mal tief ein und aus und spüren Sie sich ganz im gegenwärtigen Moment. Spüren Sie den Stuhl, auf dem Sie sitzen, spüren Sie die Kleidung an Ihrem Körper, spüren Sie, wie die Luft durch Ihre Nasenlöcher ein- und ausströmt. Schließen Sie jetzt Ihre Augen und stellen Sie sich vor, an Ihrem Lieblingsort in der Natur zu sein. Es kann ein Strand sein, eine Wiese, ein Wald oder ein Fluss. Seien Sie vollkommen präsent an diesem Ort. Spüren Sie Ihre Füße im Sand, im Wasser, im Gras oder auf der Erde. Schauen Sie sich um. Spüren Sie die Luft auf Ihrer Haut: Ist sie kalt oder warm? Welche Geräusche nehmen Sie wahr? Welche Gerüche liegen in der Luft? Spüren Sie die Freude, die in Ihnen aufkommt, während Sie für ein paar Momente die Stille in der Natur genießen.

Sie befinden sich immer noch an Ihrem Lieblingsort und spüren jetzt die Verbindung zwischen Ihrem Körper und der Umgebung. Aus diesem Gefühl der Verbundenheit heraus betrachten

Sie Ihre Einstellung zum Tod. Haben Sie schon einmal eine no-etische Erfahrung gehabt? Wie hat diese Ihre Sichtweise über den Tod und das Jenseits geprägt? Was, meinen Sie, geschieht mit Ihrer persönlichen Identität, wenn Sie sterben?

Kehren Sie dann geistig wieder zurück in den Raum. Notieren Sie Ihre Beobachtungen in Ihr Tagebuch. Sinnen Sie darüber nach, wie transformierend es sein kann, die Aufmerksamkeit auf die Verbundenheit mit der Natur zu lenken und die Gedanken über den Körper hinaus auszudehnen.

4. KAPITEL
VOM LEBEN, VOM TOD
UND DEM JENSEITS

Ob Christ, Buddhist, Moslem oder Atheist –
wir treffen uns alle an dem Punkt, den wir den
Tod nennen.

Yassir Chadly

Als ich Gilbert Walking Bull traf, war er ein Stammesältester bei den Lakota, der sich als Brückenbauer zwischen den Welten betrachtete. Er war in einem kleinen Dorf im Pine-Ridge-Reservat aufgewachsen, am Rande der Badlands in South Dakota, und in der Tradition der heiligen Männer und Frauen seines Stammes erzogen worden, *Tunkasila* oder dem Großen Geist zu dienen. Walking Bull war von seinem Großvater unterrichtet worden, der auch fähig gewesen war, sich mit der geistigen Welt (*wanaoi* in der Sprache der Lakota) zu verbinden. Walking Bull war genauso wie sein Großvater farbenblind, aber er konnte Menschen heilen, und sie hatten Respekt vor ihm.

Walking Bull musste sich sehr überwinden, um mit Fremden außerhalb seines Stammes über sein Weltbild zu sprechen. Viele in seinem Stamm hätten es ihm übel genommen, wenn er sein traditionelles Wissen mit Nicht-Indianern geteilt hätte. Er fühlte sich dennoch vom Großen Geist geführt, die heilende Kraft seiner Tradition weiterzugeben, »damit sie später auch anderen Menschen zugutekäme«.

Walking Bull beschrieb seine einzigartige Kindheit und Jugend außerhalb des Reservats so:

»Es war der Ort, an dem alle heiligen Männer und Frauen irgendwann gelebt haben. Sie haben zusammengearbeitet. Sie wollten unsere Lakota-Kultur und -Religion bewahren, also wählten sie Kinder aus, die sie nicht in die Reservatsschulen schickten, sondern nach den alten Lakota-Traditionen großzogen. Ich war zufällig einer von ihnen. Ich bin nie zur Schule gegangen, habe jedoch unter Anleitung meines Großvaters an den Zeremonien teilgenommen ...

Um diese Dinge zu verstehen, musst du viel lernen und dich mit der unsichtbaren Welt vertraut machen. Damit du dich auf diese Welt einlassen kannst, musst du stark in deinem inneren Glauben und voller Vertrauen sein – so etwas lernst du nicht aus Büchern. Wenn du von Menschen lernst, die unerschütterlich einen religiösen oder spirituellen Weg gehen und dir beibringen, dich zu konzentrieren, zu beten und die heiligen Rituale auszuführen, dann beginnst auch du, die Energie und Kraft des Großen Geistes zu spüren.

Es fällt mir schwer, meinem spirituellen Weg einen Namen zu geben. Das Wesen, das das gesamte Universum erschaffen hat, heißt Tunkasila und ist der Großvater. Wir wenden uns an die höchste Macht, die wir Wakan Tanka nennen. Selbst große Schriftsteller verstehen bis heute nicht, was Wakan Tanka bedeutet. Die heiligen Männer wurden nie aufgefordert, diesen Begriff zu erklären; man wusste nur, dass er etwas mit Gott zu tun hatte, mit dem höchsten Gott.«

Wakan Tanka gilt bei den Lakota als die direkte Verbindung zum Schöpfer des Universums. Walking Bull erklärte weiterhin:

»*Wakan* ist die Arterie, die dein Herz mit deinem Verstand verbindet. Auf gleiche Weise verbindet diese Arterie unseren Verstand mit dem Großen Geist. Die Energie dieser Kraft befindet sich im Zentrum unseres Gehirns und wird aktiviert durch die Art, wie wir unsere Gebete durch Konzentration übermitteln. Wir sammeln unsere Gedanken, unsere Gebete, und diese reisen mitten durch unseren Kopf zum Großvater. Das ist das *Ka*, die unsichtbare Macht, durch die wir verbunden sind. Unsere Selbstwahrnehmung und unsere Konzentration auf diese Mächte hängen oft davon ab, wie wir gelernt haben, unser Selbstverständnis zu entwickeln. Ich bin mit diesem Wissen aufgewachsen. Manchmal habe ich für jemanden gebetet, weil er mir leidtat. Ich konzentrierte mich, bis sich mein Geist mit der geistigen Welt verband und den Großen Geist bat, die Person zu heilen. Ich hatte dieses Gefühl immer in mir, und nur so kann ich anderen erklären, wie sie zum Großen Geist beten können – verbinde dich mit Gott, mit der bestehenden Macht.«

Der indianische Stammesälteste erläuterte auch sein Weltbild über den Tod. Beim Thema geistige Welt wurde er sehr zurückhaltend.

»Jeder, der Gespenster oder gewöhnliche Geister verstehen will, muss wissen, dass es sie wirklich gibt. Es gibt gute und böse Geister. Wir wissen das, deshalb schützen wir uns vor ihnen und ihrer Welt. Wenn Gespenster in Kontakt mit uns treten, ist das sehr gefährlich für uns. Es gibt sicherlich Menschen, die glauben, ihre verstorbenen Verwandten und andere Geistwesen zu sehen. Ich respektiere diese Geistwesen, will mich jedoch nicht mit ihnen austauschen; ich bete für die gewöhnlichen Geister. Der Große Geist hat die Möglichkeit, diese Geistwesen auf der anderen Seite zu kontrollieren. Er verfügt über eine unsichtbare Kraft – eine Dimension – um gewöhnliche Geister daran zu hindern, zu uns durchzudringen; sie können dann nicht mit uns sprechen. Wenn du jedoch ein sehr sensibler Mensch bist, siehst du womöglich Gespenster oder gewöhnliche Geister aus deinen Augenwinkeln. Sie treten nicht direkt vor dich, da dort deine Macht konzentriert ist. Denn durch deine Augen strahlst du Macht aus. Die gewöhnlichen Geister haben Respekt davor und werden sich dir nicht von Angesicht zu Angesicht zeigen. Nur die ehrwürdigen Geistwesen erscheinen vor deinen Augen.«

DAS AUFEINANDERTREFFEN VON WELTBILDERN

Das Treffen mit Walking Bull zu Anfang der 21. Jahrhunderts war ein einzigartiger Moment für mich. Noch nie zuvor sind so viele Weltbilder, Glaubenssysteme und verschiedene Arten der Realitätswahrnehmung aufeinandergetroffen. Es gibt die großen Erfolge aus Wissenschaft und Technologie. Wir haben die Möglichkeiten, die physische Welt zu beherrschen – vom Klonen von Katzen über Computer für die Hosentasche in Form von Smartphones bis hin zur bemannten internationalen Raumfahrt. Mittlerweile haben wir auch Zugang zu den Weisheiten der Welt und den spirituellen Traditionen, einfach, indem wir ein paar Klicks am Computer tätigen oder uns in ein Flugzeug setzen. Die verschiedenen Ausdrucksmöglichkeiten der Menschen entwickeln sich mit beispielloser Geschwindigkeit.

So gestaltet sich unser Leben. Einerseits zeigen die Studien aus der Terror-Management-Theorie, wie Mortalitätssalienz-Fragebogen zu einer starken Ingroup-Identifikation führen können. Diese Identifikation kann wiederum dazu führen, dass Menschen andere, fremde Weltbilder ablehnen – und es zu Konflikten kommt. Religiöse und ideologische Kriege führen immer wieder zu Massensterben und Zerstörung. Andererseits haben Menschen seit jeher verschiedene Ansichten über die Realität, und im Allgemeinen kommen wir damit zurecht. Unterschiedliche Weltbilder lassen eine Koexistenz zu. Christen, Juden, Buddhisten, Hindus, Muslime und Atheisten gehen alle zu denselben Lebensmittelläden, in dieselben Krankenhäuser oder Schulen. Gleichzeitig haben sie jeweils ein eigenes Verständnis über die menschliche Existenz. Wie wir gesehen haben, kann die Entwicklung eines Todesbewusstseins im Sinne von Mitgefühl, Neugier und kultureller Wertschätzung Abwehrhaltungen und Feindseligkeit gegenüber anderen Menschen reduzieren.

Verschiedene spirituelle Traditionen zeigen uns neue Wege zur Transformation unsere Angst vor dem Tod. Rupert Sheldrake ist Biologe und Verfechter einer neuen, spirituell ausgerichteten Wissenschaft. Er sprach von seinen Ansichten über den Tod:

»Ich glaube, über das Sterben nachzudenken trägt wesentlich dazu bei, wie wir unser Leben leben. Angst vor dem Tod oder seine Leugnung führen dazu, das Leben als eine Art Ausweichmanöver zu betrachten. Oder man wird überaktiv, um nicht über den Tod nachdenken zu müssen.

Meiner Meinung nach liegt ein großer Vorteil der meisten traditionellen Religionen darin, den Menschen ein wenig die Angst vor dem Tod zu nehmen. Der Tod ist etwas Unheimliches, besonders wenn man Schmerzen beim Sterben erleiden muss. Wird hingegen den Menschen der Tod als Übergang vermittelt, haben sie weniger Angst davor. Wenn man glaubt, dass der Tod das absolute Ende ist und der Geist einfach nur erlischt, nimmt die Angst zu und führt sogar zu Angst vor dem Älterwerden. Alles, was dem Menschen dabei hilft, weniger Todesangst zu empfinden, führt zu einer besseren Lebensführung.«

In Wirklichkeit folgt kaum ein Mensch einer einzigen Tradition. Kulturen vermischen sich. Sie prägen sich gegenseitig. Jeder der Weisheitslehrer, die ich interviewt habe, war sowohl durch seine eigenen Traditionen und Bräuche als auch durch die anderer Kulturen beeinflusst. Diese Menschen schlagen Brücken zu anderen Weltbildern. Sie pflegen ihre eigenen Weltbilder, sind aber auch offen und voller Respekt für alternative Sichtweisen.

Ich möchte Ihnen nun diverse Sichtweisen aus verschiedenen Kulturen vorstellen, die unterschiedliche Glaubenssysteme zum Thema Tod und Jenseits entwickelt haben. Yassir Chadly, der marokkanische Imam, der Rockmusik spielt, wird wieder zu Wort kommen. Ebenso Lewis Rambo, ein evangelischer Christ, der sich aus seiner fundamentalistischen Erziehung herausentwickelt hat und nun den Islam studiert. Rabbi Jonathan Omer-Man ist Jude, der den Buddhismus lebt. Qigong-Meister Mingtong Gu fühlt sich sehr zur Vererbungslehre hingezogen, und Rick Hanson praktiziert als Neurowissenschaftler Meditation. Das Weltbild des 21. Jahrhunderts ist eindeutig eine beeindruckende und vielversprechende Zusammensetzung verschiedener Glaubenssysteme. Durch die Möglichkeit, aus einem dynamischen Pluralismus wählen zu können, gewinnen wir neue, wichtige Erkenntnisse über unser Verhältnis zum Leben, zum Tod und zum Jenseits.

Natur und Geist

Es gibt viele Traditionen, deren spiritueller Ansatz zum Thema Tod auf die Natur begründet ist. Um Zugang zu dieser Verbundenheit von Mensch und Natur zu finden, reise ich eine Weile durchs Amazonasgebiet in Ecuador. Santiago Kawarim, der damalige Präsident der *Achuar Federation*, begleitete mich durch den tiefsten Regenwald. Er hatte eine Gesichtsbemalung mit heller roter Farbe, die in Streifen über seine runden Backen lief, und trug einen vielfarbigen Federkopfschmuck. Wir unterhielten uns mithilfe eines Dolmetschers, und er berichtete mir begeistert, wie er sein Stammesvolk der Achuar beschützt und gleichzeitig in die Moderne führt. Ein wichtiger Bestandteil seines Weltbildes liegt darin, die Beziehung zu den Verstorbenen aufrechtzuerhalten.

»In unserer Welt glauben wir, dass ein Mensch nach seinem Tod zu einem Tier wird. Wenn er ein Erlebnis mit einer spirituellen Kraft hatte, wird er transformiert, um Menschen durch diese Kraft zu helfen. Im Allgemeinen glauben wir jedoch, dass die Person nach ihrem Tod zu einem Tier, etwa einer Eule, einem Reh oder einem Friedensvogel transformiert. Diese Tiere können ihrerseits andere Menschen transformieren und sie [in die geistige Welt] mitnehmen.

Wenn beispielsweise eine Person zu einem Reh oder einem Vogel transformiert wurde, erkennt sie die Realität, wie sie wirklich ist. Die Person kann ihre verstorbenen Großeltern, Großmutter oder Großvater, oder Geschwister sehen. Das ist in unserem Stamm bereits geschehen, sogar bei Kindern. Zum Beispiel hat ein Reh Kinder zu ihren verstorbenen Ältesten begleitet. Manchmal nähert sich auch ein Reh, ohne Scheu. Dann verbindet sich das Reh mit der Aura der lebenden Person. Die Energie des Rehs umhüllt die Person, die somit eine andere Welt wahrnehmen kann. Sobald die Person in diese andere Welt eingedrungen ist, kann sie das Reh als Mensch wahrnehmen. Wenn die Person nicht transformiert wurde, um im Reh einen Menschen zu erkennen, dann sieht sie nur das Reh. Im gegenteiligen Fall kann die Person im Reh einen Menschen, zum Beispiel den verstorbenen Großvater, erkennen.«

Die Achuars glauben, dass die Seele den Körper entweder im Schlaf verlässt oder bei der Einnahme von Medizin aus Pflanzen wie *Ayahuasca*. In diesen erweiterten Bewusstseinszuständen tritt die Seele in Kontakt mit der geistigen Welt der Wälder und der eigenen Ahnen.

Die Achuar versammeln sich morgens im kleinen Familienkreis und teilen sich ihre Träume und die Informationen mit, die sie aus der geistigen Welt für ihren Alltag erhalten haben. Die geistige Welt vermittelt ihnen wichtige Erkenntnisse über das Leben. Ihr Traumleben ist reich an symbolischen Botschaften aus der nichtphysischen Dimension. Durch den zunehmenden Einfluss der modernen Welt auf diesen ehemals isolierten Volksstamm verlieren viele der Achuars ihre tiefe Verbindung zur geistigen Welt. Anstatt wie früher über ihre Träume zu sprechen, werden Nachrichtensendungen im Radio gehört. Das schafft eine neue Art der Verbindung zur modernen Welt jenseits des Regenwaldes, es führt jedoch zu einer Entfremdung der Einheimischen von ihrer geistigen Welt.

Der indianische Reifentanz (Hoop-Tanz)

Für viele indigene Völker ist das Leben ein Kreis, der sich nach allen vier Himmelsrichtungen ausrichtet. Für ein besseres Verständnis dieser Weltsicht besuchte ich nochmals Tony Redhouse. Er hat ein eklektisches Weltbild, und die Kraft seiner Botschaft hat bislang vielen Menschen geholfen – in der Hospizarbeit, bei Entziehungskuren, bei Krebserkrankungen oder emotionalen Traumata. Er beschreibt sein Verständnis von Leben und Tod:

»In der indianischen Tradition glauben wir an den Kreislauf des Lebens. Es gibt dabei vier verschiedene Punkte, vier verschiedene Winde, vier verschiedene Himmelsrichtungen ... Wenn unser Geist und unser Körper stark und gesund sind, wenn unsere Seele und unsere Gebete kraftvoll und lebendig sind, wenn wir mit dem Großen Geist verbunden sind und wenn Frieden in all unseren Beziehungen herrscht, dann befinden wir uns in einem guten, ausgeglichenen Kreislauf. Verbindet sich der Lebenskreislauf des Menschen mit dem der Tiere, der sich wiederum mit dem Lebenskreislauf der Pflanzen verbindet, der sich schließlich mit dem Mondzyklus verbindet, dann werden die Welt und das Universum zu einem großen Kreis. All diese Kreisläufe gehören zum Kreislauf des Lebens, der Welt und des Universums, zu einem Ort der Harmonie ... Beim Reifentanz werden diese Lebenskreisläufe zu einer größeren Form miteinander verbunden, die meine Reise durch dieses Leben repräsentiert, meine Verbindung zum Adler, zum Kolibri – die Weisheit, die ich von diesen verschiedenen Symbolen empfangen habe, den verschiedenen Tieren und Lebensformen, und die ich für mich selbst anwenden kann. Alle diese Entwürfe, die ich im Tanz erschaffe, zeigen mir ein Bild meiner Lebensreise und wie ich mit den unterschiedlichen Lebensformen verbunden bin, um Weisheit zu erlangen.«

Tod als Neuanfang

Wie Redhouse verehrt auch Luisah Teish die zyklische Natur von Leben und Tod. Sie wuchs in New Orleans auf und ist durchdrungen von einem Gemisch unterschiedlicher Traditionen aus der afrikanischen Diaspora. Als Gläubige der Yoruba-Tradition trägt sie den seltenen Titel *Yanifa*. Dieses Wort bedeutet »die Mutter des Schicksals«. Es impliziert, dass sie sich durch verschiedene Stufen weiterentwickelt hat, verschiedene Initiationen erfahren hat und genügend Rituale beherrscht, um andere Menschen zu begleiten, ihre von der Schöpfung zugedachte Aufgabe zu erfüllen. Ihre Einstellung zum Tod beschreibt sie so:

»Wissen Sie, die Toten befinden sich nicht unter der Erde. Sie sind im Wasser. Sie sind in den Wäldern. Sie sind im Feuer. Sie sind in der Luft. Sie befinden sich in den Brüsten der Frau. Sie sind in dem Kind, das weint. Die Toten sind nicht tot. Mein Volk glaubt, dass man seinen Körper verlassen und auch wieder in dieser Inkarnation zurückkehren kann. Was wir als *Tod* bezeichnen, ist einfach nur das Verlassen des Körpers, um in das Land der Ahnen zurückzukehren. Meistens muss man zurückkommen, um eine Verpflichtung zu erfüllen. Es geht eigentlich nicht darum, das Leben auf Erden so schnell wie möglich hinter sich bringen zu wollen. Ich kenne Menschen, die glauben, ein Leben auf der Erde sei wie eine Art Fluch, dem man versuchen sollte zu entgehen. So ist das jedoch keineswegs.«

Nach Teishs animistischer Weltsicht sind wir alle mit dem Großen Geist verbunden, der immer war und immer sein wird.

»Bevor ich hier auf die Erde kam, befand ich mich nach meinem Glaubenssystem im Land der Vorfahren; wenn ich diesen Körper verlasse, kehre ich dorthin zurück. Während meiner Zeit hier stehe ich in permanentem Kontakt mit meinen Ahnen. Von ihnen bekomme ich sehr viel Unterstützung. Wir sehen die Welt als großen Marktplatz und den Himmel als unser Zuhause. Ich gehe also nach Hause, um mich auszuruhen, und komme wieder zum Marktplatz zurück. Dann gehe ich wieder nach Hause, ruhe mich aus und kehre zum Marktplatz zurück. Diese Vorstellung hängt mit dem Konzept zusammen, dass jeder Mensch, der es tatsächlich durch den Geburtskanal geschafft hat und sich entscheidet, hier zu bleiben, spezielle Aufgaben erhält und besondere Erfahrungen machen muss.

Wir kommen auf die Erde, weil wir einen Vertrag mit der Schöpfung haben. Diesen Vertrag zu erfüllen ist Sinn und Zweck des Lebens. Meine besondere Aufgabe besteht darin, Menschen zu begleiten, zum Beispiel bei Fragen »Wie erfülle ich meinen Vertrag am besten?«, »Bin ich vom Weg abgekommen?« oder »Wie kann ich diese Hürde nehmen?«. Wir bitten um einen Tod, der dem Archetypus des jeweiligen Menschen entspricht. Wir glauben daran, dass jeder Mensch das Ergebnis einer besonderen Kraft der Natur ist.«

Teish vermittelt zwischen den Lebenden und den Toten. Sie wirkt als *ip'ori*, als eine Person, die den Menschen dabei hilft, ihren irdischen Leib mit dem ätherischen Leib zu verbinden.

»Eine *ip'ori* weiß, welchen Vertrag du mit der Schöpfung geschlossen hattest, als du dich für deinen Körper und in diese Welt zu kommen entschieden hast. Während wir in unserem Leben sozialisiert werden, tun wir unser Bestes, um uns an den ursprünglichen Vertrag zu erinnern. Wir können aber auch durch Zufall oder eine falsche Entscheidung auf Irrwege geleitet werden.«

Gedanken zur Vergänglichkeit: das Qi umarmen

Mingtong Gu ist ein Qigong-Meister und spiritueller Lehrer. Er verbindet seine traditionelle Erziehung in China mit seinem sehr aktiven Berufsleben im modernen Amerika. Er sprach mit mir über die unterschiedlichen Ansichten zum Thema Tod:

»Es gibt vermutlich allgemeine Unterschiede zwischen Ost und West in der Einstellung zum Tod und im Umgang damit, wobei ich nichts verallgemeinern möchte. Die Traditionen sind im Osten und im Westen sehr unterschiedlich und vielfältig. Es gibt Traditionen, die stärker bei den historischen Wurzeln bleiben, während andere einen modernen Blick auf das Leben haben und sich weiter von ihren ursprünglichen Wurzeln entfernt haben. Darin sehe ich die Differenzen.
In den alten Kulturen wird der Tod viel mehr verehrt und akzeptiert. Es gibt verschiedene Rituale, die den Menschen

helfen, ihrer Trauer Raum zu geben, wenn sie nahestehende Personen verlieren. Beispielsweise trauern Menschen in China 49 Tage lang. Alle sieben Tage wird ein Ritual vollführt, das nicht nur den Lebenden im Umgang mit ihrer Trauer hilft, sondern auch für die Verstorbenen gedacht ist – um sie zu ehren und ihnen die Möglichkeit zu geben, sich spirituell zu lösen.

In der gegenwärtigen Kultur fällt der Umgang mit dem Tod schwer. Im Allgemeinen ist der Tod etwas Furchteinflößendes, weshalb jede Kultur ihre eigenen Rituale entwickelt hat, um dieser letzten großen Herausforderung zu begegnen. In jeder Kultur und für jeden Menschen ist es sehr wichtig, Frieden und Sinn im Tod zu finden.

Auf dieser tieferen Ebene ist das Todesritual genauso entscheidend wie das Geburtsritual. Ohne Tod keine Geburt. Ohne Tod gibt es auch kein Leben. Wissenschaftlich gesehen wissen wir, dass es auf zellulärer Ebene in jedem Moment um Leben und Tod geht. Unterschiedliche Zellen haben bestimmte Zyklen, sie leben und sterben und regenerieren sich wieder: Tod und Regenerierung.

Man sagt, dass der Körper alle sieben Jahre einen Zyklus abschließt. Sieben Tage sind ein weiterer Zyklus. Und die nächsten sieben Tage wieder. Auf der tieferen Ebene, unmittelbar im Quantenfeld, vibriert die DNS in diesen Zyklen. Sie wickelt sich auf und ent-wickelt sich wieder. Das ist letztendlich die tiefere Ebene von Leben und Tod, die sich im Körper abspielt. Ich glaube, wir sind hier, um den Tod als wertvolle Lernaufgabe für das Leben anzunehmen, nicht nur für Sterbende, sondern auch für uns Lebende.«

Die Kleidung wechseln

Für Satish Kumar, den wir in Kapitel zwei kennengelernt haben, ist der Tod nicht das Ende des Lebens, sondern ein Neuanfang. Der Sozialphilosoph und Ökologe erläutert seine Sicht des Todes als Möglichkeit der Transformation.

»Wenn Ihre Kleidung abgetragen ist, haben Sie dann Angst, sich neue zuzulegen? Wenn unser Körper verbraucht ist, sollten wir auch keine Angst davor haben, uns einen neuen zuzulegen. Nach der indischen Weltsicht geht das Leben weiter. Leben und Geist hören nie auf zu sein; wir wechseln nur unseren Körper. Der Tod befreit Sie von altem Denken, vom alten Verstand, von alten Beziehungen und alten Gewohnheiten. Er ist eine befreiende Kraft. Wenn mir jemand sagen würde, ›Satish, du erhältst die Chance auf ewiges Leben‹, würde ich antworten: ›Ich will gar nicht ewig leben, ich will ein neues Leben leben!‹ Für mich gibt es also keine Angst vor dem Tod. Im Herbst werden die Blätter braun und fallen zu Boden. Und dann? Was geschieht mit den Blättern? Sie zersetzen sich und werden wieder zu Erde. Die Nährwerte der Blätter, die sich im Kompost entwickeln, wandern zurück in die Wurzeln, bis in den Baumstamm hinauf. Im Frühling werden dann neue Blätter geboren. Hätten die alten Blätter Angst vorm Sterben, könnten die neuen nie entstehen. Menschen, die nicht an die Reinkarnation glauben, müssen dennoch daran glauben, dass das Leben weitergeht. Das Leben hört nie auf. Es ist lediglich die Form, die sich ändert.«

Für Kumar führt die intensive Auseinandersetzung mit Leben und Tod direkt in einen transformierenden Prozess, der einem organischen Zyklus folgt – dem Zyklus des Lebens. Jeder von uns tritt an einem anderen Punkt und auf eigene Weise in diesen Zyklus ein.

Das Lied des Islam: Tod ist Leben

Für den Sufi-Imam Yassir Chadly, der den Pluralismus befürwortet, ist der Tod ein universelles Thema, das alle Menschen vereint.

»Ob wir Christen, Buddhisten, Muslime oder Atheisten sind – wir treffen uns alle an dem Punkt, den wir Tod nennen. Das gilt allgemein. In der spirituellen Welt jedoch, zum Beispiel im Koran, steht, dass der Prophet – Gott segne ihn – sagt: ›Gesegnet sei der, der Leben und Tod erschaffen hat.‹ Normalerweise haben wir folgende Vorstellung über das Leben und den Tod: Wir nennen das hier Leben und [denken], dass der Tod das Ende ist. Aber in dieser Lehre wird das ganze Leben als Tod bezeichnet, und das Jenseits gilt als Leben. Das Leben hier auf Erden ist begrenzt. Man wird geboren und stirbt. Das andere Leben hat kein Ende. Deshalb heißt es ›Leben‹, wohingegen die Erde hier als ein ›vom Tod beherrschter Ort‹ gilt. So die Erklärung. Und der Prophet sagt, er habe es erschaffen: ›Der Tod und das Leben sind nicht eure Sache. Es liegt nicht in eurer Hand. Ihr durchlebt sie, weil sie zur Schöpfung gehören, wie jede andere Schöpfung.‹ Er hat Elefanten, Giraffen, Zebras und den Menschen erschaffen. Er hat den Tod und das Leben erschaffen. Er sagt deshalb: ›Mischt euch da nicht ein. Es ist meine Schöpfung, ich habe das so erschaffen.‹ Uns bleibt nur übrig, damit umzugehen.«

Ich fragte ihn, wie wir denn auf den Tod reagieren können. Chadlys Sicht umfasst eine Mischung aus einem streng islamischen Ansatz und dem sich ständig weiterentwickelnden Yin-Yang-Konzept des Taoismus.

»Wenn man den [Tod] auf diese Weise versteht, reagiert man positiv darauf, da man zu einem Ort geht, an dem das ewige

Leben herrscht. So ein wundervolles Wort: Ewigkeit! Was bedeutet es? Wir sagen ja, dieses Leben hier bietet uns nichts Ewiges. Deshalb muss es ein ewiges Leben geben, da es Yin, Yang und die Ausgeglichenheit gibt. Was das eine nicht hat, hat das andere. Somit gleichen sie sich gegenseitig aus. Wir haben das, was wir Leben nennen und was Allah Tod nennt, als Prüfung bekommen. Wie werden wir reagieren? Wir sind hier, um geprüft zu werden. Und wir können uns entscheiden. Wofür wir uns hier entscheiden, wird sich im Jenseits widerspiegeln, am Ort der Ewigkeit.«

Als tiefgläubiger Moslem mit einer islamischen Weltsicht gehört Chadly zu einer Glaubensgemeinschaft von weltweit etwa 1,6 Milliarden Menschen. Allerdings hat jeder Mensch ein eigenes Verständnis über diese vielschichtigen Vorstellungen. Es gibt nicht die eine Weltsicht, die alle Muslime definieren. Für Chadly umfasst seine Weltsicht auf der Grundlage islamischer Lehren sowohl Vorbestimmung als auch die Wahl zwischen Gut und Böse. Letzteres erklärt er folgendermaßen:

»Manchmal gibt es in Bäckereien kleine Kostproben. Dieser ganze Planet ist ein kleines Atom, und wir befinden uns darin. Der Planet selbst ist eine Kostprobe. Und alles, was wir auf diesem Planeten tun, ist eine Kostprobe. Wenn ihr böse Dinge tut, nehmt ihr also diese Kostprobe und sagt: ›Ja, ich möchte mehr davon‹, dann sagt Allah in der Ewigkeit: ›Davon habe ich jede Menge, wenn du das willst.‹ Das nennen wir Hölle, und ihr habt euch dafür entschieden. Also bekommt ihr mehr davon.
Wenn ihr gute Dinge probiert und sagt: ›Ich entscheide mich dafür‹, dann sagt Allah: ›Davon habe ich auch sehr viel.‹ Er gibt euch also Kostproben von beiden und stellt euch somit auf die Probe. Er gibt euch etwas von den schlechten Dingen

und etwas von den guten Dingen und sagt: ›Ich will, dass ihr herausfindet, welche ihr bevorzugt. Ich weiß schon, wofür ihr euch entscheiden werdet, aber ihr sollt es selbst erfahren.‹ Deshalb probieren die Menschen Verschiedenes aus. Im Jenseits finden sie dann sehr viel von dem, was sie ausprobiert haben. Das ist die Prüfung.«

»Was geschieht, wenn wir sterben?«, fragte ich Chadly. Was geschieht seiner Meinung nach, wenn das physische Sein aufhört? Wie Satish Kumar, der im Jainismus aufwuchs, verwendet auch Chadly die Metapher der Kleidung, um unsere Verkörperlichung zu beschreiben:

»Unser physisches Sein ist wie ein Kleidungsstück, das wir tragen. Unsere Seele wohnt in diesem physischen Wesen. Wenn wir gehen, lassen wir die Kleidung zurück. Es ist wie das Schwimmen im See, dazu zieht man auch seine Kleider aus und lässt sie am Ufer. Während man schwimmt … schaut man immer wieder zur Kleidung hin, um sicherzugehen, dass sie nicht gestohlen wird. Man ist mit seinen Kleidern verbunden. Unsere Seelen haben ebenso eine Verbindung zum Körper. Auch wenn wir gehen, können wir sagen: ›Hier habe ich mal gewohnt.‹ Dort waren wir mal zu Hause. So wird der Körper einmal aussehen, aus der Sicht der Seele. Nach 40 Tagen bringen die Engel die Seele zum Versammlungsort aller Seelen.«

Die mystische Seite des Judentums

Rabbi Jonathan Omer-Man ist ein religiöser Gelehrter, der einen gemeinsamen Nenner mit christlichen Ordensbrüdern gefunden hat. Auch dem Islam fühlt er sich verbunden. Er sitzt im Rollstuhl und tritt beruflich etwas kürzer. Er hält an seinem jüdischen Glauben fest, dennoch hat er eine Weltsicht entwickelt, die die Vielfältigkeit von

Glaubensüberzeugungen schätzt. Als er nach dem Ziel seiner Glaubenspraktiken gefragt wurde, machte er uns seinen weit gefächerten Ansatz deutlich:

»Ich halte nichts von Ergebnissen oder Nutzen in der Spiritualität. Für mich geht es um die Fähigkeit, sich vom Exoterischen zum Esoterischen zu bewegen. Es ist die Fähigkeit, an den Ort der Einheit allen spirituellen Strebens zu gelangen und gleichzeitig anzuerkennen, dass die Wege, die dorthin führen, völlig unterschiedlich sein können. Es gibt also eine transzendente Einheit aller Religionen, doch die Wege dorthin sind verschieden. Die christliche Eucharistie mit dem Studium der jüdischen Thora zu vereinen ist nicht möglich. Vielleicht ist die Seinsebene oder das Wissen um das Göttliche am Ende das Gleiche. Es gibt eine Ebene, auf der man sich mit Leichtigkeit bewegt und das Wissen der Vollkommenheit verinnerlicht, ohne zu vergessen, auf welchem Weg man sich befindet.«

Im Judentum wird das Menschenleben nach dem Tod daran gemessen, ob man das höchste Potenzial seines Lebens gelebt hat. Zum Altern und zur Entwicklung eines Todesbewusstseins gehören Besinnung und Betrachtung der guten Taten, die man in seinem Leben vollbracht hat. Zentral im Judentum ist die Vorstellung einer kommenden Welt oder eines Lebens nach dem Leben, genannt *Olam Haba*. Da werden die Menschen nach ihren guten Taten beurteilt. Tod ist keine Bestrafung, sondern ein natürlicher Teil des Lebenszyklus. Wenn ein Mensch stirbt, dann lebt seine Seele weiter. Nach der zentralen Lehre hat sie sowohl eine Wahrnehmungsfähigkeit als auch ein Bewusstsein. Das Leben in dieser Welt ist entscheidend für die Zeit danach. Omer-Man sprach noch über seine wechselnden Lebensumstände und über die Frage, ob er bisher ein gutes Leben geführt habe:

»Vor ein paar Jahren erkannte ich, dass ich in diesem Leben
nicht fertig werden würde. Es gibt zu viel zu tun. Ich habe die
letzten Jahre das Gefühl, noch viel Mist aus früheren Leben
abarbeiten zu müssen. Wenn ich gehe, möchte ich jedoch
dieses Leben etwas besser hinterlassen können, als ich es bei
meinem Eintritt vorgefunden habe. Mein Streben ist allerdings vielfach weniger grandios und weniger ehrgeizig geworden. Ich glaube, ich nehme die Dinge etwas leichter, bin weniger streng und einschüchternd als früher. Ich lache auch
mehr. Ich spüre mehr von dieser Leichtigkeit des Seins, auch
wenn ich es durch die mangelnde Mobilität de facto nicht
gerade leicht habe, den Übergang zur nächsten Stufe zu schaffen. In unserer Kultur soll man nicht über den eigenen Tod
nachdenken; wenn man zu viel darüber nachdenkt, wird einem nahegelegt, ein Antidepressivum zu nehmen. Ich bin
jedoch ein eher besinnlicher Mensch geworden.«

Das ganze Spektrum des Christentums:
jenseits von Himmel und Hölle

In der amerikanischen Kultur wie auch weltweit spielt das Christentum eine bedeutende Rolle. Es gibt etwa zwei Milliarden Christen, die
33 Prozent der Weltbevölkerung ausmachen. Ich sprach mit den verschiedensten christlichen Lehrern, um zu verstehen, wie die Menschen dieses Glaubens mit dem Tod umgehen.

Vermutungen infrage stellen

Lewis Rambo ist ein Experte auf dem Gebiet der religiösen Bekehrungen. Er wuchs in der Kirche Christi auf, einer konservativen Strömung
des Christentums, die die Bibel wörtlich auslegt. Heutzutage beschreibt er seine Beziehung zu diesem Glaubenssystem als ambivalent
und kompliziert. Dennoch hat es in ihm die Vorliebe für religiöse und
spirituelle Praktiken geweckt. Gefragt nach seinen Erkenntnissen

über die christliche Weltsicht zu Tod und Jenseits, gab er eine diffe-
renzierte Antwort:

>>Die orthodoxe Standardantwort – und ich meine orthodox
nicht im Sinne von griechisch, sondern von einer allgemeinen
Sichtweise – wäre: Der Körper stirbt, und die Seele oder der
Geist als Wesen transzendiert den Tod.
Für jeden gibt es die Auferstehung. Wenn man stirbt, kommt
man vor das Jüngste Gericht. Man wird dann, bildlich gesprochen, entweder nach oben geschickt, in den Himmel, oder
nach unten, in die Hölle. Die Hölle wird betrachtet als Ort
der ewigen Qual, des Feuers und der Bestrafung. Wenn man
auf der richtigen Seite ist, kommt man in den Himmel. Dort
erlebt man ewige Glückseligkeit. Das wird unterschiedlich
dargestellt. In der Offenbarung des Johannes ist es das Neue
Jerusalem. Das Licht Gottes ist ewig, es gibt dort Engel und
Heilige und alle stimmen ein in den Lobgesang Gottes. Das ist
ein wunderbarer Ort, an dem man sein möchte.
In meiner Jugend wurde viel über den Himmel und die Hölle
diskutiert – wobei es mehr um die Hölle als den Himmel ging
… Damals fühlten sich nicht viele Menschen zum Guten hingezogen; sie rannten vielmehr vor den bösen Dingen davon.
Auch bei den evangelischen Christen gibt es den Glauben an
einen Himmel und eine Hölle, aber es wird heutzutage nicht
viel darüber gesprochen. Ich denke, es gibt etliche Menschen,
die viel Angst davor haben, in der Hölle zu landen.<<

Als Professor für vergleichende Religionswissenschaften sprach
Rambo mit Demut und Offenheit über seine ambivalente Haltung
zum Jenseits und über die Werte, die sein Weltbild prägen.

>>Woran ich glaube? Ich weiß es nicht genau. Es gibt Momen-
te, in denen mich die Panik packt: ›Was ist, wenn die Funda-

mentalisten recht haben und ich wirklich in die Hölle muss?‹
Dann versuche ich es mit Humor und sage mir: ›Na ja, dorthin gehen alle interessanten Leute. Nur die Langweiligen
kommen in den Himmel.‹ Leute wie Freud, Marx, Che Gue-
vara und der Dalai-Lama werden sich nicht dort befinden, da
sie keine Christen sind. Und auch viele andere interessante
Menschen werden nicht im Himmel landen. Eigentlich wei-
che ich mit solchen Gedanken dem Problem aus. Die Wahrheit ist, dass ich nicht weiß, was passieren wird, und das ist
eine echte Herausforderung für die menschliche Fantasie.
Wenn man mich zu einem Bekenntnis zwingen würde und
wenn es mir gerade sehr gut ginge, würde ich sicher behaup-
ten, dass der Schöpfer des Universums wohlwollend ist, und
ein solcher gütiger Gott würde auch böse Menschen nicht
bestrafen, da ihre Sünde letztlich unendlich endlich ist. Als
Kind fand ich die Vorstellung von Ewigkeit gruselig. Abends
vor dem Einschlafen betete ich und dachte mir: ›Es wird für
immer und ewig so weitergehen.‹ Etwa eine halbe Stunde lang
machte ich mir Gedanken über das Thema – und empfand
dabei eine richtig heftige, erschütternde Panik.
Wenn es ein Leben nach dem Tod gibt, wäre ich froh, wenn
Hitler einfach ausgelöscht wäre. Ich bin mir nicht sicher, ob
ich es gut fände, wenn er bis in alle Ewigkeit leiden müsste.
Vielleicht würde ich ihm 10 000 Jahre für jeden ermordeten
Menschen geben, aber für alle Ewigkeit? Damit ringe ich:
Kann ein schöpfender Gott – wenn es denn diesen Gott
gibt – das Höchste, was er erschaffen hat, für immer und
ewig bestrafen? Und wenn das wahr wäre – das grenzt jetzt
an Blasphemie –, dann möchte ich nichts mit einem solchen
Gott zu tun haben.
Meiner Meinung nach wäre eine Bestrafung bis in alle Ewigkeit nicht zu rechtfertigen, nur weil das Böse so böse ist. Ich
kann mir das weder rational noch emotional vorstellen. Ich

würde es nicht einmal dem bösesten Menschen auf dieser Welt wünschen, so unendlich leiden zu müssen. Wenn es einen Gott gibt, dann würde dieser doch sicherlich keine Peinigung bis in alle Ewigkeit befürworten.«

Das Königreich auf Erden

Im Unterschied zu Lewis Rambo ist Lauren Artress in einer progressiven christlichen Tradition aufgewachsen. Wie Rambo lernte auch sie sehr bald, die unterschiedlichsten Ansichten über Leben und Tod im christlichen Glauben wertzuschätzen.

Sie erklärte dazu:»Ein wesentlicher Grundsatz liegt ja darin, dass es ein Leben nach dem Tod gibt.« Ein zentraler Diskussionspunkt im Christentum ist die Vorstellung von einer Auferstehung. Es gibt die physische Auferstehung, bei der der Körper im Todesfall mitgenommen wird. Artress glaubt im Gegensatz dazu an ein Bewusstsein jenseits des Todes und des Körpers. Das prägt ihre Einstellung zum Leben und zum Jenseits.

»Es ist die Erkenntnis, dass etwas nach dem Tod geschieht. Ich glaube, eines der größten Geschenke des Christentums liegt in der Vorstellung, dass der Tod nicht das Ende ist. Das ist es wohl, was mit Seele gemeint ist. Die Seele ist der unvergängliche Teil von uns, der nach dem Tod weiterlebt. Es ist wirklich nicht nur etwas Geheimnisvolles, sondern bietet eine gehörige Portion realistischen Trosts. Es beschönigt nichts. Es hat mit einem selbst zu tun: Die eigene Essenz lebt weiter.«

Im Christentum wie auch in vielen anderen Traditionen ist die Vorstellung einer Seele sehr wichtig. Artress ist der Meinung, dass wir dafür Sorge tragen können, dass sich unsere Seele im Verlauf unserer Lebensreise entwickeln kann.

»Das Leben in einem Körper gehört für mich zum Sinn des Lebens. Wir treffen Entscheidungen für unser höchstes Wohl, finden den Sinn in unserem Leben, entfalten unser Potenzial, finden unsere Aufgabe in dieser Welt, entdecken unsere Fähigkeiten ... um all das ins Leben zu bringen. Es ist ein Lernprozess, ein spiritueller Weg.«

Nach Artress sollten wir uns folgende vier Fragen stellen, wenn sich unsere Seele entwickeln soll:

»Haben wir Mitgefühl entwickelt? Haben wir gelernt, weniger zu bewerten? Sind wir geduldiger geworden? Und haben wir eine Aufgabe gefunden, durch die wir dieser Welt dienen können? Das ist die Essenz der Spiritualität. Unsere Antworten auf diese Fragen spiegeln unser Seelenwachstum wider. Ich glaube, dass die Seele tatsächlich erwachen kann. Auch wenn sie bei vielen Menschen noch schläft. Während wir uns über diesen Teil in uns, den wir nur flüchtig kennen und der unvergänglich ist, immer bewusster werden, lernen wir ihn zu schützen, zu behüten, zu entwickeln und zu lieben.«

Ich sprach mit Artress in der *Grace Cathedral* in San Francisco und fragte sie, ob sie an einen Himmel glaube:

»Nicht im mittelalterlichen Sinne eines Ortes oben für rechtschaffene Menschen und eines anderen unten für Bösewichte. Ich glaube sehr wohl an einen Himmel, wobei wir auch den Himmel auf Erden haben könnten. Wenn wir den Frieden in uns selbst und mit unseren Mitmenschen finden, mehr Mitgefühl entwickeln, weniger Werturteile fällen und uns mehr in Geduld üben, dann erleben wir den Himmel bereits auf Erden.

Was das Jüngste Gericht anbelangt, ist meiner Meinung nach eine der wichtigsten Lehren des Christentums, dass Gott an diesem Tag in Liebe richtet. Viele Menschen fürchten, dass dieser Tag der schrecklichste ihres Lebens oder Todes sein wird, weil sie nicht von einer liebevollen Beurteilung ausgehen, sondern davon, bestraft zu werden. Der Grund ist, dass sie glauben, sie seien von Natur aus schlecht und hätten es nicht besser verdient. Diese Vorstellung von der Erbsünde muss entweder komplett über Bord geworfen oder eindeutig erklärt werden. Die Einstellung, von Natur aus schlecht zu sein, ist eine vollkommene Missachtung der menschlichen Seele. Das muss deutlich gemacht werden, denn dieser Glaube ist weit verbreitet. Wir werden vielmehr in Liebe gerichtet, das heißt, in die Liebe und in das Licht entlassen.

Unser Lernprozess hört nie auf. Es gibt sicherlich auch sehr böse Menschen. Sie erkennen einfach nicht, was für ein Geschenk das Leben ist. Doch es sind wirklich nur wenige, etwa 1 Prozent. Die meisten von uns lavieren sich irgendwie durch, versuchen sich zu entwickeln, versuchen zu verstehen, worum es im Leben geht, was der Sinn des Ganzen ist – zum Beispiel: Was bedeutet es, zu lieben? Was bedeutet es, einen spirituellen Weg zu gehen? Unsere Auseinandersetzung mit diesen Fragen wird sich sicherlich auf die Zeit nach unserem Tod auswirken.«

Das Leben entfalten
Wie wir in Kapitel zwei bereits erfahren haben, ist Michael Bernard Beckwith der Gründer des *Agape International Spiritual Center* mit Sitz in Los Angeles. Seine Lehren umfassen die Spiritualität des *New Thought – Ageless Wisdom* (Neugeist – Zeitlose Weisheit), wie sie in Ost und West gelehrt wird. Beckwith erklärt dazu:

»In der Alltagssprache benutzen wir Ausdrücke wie *vergangene Leben* und *viele Leben*. Daran ist nichts Falsches. Ich formuliere es jedoch lieber so: Wir haben ein Leben mit verschiedenen Kapiteln, die Abenteuer jenseits der dreidimensionalen Ebene sind, wo wir neues Terrain und neue Landschaften in unserem erweiterten Bewusstsein entdecken.

Unser individuelles Leben ist einfach eine wunderschöne Entfaltung unbegrenzter Kapitel, dazu erschaffen, uns die grundlegende Ordnung des Universums zu enthüllen – Schönheit, Intelligenz, Liebe und Freude – entsprechend unserer einmaligen, individuellen Entwicklungsstruktur. So wird unser Leben zu einem Abenteuer, zu einer Entdeckungsreise. Das ist sinnvoller, als die Zeit damit zu verbringen, sich gegen den physischen Tod zu wehren. Menschen verbringen zu viel Zeit damit, den Tod verhindern zu wollen, anstatt ihr Leben auszuschöpfen. Die meisten haben weniger Angst vor dem Sterben als vielmehr davor, ihr Leben wahrhaft zu leben.«

Beckwith assoziiert den Tod mit einem Erwachen zur Essenz unseres wahren Wesens. Dabei gibt es verschiedene Arten des Erwachens.

»Es gibt die Sorte von Erwachen, bei dem man morgens aufwacht und erkennt, dass man in einem Traumland war. Dann gibt es ein Erwachen, wenn die Person ihren Körper verlässt; sie ›stirbt‹, erkennt jedoch, dass sie noch lebt. Sie erlebt, wie jeder Gedanke, jede Absicht, jede Tat und jedes Unterlassen, das sie von ihrem physischen Körper her kannte, Teil von etwas ist, was man als einen neuen, subtilen Körper beschreiben könnte.

Wenn ein Mensch stirbt, heißt das nicht, dass er erleuchtet wird; er erkennt einfach, dass er nicht mehr im physischen Körper ist. Er sieht ein, wie viel Zeit er damit verbracht hat, sich über den Tod Sorgen zu machen, der dann doch nicht kam, da er nicht existiert. Eine weitere Dimension des Erwachens besteht darin, das Einssein des Geists mit der gesamten Schöpfung bewusst zu erkennen.«

Wenn wir die Wahrheit über den Tod akzeptieren, können wir unser jetziges Leben mit neuem Sinn erfüllen, da wir uns über unsere Identifikation mit dem Ego hinaus bewusst erkannt haben.

»Ich glaube, wenn wir das Jenseits erreichen, haben wir die Chance, unser gelebtes Leben auf Erden nochmals Revue passieren zu lassen. In dieser Rückschau geht es darum, wie wir die karmischen und dharmischen Aufgaben, derentwegen wir auf die Erde kamen, verstanden und erfüllt haben. Wir schauen zurück ohne jegliche Bewertung. So können wir uns in einer neuen Dimension des Lebens evolutionär weiterentwickeln und unsere Geist-Seele kontinuierlich entfalten.«

Materie kann nie zerstört werden
Huston Smith, ein ehemaliger Religionsprofessor an der Universität von Kalifornien, Berkeley, hat viel über die Unterschiedlichkeit spiritueller Weltbilder geschrieben und gelehrt. Er als Christ erklärte sein Weltbild, in dem Bewusstsein, Wissenschaft und Spiritualität miteinander verbunden sind, folgendermaßen:

»Wir lernen, dass Materie, von der Wissenschaft als grundlegendes Element betrachtet, niemals zerstört werden kann. Sie kann sich von körperlicher Beschaffenheit in Energie verwandeln – vor und zurück –, aber sie ist nicht zu zerstören. Wenn Bewusstsein das grundlegende Element ist, kann es auch nicht zerstört werden. Das heißt, wenn Sie Ihren Körper abstreifen, bleibt Ihr Bewusstsein übrig. Das Licht Ihres geistigen Bildschirms erlischt nie. Natürlich ist es unmöglich zu wissen, welche Bilder auf diesem Bildschirm auftauchen, wenn wir unseren Körper verlassen, aber das Licht bleibt.

Menschen, die mit ihrem Leben nicht zufrieden oder gar unglücklich sind, empfinden dies als keine positive Vorstellung. Welchen Vorteil sollte es schon haben, das Leben auf ewig zu verlängern? Aber so denkt nur eine Minderheit. Und die Transformation kann vieles verändern.

Was passiert mit dem Ego, wenn wir den Körper abstreifen? Alle Religionen glauben, dass der Körper Unreines enthält und nicht in die unendliche Vollkommenheit der ultimativen Realität des Lebens eintreten kann. Deshalb bedarf es einer Reinigung. Symbolisch gesehen ist damit die Hölle gemeint. Betrachten wir es so wie ich, ist sie lediglich eine Metapher für die Reinigung. Feuer reinigt, und deshalb ist die erste Erfahrung, nachdem wir uns vom Körper gelöst haben, wohl nicht angenehm. Die Muslime sagen: ›Denk an den Tag des Jüngsten Gerichts.‹ Diesem Tag müssen wir uns stellen. Wenn alles Unreine verbrannt ist, dann fließen die Tautropfen ins glitzernde Meer. Das Ego verschwindet und löst sich auf, oder es dehnt sich so weit aus, dass es in die Unendlichkeit eingeht.

In diesem Anfangsstadium überlebt die Persönlichkeit den Tod nicht. Die höchste Persönlichkeit ist das Unendliche. Es gibt eine Redensart, die besagt, dass Ertrinkende ihr ganzes Leben Revue passieren lassen, wie einen Film. Nach dem Tod könnte es so sein, dass der Film abläuft und die betreffende Person sieht einfach nur unbeteiligt zu. Dann wird noch mal zurückgespult zum Anfang – dieses Mal bewegt sich die Person bewusst durch ihr Leben und spürt den Schmerz, den sie anderen zugefügt hat, als ob es ihr eigener Schmerz wäre. Ein drittes Mal wird zurückgespult zum Anfang – dieses Mal ist es so, als ob Gott sagen würde: ›Okay, du hast anderen

Menschen viel Leid zugefügt; du bist jedoch nur ein Mensch und dir sei vergeben.‹ Diese drei Stadien sterben also.«

Agnostisch sein

Sam Kean, den wir in Kapitel zwei bereits kennengelernt haben, hat schon viele Male in seinem Leben mit dem Tod gerungen. Wie Lewis Rambo wuchs auch Kean als fundamentalistischer Christ auf. Der Tod seines Vaters brachte ihn dazu, sein Weltbild infrage zu stellen.

»[In der religiösen Tradition, in der ich als Jugendlicher aufwuchs], war der Tod kein natürliches Ereignis. Was nach dem Tod geschieht, wurde von deinem Glauben bestimmt, also ob du an Jesus glaubst oder nicht.

Ich wuchs auf mit dem Vers aus Johannes 3,16: ›Denn Gott hat die Welt so sehr geliebt, dass er seinen einzigen Sohn hergab, damit jeder, der an ihn glaubt, nicht sterben muss, sondern das ewige Leben hat.‹ Der Clou ist die Aussage ›jeder, der an ihn glaubt‹. Was ist, wenn man nicht glauben kann? Ich konnte noch nie ernsthaft glauben. Sobald man anfängt, seinen Glauben zu hinterfragen, entdeckt man, dass er nicht ausreicht – sonst würde man das Hinterfragen ja sein lassen.

Der Tod war etwas sehr Schmerzvolles für mich, und als mein Vater starb, traf mich das tief. Dabei gehörte ich zu denjenigen, denen der Tod bewusst war, die ihn nicht verdrängten. Ich hatte dem Ganzen allerdings schon länger sehr kritisch gegenübergestanden. Und als mein Vater starb, hatte ich das Gefühl, dass das fundamentalistische Christentum versagt hatte, weil es mich nicht vor dem Tod hatte bewahren können. Wenn er den Vater nimmt, wird er auch den Sohn nehmen. Das war gewissermaßen der Anfang meiner Transformation. Ich begann eine Psychotherapie und damit waren die Würfel gefallen. Ich musste meinen Charakterpanzer systematisch sprengen.

Ich empfinde zwei sehr klare, tief sitzende und gegensätzliche Gefühle, wenn es um den Tod geht. Das eine ist, reinen Tisch zu machen. Vom Nichts zum Nichts. Manchmal sollten wir uns daran erinnern, dass das Nichts, aus dem Gott uns erschaffen hat, das Nichts ist, zu dem wir zurückkehren, wenn wir sterben. Und wenn es das Nichts ist, das alles erschaffen hat – die sogenannte ›fruchtbare Leere‹ der Buddhisten –, dann sollte man sich nicht so viele Sorgen darüber machen. Einerseits bin ich also vernichtet, andererseits aber auch nicht. Ich glaube nicht an einen Gott, der nicht irgendwie recycelt. Das wäre ein ökologisch unverantwortlicher Gott. Ich will kein Dogma daraus machen. Ich will nur meine paradoxen Empfindungen zu diesem Thema ausdrücken. Als mein Vater starb, quälte mich die Situation sehr. Eines Tages, auf dem Weg zur Arbeit, hörte ich eine innere Stimme sagen: ›Du musst das nicht verstehen.‹ Das war eine enorme Erleichterung für mich.«

Den Atheismus wertschätzen

Für Kean ist der Agnostizismus nicht gleichzusetzen mit Atheismus. Ersterer beinhaltet ein Infragestellen und bietet gleichzeitig einen Trost, keine grundsätzlichen Antworten zum Thema Tod und Jenseits zu haben. Der Atheist kennt keine Religion, keinen Gott und auch kein Jenseits. Vielen Menschen hilft der Atheismus, ihr Leben zu verstehen. Das Weltbild eines Atheisten enthält eine humanistische bzw. naturalistische Perspektive über Leben und Tod.

Michael Shermer, den wir bereits im vorangegangenen Kapitel kennengelernt haben, gehört zu den führenden Vertretern eines atheistischen Weltbildes. Er genießt die weltlichen Aktivitäten, die ihm sein Leben auf Erden ermöglichen. Seine Einstellung zum Tod begründet er folgendermaßen:

»Es ist etwas paradox, doch wir beobachten es ständig um uns herum. Etwa 100 Milliarden Menschen haben vor uns gelebt, und etwa sieben Milliarden leben jetzt. Jeder dieser 100 Milliarden Menschen ist gestorben und nicht zurückgekehrt, soweit wir das beurteilen können. Das erscheint uns ziemlich bitter. Wir können uns nicht vorstellen, dass uns das auch passieren kann, aus einem einfachen Grund: Stellen Sie sich selbst tot vor. Es gibt zu diesem Thema wissenschaftliche Untersuchungen. Die Probanden sagen immer: ›Ja, ich kann meinen Körper sehen, da ist mein Sarg, dort stehen meine Freunde und Familie.‹ Sie sind also noch Teil der ganzen Szene, eben als Beobachter. Das funktioniert jedoch nicht, wenn Sie tot sind. Es gibt dann keinen Beobachter. Mit anderen Worten, Sie können sich den Tod nicht wirklich vorstellen, genauso wenig wie Sie sich eine Welt ohne Universum vorstellen können. Das geht einfach nicht. Sie stoßen an eine epistemologische Grenze, die weder der menschliche Verstand noch die Wahrnehmung überwinden können.

Wir werden also mit dieser harten, kalten Realität konfrontiert. Das erweckt vermutlich Angst bei vielen Menschen. Ich mache mir keine Gedanken darüber, doch viele Menschen tun es. Vielleicht liegt das nur an meinem Charakter. Sokrates bemerkte einmal, dass wir lebendig sein müssen, um das Leben zu erleben, und wenn wir tot sind, erleben wir nichts mehr und brauchen uns deshalb auch keine Sorgen darüber zu machen. Es gibt auch nichts, worüber wir uns Gedanken machen müssten. Ich mache mir keine Sorgen. Ich esse, trinke, bin fröhlich, denn morgen werde ich sterben. Nein, das soll ein Witz sein! Aber ich bin wirklich nicht sonderlich beunruhigt. Ich denke einfach nicht viel darüber nach.

Als ich noch ein gläubiger Christ war, hat mir das Studium der Weltreligionen und der vergleichenden Mythologie die Augen geöffnet. Ich liebe alle diese Themen. Und ich habe begriffen: Anständige Menschen denken genauso wie ich, nur haben sie vollkommen andere Vorstellungen. Doch ist deren Weltbild schlechter als meines? Sicher nicht. Wieso sollte gerade ich recht haben angesichts der großen Vielfalt unterschiedlichster Religionen? Wahrscheinlich hat niemand recht. Die Vorstellung, dass es einen unsichtbaren Vertreter gibt, den ich Gott nenne, und einen unsichtbaren Ort ... wir werden einfach mit dieser Vorstellung geboren. Sie beschützt uns. Es erfordert nur einen winzigen Schritt, sich das vorzustellen, denn wir können es nicht wirklich begreifen, einmal tot zu sein. Das geht eigentlich nicht. Es sind also nur winzig kleine Schritte hin zu der Vorstellung, dass wir irgendwo anders weitermachen.«

Viele Menschen assoziieren Religion mit bestimmten Moral- und Wertvorstellungen. Die Hoffnung auf ein Jenseits begleitet unsere täglichen Aktivitäten. Für Shermer besteht keine Verbindung zwischen dem religiösen Glaubenssystem eines Menschen und seinen Wertvorstellungen oder Verhaltensweisen gegenüber anderen.

»Es ist nicht bewiesen, dass Atheisten weniger Moralempfinden als Christen oder andere Gläubige haben. Es ist hier die Frage: Warum handeln wir überhaupt moralisch? Wir haben moralische Empfindungen schon in einem sehr frühen Stadium entwickelt, lange bevor es Religionen gab. Vor Hunderttausenden oder gar Millionen von Jahren entwickelten wir als soziale Wesen diese Empfindungen, um miteinander zurechtkommen zu können. Als sich die Religion im Lauf der Zeit entwickelte, identifizierte sie gewisse Charaktereigenschaften der menschlichen Natur, die in Schach gehalten werden muss-

ten. Beispielsweise die Treulosigkeit oder die Unehrlichkeit. So sind Religionen entstanden.
Atheisten sind moralisch, denn das entspricht ihrer Natur. Wir sind alle moralische Wesen, und in den meisten Situationen ist die Mehrheit von uns auch anständig und tut das Richtige.«

Von der Diversität zum Pluralismus

Unterschiedliche Weltbilder über den Tod und das Jenseits zu integrieren, wirkt bewusstseinserweiternd, kann manchmal aber auch verwirrend sein. Wie können wir diese Wahrheitssysteme verstehen? Kann man ein neues Weltbild mit vielen verschiedenen Seinslehren übernehmen, das unser kollektives Dasein prägt? Kann ein sensibilisiertes Todesbewusstsein durch das Wissen um verschiedene Wirklichkeitsmodelle uns dabei helfen, unsere Panik vor dem Tod zu verringern und Aggression gegenüber Menschen abzubauen, die anderer Ansicht sind?

Ich habe viel von den Erkenntnissen von Diana Eck, Professorin für vergleichenden Religionswissenschaft und Leiterin des Pluralismus-Projekts an der Harvard-Universität, profitiert, um mir ein umfassendes Bild der unterschiedlichen Ansichten über den Tod und das Jenseits zu machen. In ihrer Arbeit erkennt sie die Vielfalt verschiedener Kulturen als eine demografische Tatsache an. Pluralismus erlaubt uns, die Unterschiede wertzuschätzen, um dadurch unsere eigenen Wahrheiten und Wege der Sinngebung zu entdecken. Anstatt die Realität eines Systems über ein anderes zu stellen, fordert uns der Pluralismus dazu auf, unsere Glaubensüberzeugungen als Interpretationen zu betrachten, die andere Deutungsmuster genauso zulassen. Eck argumentiert überzeugend, dass wir in unserer vernetzten Welt neue Formen des Gedankenaustausches und der Auseinandersetzungen benötigen, um Brücken zwischen den verschiedenen Weltbildern und Glaubensrichtungen zu bauen. Wie sie in ihrem Gifford-Vortrag 2009 an der Universität Edinburgh erläuterte, entstehen solche Augenblicke»nicht in Bibliotheken oder im Studium, sondern in der Beziehung zu Menschen anderer Glaubensrichtungen, wo wir lernen, miteinander zu sprechen und uns gegenseitig zuzuhören«.[1] Nach dem Weltbild-Transformationsmodell kann die Auseinandersetzung mit fremden Weltbildern zu einer grundlegenden Veränderung unseres Verständnisses über unsere eigenen Erfahrungen und Einsichten führen. Mit dem Modell können dogmatische Grundsätze abgebaut und mehr Demut und Mitgefühl entwickelt werden. Wir können eigene und fremde Vorstellungen neugierig und offen betrachten. Mehr über die Glaubenssysteme anderer Menschen zu erfahren bedeutet, den»blühenden Garten kulturübergreifender Seinslehren«zu erkennen, wie Diana Eck es formuliert. Mit der Entwicklung neuer Perspektiven auf einer gemeinsamen Grundlage erlebter Erfahrung können wir unsere individuelle Weltanschauung und transformativen Praktiken vertiefen und erweitern. Dies führt uns zu einer Ökologie der Erkenntnisse, die einen fruchtbaren Boden für Wachstum und Erforschung bietet. Ein verstärktes Bewusstsein für unsere eigene Sterblichkeit und unseren Glauben an ein Leben nach dem Leben kann sich positiv auf unsere Psyche auswirken, weil wir neue Formen des Zusammenseins in dieser Welt erfahren. Ein erhöhtes Bewusstsein führt zu einem besseren Verständnis vom Jenseits und gibt uns dadurch ein Gefühl des Friedens. Wir können die umfassende Intelligenz unseres Geistes und die Weisheit unserer Seele nutzen, um ein Gefühl für unser Einssein und unsere gemeinsame menschliche Erfahrung zu bekommen. Dieser Prozess kann uns Aspekte oder Dimensionen des Lebens offenbaren, die wir bislang noch nicht wahrgenommen haben.

EIN PAAR ABSCHLIESSENDE GEDANKEN

In diesem Kapitel haben wir verschiedene Weltanschauungen über den Tod und das Jenseits kennengelernt. Es sind Menschen zu Wort gekommen, die alte und neue Ansichten verbunden und damit einen pluralistischen Ansatz hervorgebracht haben. Jede der Stimmen gibt uns die Möglichkeit, Anschauungen anderer Traditionen anzunehmen, und gleichzeitig unseren eigenen Weltbildern in unserem Wachstums- und Transformationsprozess treu zu bleiben. Es kamen viele Menschen zu Wort, die den Tod nicht fürchten. Ihr Todesbewusstsein gibt ihrem Leben mehr Bedeutung und Sinn.

Die Traditionen der Welt bieten viele Ansätze, um ein Verständnis für den Tod und den Umgang mit ihm zu entwickeln. Während wir die verschiedenen Sichtweisen untersuchen, können wir über unsere eigene Weltsicht nachdenken und erkennen, was es bedeutet, vollkommen menschlich zu sein, jetzt und über dieses Leben hinaus. Wenn wir unsere eigenen *Überzeugungen* und Annahmen anschauen, können wir die Angst vor dem Tod aus der Verdrängung holen und in die lebendige Auseinandersetzung einbringen. In späteren Kapiteln werden wir einige transformative Praktiken zur Überwindung der Todesangst genauer untersuchen und lernen, wie man Trauer in lebensbejahende Tätigkeiten umwandeln kann.

Das Todesbewusstsein in den Vordergrund zu rücken im Zusammenhang mit dem Pluralismus erlaubt es uns, unsere Ingroup zu erweitern und zu einem erweiterten »Wir« zu kommen, wie im Weltbild-Transformationsmodell dargestellt. Diese Erweiterung kann neue Möglichkeiten für ein erfülltes Leben in unserer komplexen und multikulturellen Welt bieten. Eine große Aufgabe unserer Zeit liegt darin, die Entwicklung einer neuen Weltsicht zu unterstützen, die unterschiedliche Wahrheiten zu umfassen vermag.

Im nächsten Kapitel werden wir den Nachweis für ein Bewusstsein jenseits von Geist und Körper bringen. Die Untersuchung wissenschaftlicher Beweise für ein Leben nach dem Tod führt uns zur

Schnittstelle zwischen noetischen Erkenntnissen und der objektiven Beschäftigung mit der Realität.

ÜBUNG
Vom »Ich« zum »Wir«

Suchen Sie sich einen ruhigen Ort, an dem Sie entspannen können. Reflektieren Sie über Ihre Neugier auf die Welt. Beobachten Sie, wie Sie mit fremden Weltbildern umgehen.

Erinnern Sie sich an eine positive Erfahrung mit einer völlig anderen Weltanschauung. Vielleicht war es eine Begegnung auf Reisen im Ausland. Oder es war eine Begegnung vor Ihrer Haustür mit einem Menschen aus einem anderen Kulturkreis. Lassen Sie zu, dass diese Begegnung zu einem Spiegel der Selbsterkenntnis wird.

War dieser Mensch Ihnen ähnlich? Wodurch unterschied er sich? Konnten Sie gemeinsame Ziele entdecken, die Ihnen neue Einsichten über Ihr eigenes Weltbild vermittelten? Haben Sie etwas über die Person oder sich selbst gelernt, was Sie überrascht hat? Welche Bilder und Gedanken sind bei Ihnen aufgetaucht? Welche besonderen Erinnerungen, Empfindungen und Erlebnisse tauchen gerade jetzt auf? Schreiben Sie sie in ein Tagebuch, zusammen mit den Erkenntnissen, die Sie aus diesem Kapitel gewonnen haben. Nehmen Sie sich mindestens zehn Minuten Zeit dafür.

Beteiligen Sie eventuell einen Bekannten oder ein Familienmitglied an dieser Übung. Besprechen Sie Ihre jeweiligen Einsichten. Nehmen Sie sich die Zeit, dem anderen genau zuzuhören, bevor Sie sich über Ihre gemeinsamen Erfahrungen austauschen.

5. KAPITEL
DIE WISSENSCHAFT VOM
LEBEN NACH DEM TOD

In Bezug auf Sterbeerfahrungen wurde mir bei
der Untersuchung von Herzstillstand und Nahtoderfahrungen klar, dass derartige Fälle ein sehr
gutes Modell für den Todesprozess an sich sein
können – wenn die Betroffenen mit ihren Berichten
recht haben.

Peter Fenwick

Das etablierte wissenschaftliche Weltbild basiert auf dem Materialismus. Die Vorstellung von Bewusstsein, das sich über den Körper hinaus ausdehnt, grenzt für viele Wissenschaftler an Häresie. Eine kleine
Gruppe von führenden transdisziplinären Wissenschaftlern erforscht
die schwierige existenzielle Frage, die die menschliche Fantasie seit
jeher beschäftigt hat: Was geschieht, wenn wir sterben? Diese postmaterialistischen Wissenschaftler behandeln das Thema Bewusstsein
und sein Überleben nach dem physischen Tod aus einem anderen
Blickwinkel, der über das streng materialistische Weltbild hinausgeht.

Wissenschaftliche Erkenntnisse über ein postmortales Überleben
zusammenzufügen ist ein wenig wie das Zusammensetzen eines
Puzzles. Für die Zusammensetzung der Beweise ist eine Art naturalistische Wissenschaft nötig, wie sie Charles Darwin praktizierte, der die

Evolution durch verschiedene Datensätze dokumentierte. Studien über den Tod, über Nahtod- und außerkörperliche Erfahrungen, Reinkarnation und nicht zu ortendes Bewusstsein entwerfen alle ein neues Bild der Zukunft. Diese Diskussion wird geprägt von spannenden Entwicklungen in der Wissenschaft, die neue Forschungserkenntnisse zu uralten Themen vermitteln – und neue Fragen zu bisher unangefochtenen Theorien aufwerfen.

TODESERFAHRUNGEN UND DAS JENSEITS

Peter Fenwick war während seiner wissenschaftlichen Laufbahn Neuropsychiater am Maudsley Hospital in London, wo er viele Jahre lang die Abteilung für neuropsychiatrische Epilepsie leitete. Er hatte unzählige wissenschaftlich anerkannte Artikel über die Gehirnfunktionen verfasst. Seine Begeisterung für das Studium von Tod, Nahtoderfahrungen und Sterben ist außergewöhnlich. Dazu erklärt er Folgendes:

»Es war der reine Zufall, der mich zu diesem Thema führte. Ich war überzeugt, dass es zum Thema Nahtoderfahrung nichts Lohnenswertes zu erforschen gab. Das waren Erlebnisse, die in Kalifornien passierten, aber nie den Weg über den Ozean nach England fanden. Ich dachte damals, sie hätten eher etwas mit der Fantasie zu tun. Dann erlebte ich einen Fall in meiner Praxis. Dieser Mensch hatte eine verblüffende Nahtoderfahrung, von der ich spürte, dass sie real war.«

Fenwicks Transformation geschah durch seinen Versuch, eine Verbindung zwischen der materialistischen und der postmaterialistischen Wissenschaft herzustellen. Es waren eher die wissenschaftlichen Daten als ein persönliches noetisches Erlebnis, die ihm zu einer Neudefinition seiner Weltsicht verhalfen. Viele würden ihn als Querdenker bezeichnen, weil er sich in seinen Forschungen den verborgenen Bereichen des Geistes gewidmet hat. Der amerikanische Psychologe William James (Begründer der Psychologie in den USA und einer der wichtigsten Vertreter des philosophischen Pragmatismus – Anm. d. Ü.). war seine Inspiration, und Fenwick stützte sich auf die radikale Empirie. Im späten 19. Jahrhundert hatte sich James gegen die zunehmende Verhaltensforschung in der Psychologie gestellt, da seiner Meinung nach jeder Bereich der menschlichen Erfahrung ein berechtigter Gegenstand wissenschaftlicher Forschung war. Egal, ob es sich dabei um die Präsenz eines Gespenstes, um eine Erscheinung, eine außerkörperliche Erfahrung, in der Menschen ihren eigenen physischen Körper aus einer anderen Perspektive wahrnehmen können, um sinnliche Wahrnehmungen wie Musik oder Klänge oder um mystische Zustände handelt – seiner Meinung nach kann alles zu Daten aufbereitet werden, die man mit unterschiedlichen Erklärungsmodellen erforschen kann, basierend sowohl auf noetischen als auch rationalen Erkenntnissen.

Wie James ein Jahrhundert zuvor suchte sich Fenwick Menschen aus, die besondere Bewusstseinszustände erlebt hatten. Er hörte sich viele Beschreibungen von transzendenten und ekstatischen Zuständen an und suchte nach einem gemeinsamen Muster in diesen Berichten. Sein berufliches Interesse führte ihn dazu, sich in die Literatur östlicher Mystik zu vertiefen, aber auch in die reine Wissenschaft. Er erklärte mir, wie unser »tägliches bewusstes Erleben nur ein Bruchteil von dem ist, was möglich wäre. Bisher haben wir weder ein genaues Verständnis von der Natur des Bewusstseins noch über seine Ausmaße.«

Der unkonventionelle Neuropsychiater hat Erfahrungsberichte von Menschen dokumentiert, die im Sterben lagen. Mit seiner wissenschaftlichen Forschungsmethode sammelte er Berichte, in denen Sterbende von ihren Erlebnissen über das Jenseits sprachen. Er wollte aufzeigen, was die Person in der Todesstunde erlebt, wenn sich das

Bewusstsein auflöst. Viele von Fenwicks Patienten berichteten von jenseitigen Begleitern, wie Verwandten oder Freunden, die sie in die spirituelle Dimension begleiteten. Fenwick berichtete auch über Personen, die Erscheinungen erlebt hatten. Dabei spüren diese Menschen, »dass sie nicht nur mit jemandem kommunizieren, sondern auch tatsächlich irgendeine Art von Energieaustausch erleben«.

Nach Fenwick weisen solche Erfahrungen darauf hin, dass Menschen durchaus Zugang zu anderen Dimensionen der Realität haben. 1987 produzierte er mit seinen Kollegen einen Dokumentarfilm *Glimpses of Death*, der von Nahtoderlebnissen handelt. Die Forscher hatten über 2000 Briefe von Menschen erhalten, die über ihre Begegnungen mit anderen Dimensionen berichteten. Sie wählten 500 dieser Menschen aus und entwickelten einen Fragebogen, durch den die Forscher Erkenntnisse für eine zukunftsweisende Arbeit in Hospizen und Pflegeeinrichtungen in ganz Europa sammelten.

Nach jahrelanger Erforschung dieser erweiterten Bewusstseinsebenen kam Fenwick zu der Erkenntnis, dass die Wissenschaft helfen kann, Jenseitserfahrungen zu verstehen. Bei Nahtoderfahrungen beispielsweise

>»wissen wir genau, was geschieht, da wir sehr gute Berichte
>von Betroffenen erhalten haben. Wir können beurteilen, in
>welchem Zustand sich das Gehirn befindet, besonders bei
>einem Herzstillstand, bei dem es keine Gehirnaktivität gibt.
>Solche Dinge kann die Wissenschaft nachvollziehen.
>Dann stößt man in der Wissenschaft jedoch an eine Grenze.
>Wie können Menschen Dinge erleben, wenn doch ihr Gehirn
>nicht mehr funktioniert? Wir brauchen viel mehr Wissen zu
>diesem Thema. Wenn der Mensch tatsächlich etwas erleben
>kann, obwohl das Gehirn nicht mehr aktiv ist, dann ist das
>Bewusstsein, oder der Geist, tatsächlich nicht identisch mit
>dem Gehirn. Und das ist eine entscheidende Erkenntnis.«

Nach Fenwick gibt es große Ähnlichkeiten zwischen Menschen mit Nahtoderlebnissen und Sterbenden. Seine Fallstudien zeigen, dass die Menschen in beiden Gruppen von ihren toten Verwandten abgeholt werden, die sie durch den Todesprozess begleiten. Während dieser Übergangsphase scheinen beide Gruppen eine andere Realität zu durchqueren. Fenwick weiter:

»Wenn die Todesstunde naht, sieht man gewisse Formen, die den Körper verlassen, und der Raum ist manchmal erhellt von einem spirituellen Licht, ähnlich wie bei Nahtoderfahrungen. Ein sehr interessanter Aspekt bei einer bevorstehenden Todeserfahrung sind die Visionen, die der Sterbende auf seinem Sterbebett erlebt. So wurde berichtet, dass eine Verbindung zwischen dem Sterbenden und ihm emotional sehr nahestehenden Menschen entstand – auch wenn diese Kontinente entfernt waren. Das deutet darauf hin, dass der Geist eine nicht zu lokalisierende Eigenschaft hat.«

Wie erklärt der Vollblutwissenschaftler Fenwick diese Phänomene?

»Es wird schwierig sein, diese in die gängige Wissenschaft zu integrieren. Wenn die Gehirnfunktionen nicht mehr aktiv sind, scheint es eine Reihe von Erlebnissen zu geben, bei denen man den Körper verlässt und manchmal sogar dem Wiederbelebungsversuch zuschaut. Was geschieht nun während dieser außerkörperlichen Erfahrung? Es gibt keine Gehirnfunktionen. Das Herz steht still. Der Atem steht still. Sämtliche Hirnstammreflexe sind stillgelegt. Das ist in der Tat ein sehr gutes Modell für den Tod selbst.«

An diesem Punkt untersucht Fenwick die Natur des Geistes. Er wirft die Frage auf, ob der Geist weiterhin funktioniert, wenn das Gehirn bereits aufgegeben hat. Vielleicht funktioniert der Geist anders als das Gehirn, so seine Spekulation.

»Zum Beispiel kann der Geist anscheinend Dinge tun, die wir mit unserem normalen Verstand nicht erreichen. Wenn sich die Person oben an der Zimmerdecke befindet (zumindest ihr Bewusstsein), was bei einem Herzstillstand oftmals passiert, und herunterschaut, blickt sie nicht nur auf die obere Seite von irgendeinem Objekt. Wenn wir an der Decke wären, könnten wir nur die obere Seite sehen, nie jedoch auch die Unterseite. Die Person kann jedoch alle Seiten des Objekts erkennen. Sie scheint also eine multidimensionale Sicht zu haben. Manche Personen berichten sogar von einer 360-Grad-Sicht – auch eine multidimensionale Sicht. Also sind wir in diesem Zustand anscheinend multidimensionale Wesen, die wir im normalen Bewusstseinszustand nicht sind – als würde ein Schleier entfernt. Und dann gibt man sich dem weiteren Erleben hin. Das Erklärungsmodell hierfür wäre, dass es vor Abschluss des Sterbeprozesses eine Übergangsphase in eine andere Dimension gibt.«

Fenwick hat als Mediziner und Wissenschaftler schon viele Menschen beim Sterben begleitet. Seine Untersuchungen dieser Lebensendphase zeigten, dass sich diese Menschen zwischen veränderten Wirklichkeiten hin und her bewegten.

»Das schafft wieder eine schöne Verbindung zu den Nahtoderlebnissen. Auch beim Todeseintritt gibt es erstaunlich viele Phänomene, die ich der Loslösung des Bewusstseins zuschreibe. Ein Licht umgibt den Körper. Der Sterbende kann jemanden besuchen. Und dann geschehen Dinge im Raum. Das Fernsehen schaltet sich aus, oder die Alarmanlage geht plötzlich los. So etwas kann passieren, wenn Menschen sterben. Es ist also ein komplexer Vorgang. Es wird nicht einfach nur etwas ausgeknipst. Das kann auch vorkommen. Aber diese unterschiedlichen Phänomene zeigen sich hauptsächlich in der Stunde des Todes.«

Fenwick veranschaulichte seine Aussagen durch den Bericht eines Menschen,»der am weitesten gegangen ist«. Es ging um einen Fluglotsen, der in normalen, stabilen Verhältnissen lebte. Eines Tages erlitt er einen Herzstillstand. Danach erlebte er die klassische Dimension der Nahtoderfahrung, das Licht am Ende des Tunnels, Begegnungen mit einem Lichtwesen und das Betreten eines Raumes, in dem er Botschaften erhielt. Fenwick erläuterte:

»Er kam an einen Punkt, an dem ihm Fragen gestellt wurden und er jede einzelne sofort beantworten konnte. Sein Wissen umfasste die Struktur des Universums und noch vieles mehr. Er verließ den Raum und begann sich in Energie zu verwandeln. Er beschrieb sie als reine, schwebende Energie. Er bewegte sich dann auf eine kosmische Energiequelle zu, mit der er verschmelzen sollte. Ich muss darauf hinweisen, dass wir Liebe, Licht und Mitgefühl meinen, wenn wir hier von ›Energie‹ sprechen. Als der Fluglotse kurz vor der Verschmelzung stand, hatte er bereits erkannt, dass wir niemals sterben. Eigentlich ist der Tod einfach nur eine Übergangsphase unseres Lebens auf Erden zu einer Erfahrung nach dem Tod. Er wollte zurück, um seiner Frau von dem Erlebnis zu berichten. Diese Absicht brachte ihn sofort in seinen Körper zurück. Er sagte, es sei ihm klar geworden, dass es nach dem Tod sehr gerecht zugeht. Man muss sich seinen Taten stellen. Es gibt keinen, der einen segnet, das muss man selbst tun. Ihm war auch klar geworden, dass das Universum ein Ganzes ist. Ich habe in dieses Erklärungsmodell den Aspekt des Filters aufge-

nommen und in dem Punkt stimme ich mit William James
überein: Diese Filter hindern uns daran, vieles von dem zu
erkennen, was auf der anderen Seite liegt. In manchen Situationen fallen diese Filter weg, und man erhält einen flüchtigen
Einblick in das, was wirklich real ist. Das hatte der Fluglotse
anscheinend erlebt.«

Alle Fälle sind unterschiedlich. Außerdem hatte der Fluglotse »Besucher an seinem Sterbebett«. Solche Besucher oder geistige Wesen treten bei 25 Prozent der von Fenwick untersuchten Patienten auf.

»Kurz vor dem Tod erhalten wir Besuch. In unserer Untersuchung wurden nur 3 Prozent der Patienten von Engeln besucht. Üblicherweise besuchen uns Geschwister, Ehefrauen
oder Ehemänner. Oftmals sind die Patienten so nahe am Tod,
dass sie von ihnen bereits begrüßt, angelächelt und willkommen geheißen werden. Die Sterbenden sind jedoch zu
schwach, um darauf zu reagieren.«

Derartige Erlebnisse am Sterbebett und Nahtoderfahrungen deuten
für Fenwick darauf hin, dass das Bewusstsein über den Körper hinausgeht. »Der beste Beweis liegt in der Tatsache, dass das Bewusstsein
in diesen Situationen scheinbar weiterhin bestehen bleibt«, sagte er.
»Man muss dann allerdings auch die Frage stellen, welche Form das
Bewusstsein hat, wenn es weiter bestehen bleibt.«

Fenwick teilte mir seine persönliche Weltanschauung über das
Weiterbestehen von Bewusstsein und den unvermeidbaren Verlust
des physischen Körpers mit – eine Weltsicht, die sich durch seine jah-
relange Erfahrung ausgebildet hat. Seine Forschungsarbeiten führten
bei ihm zu einem starken Gefühl des Vertrauens, das keine Angst-
gefühle mehr aufkommen ließ.

»Ich bin absolut sicher, dass das Bewusstsein weiterbesteht. Es wird nicht ausgelöscht. Es entwickelt sich weiter in eine andere Form der Realität. Die Berichte, die wir über diese Realität erhalten haben, ähneln unseren Erfahrungen. Mit dem Unterschied, dass die Menschen andere Fähigkeiten haben und sich anders bewegen können. Das persönliche Bewusstsein überlebt also in irgendeiner Form.

Fürchte ich den Tod? Nein, denn ich habe von so vielen Nahtoderlebnissen erfahren, dass ich keine Angst vor dem Tod habe. Ich habe auch sehr viel von der letzten Sterbephase miterlebt, sodass ich keine Todesangst mehr habe.

Menschen fürchten den Tod, weil sie diesen Sterbeprozess noch nicht kennen. Die meisten Menschen haben viel mehr Angst vor diesem Prozess als vor dem endgültigen Aus. Wenn sie sich das Datenmaterial anschauen würden, hätten sie keine Angst mehr. Wenn man die Nahtoderfahrung, besonders beim Herzstillstand, als ein gutes Sterbemodell akzeptieren kann, dann braucht man vor nichts mehr Angst zu haben. Man wird den ganzen Weg über behütet und begleitet. Wenn Ihre Zeit also gekommen ist, genießen Sie den Übergang einfach.«

FORTSCHRITTE IN DEN NEUROWISSENSCHAFTEN

Für die moderne Wissenschaft liegt der Schlüssel zur Bewusstseinsforschung in der Funktionsweise des Gehirns. Einerseits reduziert das physikalische Weltbild jede Erfahrung auf neurale Reizungen. Fenwick glaubt andererseits, dass sich das Bewusstsein über das Gehirn hinausdehnen kann.

»Eigentlich ist das Gehirn als solches nicht sonderlich aufregend, obwohl die wunderbare Komplexität seiner Mechanismen und seines Aufbaus faszinierend ist. Spannend für mich ist die Tatsache, dass das Gehirn anscheinend der Zugang zum Bewusstsein ist.

Aktuelles Neuroimaging zur Untersuchung der Durchblutung wie beim fMRT-Scanning und die Magnetoenzephalografie veranschaulichen die Strukturen des Gehirns und seine Funktionen. Die neuesten 9-Tesla-fMRT-Magnete, die jetzt zum Einsatz kommen, liefern uns Auflösungen des Gehirns bis zum Bruchteil eines Millimeters, und die Magnetoenzephalografie bietet uns eine zeitliche Auflösung bis zum Bruchteil einer Millisekunde. Mit diesen verbesserten Auflösungen werden wir vermutlich noch mehr Details der Mechanismen entdecken, die das Bewusstsein ausmachen. Dennoch bleibt das Bewusstsein als solches schwer fassbar.«

Nach Fenwick haben moderne Wissenschaftler mit den neuesten Methoden und Technologien Erklärungsmodelle entwickelt, die die materialistische Wissenschaft von der Vielzahl religiöser Überzeugungen und Praktiken abgrenzt. Scans aus der Positronen-Emissions-Tomografie (PET), der funktionellen MRT und der erweiterten mehrkanaligen Elektroenzephalografie (EEG) ermöglichen jeweils einen kleinen Einblick in die komplexen neuralen Reizungen unseres Gehirns. Mit zunehmender Präzision können Wissenschaftler im 21. Jahrhundert Emotionen und Intentionen kartieren; sie meinen auch, dass mystische Begegnungen mit anderen Welten, Nahtoderfahrungen und der Glaube an die Reinkarnation durch physiologische Schaltkreise in unserem Kopf erklärt werden können.

Die meisten Wissenschaftler betrachten Nahtoderfahrungen nicht als einen Beweis für ein Leben nach dem Tod, wie die Psychologen Dean Mobbs und Caroline Watt in der wissenschaftlichen Zeitschrift *Trends in Cognitive Science* schreiben:

»Es gibt nichts Paranormales an einer Nahtoderfahrung: Neurowissenschaftler können die Wahrnehmung von Licht, die Begegnung mit Toten oder die Überzeugung, selbst tot zu sein, erklären ... Insgesamt deuten die wissenschaftlichen Beweise darauf hin, dass alle Aspekte einer Nahtoderfahrung eine neurophysiologische oder psychologische Grundlage haben: Die lebhafte Freude, die oft bei Nahtoderfahrungen erlebt wird, kann das Ergebnis der durch die Angst ausgelösten Opioid-Freisetzung sein. Hingegen sind die Lebensrückschau und die REM-Komponenten der Nahtoderfahrung möglicherweise auf die Aktivität des Locus coeruleus (lat. *tiefblauer Ort*, eine Neuronengruppe im Hirnstamm – Anm. d. Ü.) mit seinem hohen Gehalt an Noradrenalin zurückzuführen.

Außerkörperliche Erfahrungen und Gefühle der Abgetrenntheit vom physischen Körper könnten aufgrund eines Zusammenbruchs in den multisensorischen Prozessen entstehen.

Das helle Licht und das Tunnelerlebnis könnten das Ergebnis einer Störung aufgrund von Sauerstoffmangel im visuellen System, in der Sehgrube oder am Rand des Gesichtsfeldes, sein. A priori Erwartungen spielen dabei auch eine entscheidende Rolle[1], wenn die Person die Situation begreift und glaubt, dass sie im Begriff ist, eine archetypische Nahtoderfahrung zu erleben.

Einige Neurowissenschaftler beschreiten heutzutage neue Wege in ihren Erkenntnissen der neurologischen Prozesse, die den Nahtoderfahrungen oder außerkörperlichen Erlebnissen zugrunde liegen. Es gibt beispielsweise modernste Forschungsmethoden in der Schweiz, die handfeste Beweise für diese mystischen Bewusstseinszustände liefern wollen. Hier werden Untersuchungen gemacht, um eine außerkörperliche Erfahrung mithilfe von Elektroschocks in einem Gehirnareal, genannt *Gyrus angularis,* zu simulieren. Eine Frau berichtete zum Beispiel, wie sie das Gefühl hatte, an der Decke zu kleben und auf ihren Körper herunterzuschauen, genauso wie es andere Menschen bei ihren außerkörperlichen Erfahrungen beschrieben haben. Die Wissenschaftler in der Schweiz nehmen aufgrund ihrer Untersuchungen des Gehirns an, dass ›die Aktivierung dieser Areale einem neuronalen Korrelat der Entkörperlichung entspricht, die Teil der außerkörperlichen Erfahrung ist‹.«[2]

Beweisen diese Studien, dass ein Bewusstsein außerhalb des Körpers existiert? Materialistische Erklärungsversuche, die mystische Erlebnisse nur auf eine Leistung des Gehirns reduzieren wollen, sind verlockend, aber viele postmaterialistische Wissenschaftler halten dagegen, dass diese Erklärungen schlicht unvollständig sind. Fenwick und andere verweisen darauf, dass diese Weltanschauung nicht die Erfahrungen erklären kann, über die Menschen berichtet haben. Die Ergänzung einer Gehirnaktivität ist nicht gleichzusetzen mit ihrer Entstehung. Elektrische Aktivität im Gehirn entspricht nicht der Erfahrung selbst.

Dennoch gibt die Untersuchung des Gehirns Aufschluss über die Frage nach dem Bewusstsein jenseits des Gehirns. Die Neurowissenschaften haben neue Technologien und Ansätze zum Verständnis von Bewusstsein entwickelt. Erweiterte Forschungsprogramme umfassen die Möglichkeit, dass sich das Bewusstsein über den Körper hinaus ausdehnt. Diese Studien tragen erheblich zu der Erkenntnis bei, dass das Bewusstsein nach dem physischen Tod weiter bestehen kann.

KONTAKTAUFNAHME UND AUSTAUSCH MIT VERSTORBENEN

Einige Wissenschaftler, die sich für die Jenseits-Hypothese interessieren, befassen sich mit der Medialität, um das Thema Bewusstsein direkt zu erforschen. Sie konzentrieren sich auf die Personen, die von einem direkten Kontakt mit Verstorbenen berichten, und überprüfen die Genauigkeit ihrer Unterhaltungen.

Die Wissenschaftler untersuchen die Vorgänge im Gehirn und im Körper, während die Person vermeintlich mit den Verstorbenen spricht.

Julie Beischel hat in Pharmakologie und Toxikologie an der Universität von Arizona promoviert, mit den Nebenfächern Mikrobiologie und Immunologie. Heutzutage leitet sie Forschungsarbeiten mit Menschen, die angeblich mit Toten sprechen können. Beischel arbeitet mit ihrem Mann als Leiterin des *Windbridge Institute for Applied Research in Human Potential* in Tucson, Arizona. Sie untersuchen die Erfahrungsberichte und Informationen, die sie von einem medialen Team erhalten. Beischel erläuterte mir ihre Weltsicht:

»Wenn ich an meinen Tod denke, kann ich nur Woody Allen beipflichten: ›Ich habe keine Angst vor dem Tod. Ich will nur nicht dabei sein, wenn er kommt.‹ Ich habe sicherlich Angst vor dem Sterben, aber ich habe keine Angst davor, tot zu sein. Nach meinem Verständnis ist das Überleben eine Eigenschaft des Bewusstseins. Es ist einfach das, was geschieht. Beim Tod entsteht eine andere Existenz, die man sich aneignen muss, genauso wie man den Umgang mit diesem Körper lernen musste, als man in ihn hineintrat. Man lernt, ohne Körper zu existieren. Als Wissenschaftlerin freue ich mich auf die Erfahrung, ein Geist ohne Körper zu sein.«

Streng materialistisch denkende Wissenschaftler lehnen die Vorstellung ab, dass man Medialität und Kommunikation mit der Geistwelt als Phänomen ernsthaft erforschen kann. Um die methodologischen Herausforderungen anzugehen, nutzen postmaterialistische Wissenschaftler aufwendige Verfahren und exakte wissenschaftliche Kontrollen. Ihr Ziel liegt darin, mit einer objektiven Herangehensweise subjektive Phänomene zu untersuchen, die weit außerhalb des Mainstream-Materialismus liegen. Zwei innovative Studien mit Medien veranschaulichen diese objektive Herangehensweise. Der erfahrene Psychophysiologe Arnaud Delorme hat EEGLAB entwickelt, eine Open-Source-Toolbox zur Analyse der Gehirnwellenaktivität. Als Wissenschaftler mit hoher über die Jahre erworbener Glaubwürdigkeit untersuchte er eine persönliche Begegnung mit einem Medium. Eine unmittelbare noetische Erfahrung hatte seinen transformativen Prozess beschleunigt, wie im Weltbild-Transformationsmodell dargestellt. Durch dieses Erlebnis verlagerte er sein berufliches Interesse.

Gemeinsam mit Beischel und anderen leitete Delorme seine beiden Studien am *Institute of Noetic Sciences*. Die Wissenschaftler rekrutierten vier Medien, die zuvor mit Beischel an ihrem Institut in Arizona zusammengearbeitet hatten. Diese Medien hatten nach Beischel bereits positive Ergebnisse in der Kommunikation mit der geistigen Welt unter verschiedenen wissenschaftlichen Bedingungen gezeigt. Wie Delorme erklärte, bestand die Gruppe der Medien aus völlig verschiedenen Menschen.

»Es waren wirklich sehr interessante und dabei völlig unterschiedliche Personen. Der einzige Mann in der Gruppe leitete als Medium andere Medien an. Ein äußerst umsichtiges Medium sagte: ›Ich habe morgen eine Sitzung, und die Leute zahlen viel Geld dafür. Ich muss mich jetzt zurückziehen und meine zweistündige Meditation machen … damit ich bestmöglich vorbereitet bin.‹ Ein anderes Medium war von der Studie sehr begeistert und wollte uns unbedingt davon überzeugen, dass sie sich lohnen würde. Sie hatte während des Mittagessens für uns alle als Medium fungiert … Allen vier Medien war gemeinsam, dass sie bereits in der Kindheit Erfahrungen mit der geistigen Welt gehabt hatten oder Vorfahren, die damit zu tun gehabt hatten.«

Bei der ersten Studie sollte das Gehirn der Medien während ihres Kontaktes mit einem Verstorbenen auf spezielle Funktionen untersucht werden. Die Forscher verglichen diese Sitzungen mit den Sitzungen, in denen sich die Medien den Austausch mit einem Verstorbenen lediglich in ihrer Fantasie vorstellen sollten. Ihre Gehirnaktivität und Frequenzen wurden gemessen, um nach objektiven Veränderungen zu suchen, die mit dem subjektiven Erleben der Medien übereinstimmten. Elektroden wurden an der Kopfhaut der Medien angebracht, um die elektrokortikale Gehirnaktivität zu messen. Anschließend untersuchten die Forscher die Physiologie der Medien bei vier unterschiedlichen geistigen Zuständen: Rückbesinnung, Wahrnehmung, Verarbeitung und Kommunikation mit den Verstorbenen.

Nach Delorme konnten die Wissenschaftler in drei von vier Fällen statistisch entscheidende Messgenauigkeiten in den Sitzungen mit den Medien feststellen. Die elektrokortikale Aktivität war in allen vier hervorgerufenen mentalen Zuständen sehr unterschiedlich. Für die Wissenschaftler weisen diese Unterschiede darauf hin, dass der mediale Zustand eine eindeutige subjektive Erfahrung mit sich bringt, die anders ist als die mentale Aktivität, die mit Vorstellungsvermögen oder Erinnerung assoziiert wird. Der Geisteszustand der Medien zeigte eine Verlangsamung der Theta-Gehirnwellenaktivität im spielerischen Umgang mit den Verstorbenen. Der langsamere Theta-Zustand stand im Zusammenhang mit einer höheren Genauigkeit ihrer medialen Aussagen. Für die Wissenschaftler bedeutet dies: Je unbelasteter das Arbeitsgedächtnis der Medien ist, desto leichter erhalten sie zuverlässige Informationen über die verstorbene Person.

In einer zweiten Studie wurden die Gehirnströme der Medien gemessen, die für zuverlässige Aussagen über die geistige Welt bekannt waren. Jedes Medium sollte eine Sitzung mit einem Verstorbenen durchführen, der in der Studie als der »Ziel-Verstorbene« gekennzeichnet wurde. Das Forscherteam sollte feststellen, wie weit die Aussagen in der Sitzung tatsächlich mit dem Wissen der Forscher über diesen Ziel-Verstorbenen übereinstimmten. Zur Vermeidung von

Vorurteilen oder Wunschdenken forderten die Wissenschaftler den »Betroffenen« (die Person, für die die Sitzung mit dem Verstorbenen gemacht wurde) dazu auf, die Aussagen über den ihm bekannten Verstorbenen (den Ziel-Verstorbenen) zu bewerten. Der Betroffene sollte dann auch die Aussagen über einen anderen, ihm unbekannten Verstorbenen (den Kontroll-Verstorbenen) bewerten. Dabei war dem Betroffenen nicht bekannt, welche Aussagen von welchem Verstorbenen stammten. Der Betroffene sollte dann die Aussagen beider Verstorbenen, Zeile für Zeile, einschätzen. Mithilfe eines komplexen statistischen Verfahrens konnten die Wissenschaftler die allgemeine Genauigkeit der Aussagen auswerten. Sie fanden statistisch gültige Beweise dafür, dass die Aussagen über den Ziel-Verstorbenen genauer waren als die über den Kontroll-Verstorbenen.

Beweisen diese beiden Studien nun die Existenz eines Lebens nach dem Tod? Delorme hat sich nach allen Seiten abgesichert; er meint, diese seien vorläufige Studien. Möglicherweise gibt es unerkannte Schwachstellen, Schwierigkeiten mit der Überprüfbarkeit der Studien oder einfach nicht genügend Datenmaterial. Die Ergebnisse könnten, auch wenn sie als zutreffend bewertet werden können, auf ein als »Super-Psi« bekanntes Phänomen zurückzuführen sein, also eher auf telepathische Fähigkeiten zwischen den Lebenden statt auf die Kommunikation mit den Verstorbenen.

Dean Radin, den wir in Kapitel drei kennengelernt haben, gehörte zu dem Team, das am *Institute of Noetic Sciences* mit Medien gearbeitet hat. Er berichtete über die Schwierigkeiten, die alltäglichen Erfahrungen von Menschen mit den kontrollierten Laboruntersuchungen von Wissenschaftlern in Einklang zu bringen.

»Um die Frage, ob Bewusstsein den Körper transzendiert, beantworten zu können, müssen wir zunächst wissen, was Bewusstsein überhaupt ist. Wir wissen es jedoch nicht. Meiner Meinung nach gibt es so etwas wie eine Wahrnehmung jenseits des Körpers, wie wissenschaftliche Studien belegen.

Das heißt nun nicht, dass Bewusstsein einfach abgetrennt werden kann. Es scheint etwas zu sein, das von einem selbst losgelöst ist, oder man ist es selbst, man ist in diesem Bewusstsein – ich glaube, wir wissen einfach noch viel zu wenig darüber. Und nicht nur das, sogar der Beweis aus parapsychologischen Studien lässt nicht unbedingt erkennen, dass das Bewusstsein vom Körper getrennt ist. Wenn wir über eine Körper-Geist-Verbindung sprechen, dreht es sich dabei vielleicht um die zwei Seiten ein und derselben Medaille. In dem Fall braucht man einen Köper, um das Bewusstsein aufrechtzuerhalten, und vermutlich auch umgekehrt.«

Die Super-Psi-Hypothese wird von dem bereits erwähnten Daryl J. Bem verfochten. Seit Jahrzehnten erforscht er die Psi- (oder übernatürlichen) Phänomene und liefert triftige Beweise für Fähigkeiten wie die Präkognition – das Vorausahnen der Zukunft.[3] Bem bezeichnet seine eigene Weltsicht als komplex und dynamisch.

»Ich bin zutiefst gespalten, wenn es um das Für und Wider des Materialismus geht. Ich habe die Forschungsarbeiten zum Jenseits gelesen. Ich bin immer noch nicht davon überzeugt, da es sich hier möglicherweise um Psi-Phänomene, Hellsichtigkeit oder Telepathie unter den Lebenden handelt. … Ich wehre mich gegen die Vorstellung, dass wir das Jenseits wahrnehmen oder mit Verstorbenen kommunizieren können. Aber ich kann mir durchaus vorstellen, dass sich das Bewusstsein, als eine Energieform, nicht einfach mit unserem Körper auflöst und verschwindet.
Durch die Forschungen in diesem Bereich bin ich zu der Überzeugung gekommen, dass sich unser Bewusstsein weit über unseren Körper und unseren Verstand hinaus ausdehnt. Dieses ausgedehnte Bewusstsein stimmt mit dem überein, womit sich die moderne Physik auseinanderzusetzen ver-

sucht. Das Wesen der Zeit ist in der Physik immer noch ein Rätsel … Für die meisten Physiker sind die physikalischen Gesetze zeitsymmetrisch: Es wird nicht unterschieden zwischen vorwärtslaufender und rückwärtslaufender Zeit.«

Nicht alle Wissenschaftler sind mit den Ergebnissen der Psi-Forschung oder der Medialität einverstanden. Viele stehen den Psi-Phänomenen und den Studien über die Kontinuität von Bewusstsein nach dem Tod skeptisch gegenüber. Der Sozialpsychologe Bem spekuliert über die Gründe:

»Viele Wissenschaftler sind deshalb dagegen, weil sie sich nicht blamieren und auch keine Fehler machen wollen. Aus den Statistikvorlesungen sollten sie jedoch wissen, dass sich Fehler nicht vermeiden lassen. Man kann zwei verschiedene Fehler machen. Beim Typ-I-Fehler kommt man zu einer falschen Schlussfolgerung über einen Sachverhalt. Davor haben Psychologen große Angst, denn dadurch würden sie sich lächerlich machen. Beim Typ-II-Fehler werden zur Feststellung eines Sachverhaltes sehr strenge Kriterien aufgestellt. Dabei übersieht der Wissenschaftler jedoch etwas, weil er sehr skeptisch ist und ein hohes Maß an Vertrauen braucht, bevor er sich festlegt.«

Letztendlich scheint Objektivität schwierig zu sein. Mit welchem Mechanismus auch immer die Medien Informationen von den Verstorbenen erhalten haben, Delorme hat sich aus Interesse an seiner eigenen Bewusstseinstransformation mit diesen Themen befasst. Neue Phänomene durch die wissenschaftliche Brille zu entdecken vertieft das Verständnis von unserer Welt. Er erzählte mir:

»Die Wissenschaft hat etwas Kaltes an sich, es geht um Daten und Statistiken. Deshalb ist es immer von Vorteil, mit diesen

Medien zu diskutieren, einen lebendigen Austausch zu haben, Sitzungen durchzuführen, Geschichten zu erzählen ... Selbst wenn die Medialität nicht real ist, so hat sie doch einen Nutzen. Sie hilft Menschen, sich weiterzuentwickeln.

Meiner Meinung nach zeigen uns die Daten dieser Studien mit den Medien etwas über das Bewusstsein, was wir jedoch derzeit in unserer Welt nicht akzeptieren wollen. Informationen aus einer Ebene zu erhalten, die sich jenseits der Sinneswahrnehmung befindet, zeigt uns, dass Bewusstsein erweiterte Eigenschaften besitzt und nicht an einem Ort auszumachen ist. Wir meinen jedoch, so etwas gibt es nicht ... Ich bin sehr in der wissenschaftlichen Denke des Westens verankert, bei der die Wissenschaft die Wahrheit bedeutet. Wenn ich etwas zweifelsfrei beweisen kann und sage: ›Gut, Bewusstsein hat einen nicht-lokalen Aspekt und kann überdauern‹, dann legt sich bei mir vielleicht der innere Schalter um, und ich kann zur nächsten Stufe übergehen. Mein Gehirn ist sehr wissenschaftlich geprägt, aber vielleicht ändert sich mein ganzes Modell in eine neue Richtung. Wer weiß. Bisher ist es noch nicht geschehen.«

NACHWEISE FÜR DIE REINKARNATION

Es gibt eine wesentliche Frage zum Leben nach dem Tod: Wenn etwas überlebt, was genau ist es? Wissenschaftler haben durch die Untersuchung vergangener Leben nach Antworten gesucht.

Ian Stevenson hat jahrzehntelang Fallstudien über Reinkarnation gesammelt. Vor seinem Tod im Jahr 2007 war Stevenson leitender Psychiater und Vorsitzender der Fakultät für Psychiatrie an der Universität von Virginia. Er leitete Untersuchungen ein, als er von Berichten von Kindern hörte, die sich angeblich an vergangene Leben erinnerten. Stevenson und sein Team wollten offenkundige Fälle der Reinkarnation belegen, wobei sie jeden Fall kritisch untersuchten. Sie verglichen die Aussagen des Kindes genau mit dem biografischen Profil der Person, die vor der Geburt des Kindes gelebt hatte und gestorben war. Da es keine gut kontrollierbaren Laborbedingungen gab, gingen Stevenson und sein Team bei dieser Studie sehr vorsichtig und präzise vor. Die Methoden der Forscher änderten sich von Fall zu Fall. Normalerweise erfuhr Stevenson von einem Kind, das über ein vorheriges Leben berichtete. Er trat dann in Kontakt mit der Familie und dokumentierte die Erzählungen des Kindes so genau und umsichtig wie möglich. Wenn die Person aus dem Vorleben bereits identifiziert worden war, dann konzentrierten sich die Forscher auf das, was das Kind bereits vor der Identifikation erzählt hatte. Mit anderen Worten, sie nahmen die Erzählungen des Kindes auf, bevor seine Familie überhaupt etwas von der verstorbenen Person wusste. Stevenson betrachtete dann die andere Seite des Falls und sprach mit der Familie dieser verstorbenen Person. Mit gewissenhafter Genauigkeit prüfte der Psychiater jede Aussage des Kindes, um die Treffsicherheit festzustellen.

Einige besonders markante Fälle zugunsten der Reinkarnationshypothese hatten mit Geburtsmalen und Geburtsfehlern zu tun. So trugen Kinder bei der Geburt Muttermale am Körper, die den oft tödlichen Wunden der verstorbenen Personen entsprachen. Die Wissenschaftler prüften Obduktionsberichte und interviewten Zeugen, die den Körper damals gesehen hatten. Stevenson veröffentlichte schließlich in einem Buch über 200 der besten Fälle, die auf eine Reinkarnation hinwiesen.[4]

Dr. med. Jim Tucker ist Privatdozent für Psychiatrie und neurologische Verhaltensforschung an der Universität von Virginia. Er führt mit Kollegen die Arbeit von Ian Stevenson an der *UVA School of Medicine's Division of Perceptual Studies* fort. Tucker hatte über neun Jahre eine Privatpraxis als Kinderpsychiater, bevor er Forschungsergebnisse über ein mögliches Überdauern von Bewusstsein nach dem Tod entdeckte und neugierig wurde. Er gab seine Praxis auf, um sich diesem Thema zu widmen. Eine neue Ehe und ein Lebenseinschnitt ließen Tucker offen werden für spirituelle und mediale Phänomene, die die Transformation seines Weltbildes beschleunigten. Er behielt jedoch seinen kritischen Geist. Reinkarnation hatte für ihn nichts mit Glauben zu tun. Nach Tuckers Meinung ist es Aufgabe der Schulmedizin, Leben zu erhalten und zu verbessern. Fachleute in Gesundheitsberufen erforschen die Frage nach dem Jenseits jedoch im Allgemeinen nur widerwillig. An der Universität von Virginia wird Tucker von einem Forscherteam unterstützt, das »sehr sorgfältig, methodisch und durchdacht dieser großen Frage, die uns alle beschäftigt, nachgeht«. Diese Forschungen haben Tucker überzeugt, dass es mehr als nur ein physisches Universum gibt. Die Auseinandersetzung mit der Reinkarnation kann unser Verständnis der Realität erweitern. Wie andere postmaterialistische Wissenschaftler fasziniert Tucker besonders die Vorstellung vom Weiterbestehen des Bewusstseins nach dem Tod. Zum Thema Reinkarnation liefern die Fallstudien den Beweis, dass die Identität den Tod des Körpers überleben kann. Dazu erklärte mir Tucker:

»Dieses Bewusstsein kommt mir wie eine getrennte Wesenheit vor. Es kann sogar die ursprüngliche Wesenheit sein, aus der die physische Welt entstanden ist. Das wirft natürlich alle möglichen Fragen auf, einschließlich der Frage nach dem Entstehungsort von Bewusstsein in jedem von uns. Entsteht es im Gehirn oder ist das Gehirn nur ein Kanal für das Bewusstsein, damit es weiter bestehen kann, wenn Gehirn und Körper tot sind?«

Nachdem er die Daten über die Reinkarnation ausgewertet hatte, stellte er die Beweiskraft der von Stevenson und seinem Team gesammelten 2500 Fälle fest. Die eindeutigsten dieser Fälle sind wissenschaftlich nicht leicht zu erklären. Tucker beschreibt zwei Fallstudien aus seinem Datenmaterial in den USA.

»In der ersten Fallstudie geht es um einen kleinen Jungen namens Sam Taylor, der 18 Monate nach dem Tod seines Großvaters zur Welt kam. Im Alter von eineinhalb Jahren, als sein Vater ihm gerade die Windeln wechselte, schaute der Kleine ihn an und meinte: ›Als ich in deinem Alter war, habe ich dir die Windeln gewechselt.‹ Seine Eltern waren fassungslos. Sie haben nie an die Wiedergeburt geglaubt. Seine Mutter war die Tochter eines Baptistenpastors. Der Kleine sprach jedoch öfter davon: ›Ich war der Opa und ich war schon mal groß.‹ Seine Eltern wurden nun langsam neugierig, und er beantwortete die Fragen seiner Mutter mit erstaunlichen Details. Er sagte, dass die Schwester des Großvaters ermordet worden sei. Das war tatsächlich etwa 60 Jahre zuvor geschehen. Seine Eltern waren sicher, dass er das nicht hätte wissen können. Der Kleine sprach auch von seiner Ehefrau im vergangenen Leben, die im jetzigen Leben seine Großmutter war … Sie bereitete ihm damals gegen Ende seines Lebens immer Milkshakes zu. Und zwar mit einer Küchenmaschine anstatt mit einem Mixer. Er wusste also ziemlich viele Details.

Seine Großmutter war gestorben, als er viereinhalb Jahre alt war. Sein Vater nahm damals ein paar Erinnerungsstücke und alte Familienfotos an sich. Sams Eltern hatten vorher keine Fotos von der Familie des Vaters besessen. Eines Abends breitete Sams Mutter die Fotos auf dem Esstisch aus. Sam kam dazu und zeigte auf Fotos mit seinem Großvater: ›Das bin ich, und das bin ich.‹ Es gab auch ein Foto vom ersten Auto des Großvaters. Darin saß niemand, aber Sam sagte ganz aufgeregt: ›Hey, das ist mein Auto!‹ Um Sam zu testen, zeigte ihm seine Mutter ein Klassenfoto aus der Grundschule und forderte ihn auf, zu zeigen, wo er war. Er strich mit seinem Fin-

ger über die einzelnen Gesichter und hielt an dem seines Großvaters an: ›Das bin ich.‹
Das nennen wir Wiedererkennung, da Sam seinen Großvater auf dem Gruppenfoto erkannt hatte. Wir bezeichnen diese Fälle auch als ein ›Fall innerhalb der Familie‹, in dem sich ein Kind an das Leben eines Mitgliedes seiner Familie erinnert. Diese Fälle haben eine innewohnende Schwachstelle, denn man fragt sich, ob das Kind diese Information vielleicht auch auf normale Weise aufgeschnappt haben könnte. Aber die Kinder liefern Details, von denen die Eltern sicher sind, dass sie diese nie erwähnt haben. In Verbindung mit dem Wiedererkennungseffekt wirkt der Fall dann überzeugender.«

Die zweite Fallstudie haben Tucker und Stevenson zusammen erforscht. Sie liefert ein Beispiel für den biologischen Beweis des Reinkarnationsgedankens. Solche biologischen Marker sind vielleicht die überzeugendsten Daten, die die Reinkarnationshypothese unterstützen, da sie sich auf das Physische beziehen.

»Patrick wurde mit drei Muttermalen geboren, die Läsionen seines verstorbenen Halbbruders Kevin entsprachen. Kevin hatte im Alter von eineinhalb Jahren angefangen zu humpeln, war schließlich gestürzt und hatte einen pathologischen Beinbruch erlitten. Daraufhin war er genauer untersucht worden, und bei einer Biopsie hatte man einen Tumor oberhalb seines rechten Ohres festgestellt, der sich als Krebsmetastasen entpuppte. Ein Auge war gequetscht und geschwollen gewesen. Man hatte ihn mit einer intravenösen Chemotherapie behandelt, die an der rechten Seite seines Halses gelegt worden war. Gelegentlich hatte sich die Stelle entzündet, aber im Grunde hatte er die Behandlung recht gut vertragen.
Er war nach Hause entlassen worden, aber der Krebs war sechs Monate später zurückgekommen. Seine Mutter erzählte,

dass er auf dem linken Auge bereits fast blind gewesen war und Blutungen gehabt hatte, da sich der Krebs in seinem Knochenmark ausgebreitet hatte. Er war einen Tag lang bestrahlt und danach wieder nach Hause entlassen worden. Einige Tage später war er gestorben. Der Verlust traf seine Mutter tief. Schließlich trennten sich Kevins Eltern. Sie heiratete wieder und bekam ein Mädchen und einen Jungen. Zwölf Jahre nach Kevins Tod bekam sie ihren dritten Sohn, Patrick. Die Mutter stellte bald Ähnlichkeiten zwischen Kevin und Patrick fest. Patricks linkes Auge hatte eine starke Hornhauttrübung. Er war praktisch auf demselben Auge blind wie Kevin damals. Er hatte ein Knötchen über seinem rechten Ohr, das mit der Biopsie von Kevin übereinstimmte. Er hatte auch ein Mal an der Stelle am Hals, wo Kevin damals die intravenöse Chemotherapie erhalten hatte. Es sah wie ein kleiner Schnitt aus, eine kleine schräge Linie. Als er mit dem Laufen begann, fing er an zu humpeln, mit dem gleichen Bein wie Kevin. Es gab jedoch keinen offensichtlichen medizinischen Grund dafür. Als er älter wurde und sprechen lernte, erzählte er einige Dinge aus Kevins Leben und beschrieb sogar das Haus, in dem Kevin und seine Mutter in der Zeit gelebt hatten.

Wir erhielten Einblick in die Krankenakten und konnten verschiedene Dinge, die uns die Mutter über Kevin erzählte, sammeln. Dazu gehörte auch eine handschriftliche Notiz, aus der hervorging, dass das Mal an seinem Hals auf der gleichen Seite wie Patricks Muttermal war ... Die Vorstellung, dass sie Kevin auf gewisse Weise wieder zurück hatte, war ein kleiner Trost für die Mutter. Das bedeutet nun nicht, dass der Fall damit abgehakt werden konnte. Sie war sicherlich glücklich, aber es gab ja noch mehr Aspekte, die überprüft werden mussten.«

Viele materialistisch gesinnte Wissenschaftler begegnen solchen Daten immer noch mit tiefer Skepsis. Das Datenmaterial passt nicht in das materialistische Modell. Diejenigen, die den Forschungsergebnissen zu einem Leben nach dem Tod kritisch gegenüberstehen, verwenden Begriffe wie *Anekdote*, *Zufall* oder sogar *Täuschung*. Wie Tucker bemerkte, gibt es durchaus alternative Erklärungen für diese Fallstudien. Zunächst wurde behauptet, dass es hier einfach um Zufälle ohne wissenschaftliche Bedeutung ginge. Viele Menschen hätten gelebt und seien dann gestorben, also würden einige Details rein zufällig zutreffen. Tucker erklärt Folgendes:

»Einige Menschen kritisieren die Arbeit und verwerfen sie vorschnell mit der Aussage, es gäbe keine Reinkarnation, also habe diese Arbeit auch keine Bedeutung. Das ist jedoch keine sonderlich wissenschaftliche Vorgehensweise – vielleicht kommt sie eher aus dem Szientismus (eine naturwissenschaftliche Methode, die alle sinnvollen Fragen beantworten will, die Aussagen aus dem Bereich Religion und Metaphysik jedoch als sinnlos betrachtet, da nicht existent – Anm. d. Ü.). Es ist jedenfalls keine wissenschaftliche Einstellung, wenn die eigenen Glaubensüberzeugungen das Beweismaterial beeinträchtigen, wo es doch natürlich genau umgekehrt sein sollte.«

Zur Art des Beweismaterials fasst Tucker Folgendes zusammen:

»Nach 50 Jahren Forschungsarbeit haben wir jetzt 2500 Fallstudien von kleinen Kindern zusammengetragen, die von ihren Erinnerungen an vergangene Leben berichteten. Einige davon fanden an Orten statt, wo Menschen an die Reinkarnation glauben, andere an Orten in den USA, in denen allgemein nicht an die Reinkarnation geglaubt wird. Bei mehreren 100 Fällen stimmten Muttermale oder Geburtsfehler mit Verletzungen am Körper der Person des Vorlebens überein. Es gab auch schriftliche Aufzeichnungen, die genau mit dem übereinstimmten, was das Kind über das Vorleben erzählt hatte. Das konnten wir mit der Person des Vorlebens vergleichen, die identifiziert wurde. Wenn man alle diese Fälle zusammenfasst, dann bleibt der aussagekräftige Nachweis, dass es keine normale Erklärung gibt. Man kann diese Fälle nicht einfach ignorieren.«

Woher wissen wir, was wir wissen? Wie viel Datenmaterial brauchen wir, um unsere Weltsicht zu verändern? Für den klinischen Psychologen Rick Hanson, wie auch für Tucker, gibt es genügend überzeugende Beispiele der Reinkarnation:

>»Auch wenn wir 99 Prozent aller Einzelfälle negieren, in denen Menschen von Reinkarnation berichteten – einschließlich der Berichte von Nahtoderfahrungen, Begegnungen mit Wesenheiten oder sonstigen Einflüssen oder sogar von Kontakt mit schon lang verstorbenen Persönlichkeiten –, bleibt aus mathematischer Sicht der Beweis der Existenz bestehen: Man braucht nur einen einzigen Beweis dafür. Es reicht ein Fall. Ich kann mir schlecht vorstellen, dass jeder einzelne Bericht verworfen werden kann. All diese Untersuchungen lassen in mir das Gefühl aufkommen, dass nach dem Tod des physischen Körpers doch irgendein anderer Prozess stattfindet.«

EIN PAAR ABSCHLIESSENDE GEDANKEN

Ein Leben nach dem Tod nachzuweisen ist eine spannende Erfahrung. In diesem Kapitel haben wir gesehen, wie die Wissenschaft an diese Fragen herangeht. Das Erforschen des Lebens nach dem Tod befindet sich zwar noch in den Kinderschuhen, aber es entstehen bereits neue

Erklärungsmodelle. Vielleicht ist die Trennlinie zwischen Wissenschaft und Glaube noch nicht so klar wie allgemein vermutet wird. Die klare Grenze zwischen Geist und Materie löst sich allmählich auf und eine neue, beweglichere Struktur kommt zum Vorschein, die die Grenzen zwischen physischen und metaphysischen Annahmen verschwimmen lässt.

Ob das Datenmaterial über Nahtoderfahrungen ein Überleben des Bewusstseins nach dem physischen Tod beweist oder nicht, so können diese Erfahrungen auf jeden Fall lebensverändernde Entscheidungen nach sich ziehen. Sie sind wie ein Katalysator für die Transformation des Weltbildes. Wie William James einst sagte, beinhalten diese noetischen Erfahrungen eine gewisse Autorität über die Natur des Lebens und was danach kommt. Für die Wissenschaftler Arnaud Delorme, Peter Fenwick und Daryl J. Bem ist die Wissenschaft eine transformative Praxis, durch die sie das, was wahr ist, besser begreifen können. Jedoch gäbe es keine absoluten Wahrheitsansprüche, das liege in der Natur der Wissenschaft, erklärte Bem. Ein Großteil unseres Wissens basiert auf unseren Vermutungen und unmittelbaren persönlichen Erfahrungen. Im folgenden Kapitel werden wir uns mit verschiedenen Praktiken zur Entwicklung eines Todesbewusstseins auseinandersetzen, um unser Verhältnis zum Tod transformieren zu können.

ÜBUNG
Gegenüberstellung von subjektivem und objektivem Wissen

Nehmen Sie sich einen Augenblick Zeit, um in Ihre Mitte zu kommen und sich zu entspannen. Betrachten Sie Ihre Weltsicht und Ihre Glaubenssätze über den Tod und das Jenseits. Woher nehmen Sie Ihr Wissen? Wie bewerten Sie den Nachweis eines

Jenseits, wie sind Sie dazu gekommen? Wie bilden Sie sich Ihre Meinung und wie entstehen Ihre Glaubensüberzeugungen? Bis zu welchem Maß basieren sie auf Ihren direkten noetischen Erlebnissen? Welche Rolle spielt die Wissenschaft mit ihrem Fokus auf objektives Wissen bei der Bildung Ihrer persönlichen Weltsicht?

Zeichnen Sie nun in Ihr Tagebuch einen großen Kreis über das ganze Blatt. Machen Sie daraus ein Tortendiagramm und stellen Sie proportional dar, wie Ihrer Meinung nach Ihre Weltsicht geprägt wird. Wenn Sie mit Bleistift malen, können Sie die Proportionen leicht wieder verändern. Anschließend nehmen Sie sich noch zehn Minuten Zeit, um über Ihre Empfindungen zu schreiben: Wie haben das subjektive und das objektive Wissen Ihre Weltsicht beeinflusst?

6. KAPITEL:
ÜBER DAS STERBEN: DEM
TOD WÜRDEVOLL BEGEGNEN

Man bewältigt die Todesstunde vielleicht besser,
wenn man mit dem Bewusstsein verbunden
ist – auch wenn das Bewusstsein in seiner gegenwärtigen Form nicht überlebt.
Cassandra Vieten

Es gibt viele Beispiele von Menschen, die Bewusstsein und Willens-
kraft in ihrem Sterbeprozess entwickeln. Satish Kumar hat den vor-
sätzlichen Tod seiner Mutter miterlebt und konnte dadurch sein Verständnis zum Thema Tod erweitern. Als seine Mutter, die in Indien
gelebt hat, 80 Jahre alt geworden war, hatte sie entschieden, dass die
Zeit für ihren Übergang gekommen war. Sie teilte ihrer Familie Folgendes mit: »Mein Körper ist jetzt schwach und gebrechlich, ich sehe
nicht mehr richtig, ich kann nicht mehr richtig kochen, ich kann keine Gartenarbeit mehr machen, ich kann nicht mehr richtig laufen. Ich
will ein neues Leben.«

Ihr Glaube an die Reinkarnation hatte der alten Dame die Kraft
für diesen Schritt gegeben. Sie verabschiedete sich also von ihren Kindern und von der übrigen Familie, weil sie der Meinung war, es sei
Zeit für ihre Transformation. Sie entschloss sich, bis zu ihrem Tod zu
fasten, und begann damit am folgenden Tag. Sie war bereit für einen

neuen Körper und wollte den Prozess einleiten. Als sich die Nachricht verbreitete, kamen viele Menschen zu Besuch und sangen Lieder und Mantren.

»Ihr Leben wurde zelebriert – so war die Stimmung«, erzählte mir Kumar. »Und sie hat tatsächlich 35 Tage lang gefastet. Können Sie sich das vorstellen? Die Feier dauerte auch 35 Tage! Sie hatte keine Angst, weil sie sich dessen bewusst war, dass nur der Körper seine Form verändert. Die Lebenskraft fließt ununterbrochen, sie entwickelt und entfaltet sich. Sie stirbt nie.«

Dieses Erlebnis zeigte Kumar, dass das Sterben zu Hause stattfinden sollte, im Beisein der geliebten Verwandten und Freunde. »Der Staat, die Gemeinde, die Familie sollten das Sterben im Kreis der Familie ermöglichen«, erklärte er. Er erzählte von einem weiteren Familienmitglied, nämlich seiner Schwiegermutter, die im Alter von 94 Jahren gestorben war. Auch ihr Tod war eine sehr kraftvolle und transformierende Erfahrung – ein Geschenk für seine gesamte Familie.

»Als sie krank wurde, waren alle bei ihr zu Hause – ihre Töchter, ihre Enkel und ein Urenkel. Eines Abends sagte sie: ›Ich habe etwas Durst.‹ Meine Tochter brachte ihr ein Glas Wasser. Meine Schwiegermutter konnte sich jedoch nicht im Bett aufrichten, also hielt mein Sohn sie in seinen Armen zur Unterstützung. Sie versuchte zu trinken, es ging jedoch nicht mehr. So starb sie in den Armen ihrer Enkel – die beste Art zu sterben. Die westlichen Staaten brauchen ein neues Bewusstsein: Alte Menschen sollten in Würde und Liebe sterben können. Sie sollten in den Armen ihrer Kinder, Enkel, Urenkel oder Freunde sterben dürfen. Das einsame Sterben im Krankenhaus ist nicht gut. Gerade die USA als ein reiches und fortschrittliches Land sollte den Menschen ein würdevolles Sterben ermöglichen. Wenn nicht Amerika, wer dann? Eine neue Bewusstseinskultur für ein Sterben in Würde ist erforderlich.«

DAS IDEAL EINES WÜRDEVOLLEN TODES

Die westliche Gesellschaft hat den Verlauf, der zum Tod führt, definiert und festgelegt. Wir wissen, dass das Herz oder die Nieren versagen. Der veränderte geistige Zustand der Sterbenden, die Verschiebung des Bewusstseins oder der Aufmerksamkeit wird jedoch meistens kaum beachtet.

Wie Janet Quinn, Krankenschwester, Erzieherin und Lehrerin, erklärte:»Es gibt sieben Milliarden Menschen auf der Erde, also gibt es auch sieben Milliarden Arten zu sterben.« Jedoch wird die Praxis des Sterbens durch bestimmte Formen und Strukturen geprägt. Die Vorstellung von einem guten Tod hat ihre Wurzeln in verschiedenen spirituellen Traditionen. Sie wird zu einem Hindernis, wenn die Menschen das Gefühl bekommen, dass sie nicht in der richtigen Weise sterben. Einen guten Tod zu sterben bedeutet für jeden etwas anderes. Wo und wie wir sterben, ist für viele von uns sehr wichtig. Dazu gehören auch eine angemessene Schmerzkontrolle und die körperliche Pflege. Zum Sterbeprozess kommen auch noch die soziale und spirituelle Betreuung hinzu.

Viele Traditionen enthalten die Aussage, dass unser Wille und die Auseinandersetzung mit dem Tod uns dabei helfen, einen leichteren Übergang vom Leben zum Tod zu finden. Wenn wir die Art und Weise, wie wir sterben wollen, festlegen und die transformative Kraft des Todes wahrnehmen, gewinnen wir dadurch eine Art persönliche Kontrolle zurück in einer Gesellschaft, die kaum noch über eine Sterbekultur verfügt.

Der Sterbeprozess kann eine Phase der Versöhnung sein, wenn er langsam anstatt plötzlich vonstattengeht. Der Sterbende spürt keine Schuld oder Reue mehr, und Dissonanzen können innerhalb der Familie aufgelöst werden. Sterbeerfahrungen bewusst zu erleben sind für die Zurückgebliebenen genauso tröstlich wie für den Sterbenden. Den Tod als einen natürlichen Teil des Lebens zu verstehen löst das Stigma und das Gefühl des Versagens auf und verringert Angst und Leid.

Als Mitglied der Pfarrgemeinde begleitet Lauren Artress Menschen in den letzten Stunden ihres Lebens. Pfarrer und Sterbende sprechen normalerweise nicht über die Vorstellung von einem würdevollen Sterben, auch wenn es Teil der christlichen Tradition ist. Artress beschrieb ihre Erlebnisse als Pfarrerin der *Grace Cathedral* während des Höhepunktes der Aids-Epidemie in den späten 80er-Jahren. Sie sprach mit mir darüber, was es bedeutet, einen würdevollen Tod zu sterben:

»In unserer Kirchengemeinde starben einmal 91 Menschen in einem Jahr. Einen guten Tod zu erleben oder einen guten Tod zu sterben (man könnte es so oder so sagen), bedeutet im Grunde, dass sich der Sterbende dem Übergang stellt und sich ihm so umfassend und bewusst wie möglich hingibt. Die Qualität eines würdevollen Todes liegt darin, dass die Begleitperson, die den Sterbenden in dieser Übergangsphase unterstützt, den Prozess wie ein Geschenk empfindet. Als ob es eine Art Erwachen oder Aufklärung ist oder eine einzigartige spirituelle Erfahrung. Beim Abschied erhält man eben ein Geschenk.«

Der Arzt und Krebspatient Lee Lipsenthal sprach mit mir über seine Empfindungen und Erfahrungen angesichts der letzten Tage seines Lebens:

»Ich persönlich möchte, dass meine Familie sieht, wie ich in Würde sterbe. Ich meine das nicht als Aufgabe. Einfach nur in der Hinsicht, dass ich ich selbst bleibe, während ich sterbe; die Essenz meines Ichs verliere ich ja nicht, auch wenn sich mein Körper verändert und er abbaut.«

Letztendlich erreichte er sein Ziel. Seine geliebten Menschen waren alle um ihn versammelt, als er sanft hinüberglitt.

DER ZEITPUNKT DES TODES

Aus verschiedenen soziologischen Studien geht hervor, dass der Zeitpunkt des Sterbens ganz unterschiedlich sein kann. Beispielsweise sterben Erwachsene anscheinend eher am ersten Weihnachtsfeiertag, am Tag danach oder auch am Neujahrstag. Diese Tage scheinen besser als alle anderen im Jahr geeignet zu sein. Nach Angaben des *Center for Disease Control* trifft dies auf Menschen zu, die an den gängigen Krankheiten leiden: Durchblutungsstörungen, Atemwegserkrankungen, endokrine Probleme, Stoffwechselstörungen, Diabetes und Krebs. Es trifft auch auf diejenigen zu, die eines natürlichen (Alters-) Todes sterben. Interessanterweise gelten diese Tage nicht für Menschen, die sich das Leben genommen haben.[1]

Auch der Montag ist ein häufiger Todestag. Ein Team schottischer Wissenschaftler stellte fest, dass Menschen mit Herzleiden vermehrt am ersten Tag der Woche sterben. Bis heute lässt sich dieses Phänomen nicht eindeutig erklären. Sicherlich spielen Lebensstil und kulturelle Faktoren eine Rolle; zu viel Alkohol, der Widerwille angesichts des Büroalltags am Anfang der Woche und Stress wirken sich auf unser körperliches Wohlbefinden aus.[2] Diese Todesursachen belegen die Verbindung zwischen Körper, Geist und sozialen Strukturen.

Es gibt jedoch noch andere Faktoren, die den Todeszeitpunkt beeinflussen. Wie im Fall von Kumars Mutter ist der Tod auch eine Frage der eigenen Absicht. Fenwick berichtet aus seinen Studien über Nahtoderlebnisse:

»Einige Menschen berichteten über das Erscheinen von Besuchern an ihrem Sterbebett, die sie auf eine Reise mitnehmen wollten. Den Sterbenden war es möglich, einen kleinen Aufschub auszuhandeln, weil sie sich noch von jemandem verabschieden wollten, der gerade auf dem Weg zu ihnen war. Anscheinend kann man also noch ein paar Tage herausholen, wenn man einen triftigen Grund hat.«

VORBEREITUNG AUF DEN TOD

Viele religiöse und spirituelle Traditionen bieten Praktiken an, um Menschen auf ihren Übergang vorzubereiten und ihnen dabei zu helfen, ihre Angst vor dem Tod zu transformieren. Im Folgenden drei Beispiele dieser transformativen Praktiken.

Den Tod visualisieren

Im Sufismus gibt es die *Malamati*-Tradition. Man visualisiert den eigenen Tod, konzentriert sich auf das konkrete Sterben und auf die Möglichkeit, in dieser Sterbephase des Übergangs zu erwachen. Diese Praxis lernte ich von dem in der Türkei lebenden Imam Metin Bobaroğlu kennen. Mithilfe eines Dolmetschers erklärte er Folgendes:

»Wir glauben, dass wir hier auf die Erde gekommen sind, um den Tod als solches zu erfahren, um uns darauf vorzubereiten … Ich möchte die Praktiken der alten Ägypter, die wir auch ausüben, beschreiben. Es sind sehr komplizierte Praktiken, aber ich werde mich um Einfachheit bemühen.

Man unterscheidet vier verschiedene Stufen. Die Schüler sollten einige Erfahrungen darin gemacht haben. Sie müssen sich in ein Grab legen, um dem Tod nachzuspüren. Nach dieser Erfahrung werden sie aus dem Zustand wieder geweckt. Das ist ein Ritual. Man findet es in vielen Sufi-Traditionen. Wenn wir dieses Ritual nicht machen, dürfen wir uns nicht Sufis nennen. Ein Sufi ist jemand, der stirbt, bevor er wirklich stirbt …

Unsere Meister bereiten uns auf diesen Zustand vor. Nach dieser Erfahrung werden wir geweckt und sind bereit, zu dienen. Gemäß dieser Tradition können sich Menschen dem Dienst am anderen nur dann widmen, wenn sie das Ritual des Sterbens vor dem natürlichen Tod absolviert haben. Diese Erfahrung ist Voraussetzung dafür, ein Meister zu werden.«

Die Todesvorbereitung der Sufis ist eine transformative Praxis, die die fünf Elemente des Weltbild-Transformationsmodells umfasst (siehe Kapitel eins). Sie wollen die Angst vor dem Tod überwinden. Gefühle, die im Unterbewusstsein lauern, kommen ans Tageslicht und lenken den Fokus auf das Erwachen, das in der Todesstunde stattfindet. Man beschäftigt sich mit den sich wiederholenden Praktiken, wodurch man in ein neues Verständnis des Todes hineinwächst, basierend auf der Weisheit und den Methoden des Sufismus. Auf diesem Weg der Meisterschaft sind die Derwische oder Praktizierenden dazu aufgerufen, einer größeren Gemeinschaft zu dienen im Geist der Liebe, die den Weg des Sufismus ausmacht. Wie es die Terror-Management-Theorie nahelegt, hilft die Überwindung der Todesangst in einer unterstützenden Gemeinschaft von Mitpraktizierenden, die das Selbstwertgefühl positiv aufbauen, den Menschen von seiner existenziellen Angst – wie es Ernest Becker nennt – zu heilen.

Bobaroğlu berichtete von seiner eigenen Erfahrung in Bezug auf die Erwartung des Todes. Er beschreibt die Praxis des Todesbewusstseins, die auf der Sufi-Tradition *Naqshbandi* basiert. Diese beinhaltet bestimmte Prinzipien. Grundlage dieser Praxis ist das Vorstellungsvermögen, um eine Verbindung mit dem Tod herzustellen. Praktizierende üben sich auch im Fasten und in der Wiederholung von Gottesnamen. Nach diesen Übungen binden sie sich ein Kopftuch um, das einen Schleier repräsentieren soll.

»Die Praktizierenden stellen sich vor, dass sie tot sind und in einem Grab liegen und dass ihr Körper vor der Beerdigung gewaschen wurde. Sie sehen den Ablauf der Beerdigung. Ihr Tod ist manifest, und die anderen Menschen nehmen ihn wahr. Der Derwisch sollte sich in dieser Vorstellung seines eigenen Todes üben.

Wenn der Mensch stirbt, existiert er weiterhin in Form eines Lichtkörpers. Wenn wir unseren Körper verlassen, leben wir weiterhin in einem Traumzustand. Das ist das Zwischenreich, genannt Purgatorium oder auch Fegefeuer. Der Prophet Mohammed sagt: ›Dieser Schlaf ist ein Beispiel für den Tod. Der Traum ist ein Beispiel für das Leben nach dem Tod.‹ Der entscheidende Punkt unserer Tradition ist der, die Liebe zu erfahren, die göttliche Liebe. Zunächst kommen wir mit einer Grundangst zur Welt, wenn wir mit unserem Körper aus dem Mutterleib geboren werden. Diese Grundangst hängt mit dem Tod zusammen. Geboren zu werden ist für die Seele ein großes Trauma ... Deshalb steht der Körper in unserer Tradition für das Gefängnis. Wir warten auf die Erfahrung, wieder aus diesem Gefängnis befreit zu werden. Sterben ist die Erfahrung einer Wiedergeburt. Zu sterben bedeutet Freiheit. Die Erfahrung des Todes ist etwas sehr Reales und allen Traditionen gemein. Von ihrer Essenz her sind alle Traditionen und Religionen gleich. Wenn wir diese Essenz verstehen, dann können wir auch in Frieden miteinander leben.«

Geistiger Probedurchlauf

Der Indianer Tony Redhouse hat eigene Übungen zur Vorbereitung auf den Tod entwickelt, die traditionelle und noetische Formen der Begleitung miteinander kombinieren. Er übt das Sterben geistig, um damit seine Angst vor dem Tod zu transformieren. Durch wiederholte Visualisierungen versucht er sich auf die Aspekte seines Lebens zu konzentrieren, die er bislang ignoriert hat.

»Ich lerne dabei Folgendes: Im Hospizbett betrachte ich mein Leben und erkenne eine gewisse Dynamik darin. Man hat mehr als genug Zeit, sein gesamtes Leben Revue passieren zu lassen, sich alles anzuschauen, was man geschaffen hat, sich zu fragen, ob man sich selbst treu geblieben ist oder sein Leben nur nach den Erwartungen anderer gelebt hat.

Man kommt unweigerlich an diesen Punkt und blickt zurück und spürt vielleicht eine gewisse Reue. Wenn ich mich jetzt in einem Hospizbett visualisiere und mich frage, was ich wirklich in diesem Moment in meinem Leben erreichen will, welchen Traum ich jetzt verwirklichen will, dann habe ich auch die Fähigkeit, die Leidenschaft und die Kraft, es zu tun. Ich habe die Energie dafür und kann es gleich umsetzen und brauche nicht zu warten, bis ich in einem Hospizbett liege und feststellen muss: Eigentlich habe ich nie das getan, was ich wirklich tun wollte.«

Das Anwenden der fünf Qualitäten – Absicht, Aufmerksamkeit, Wiederholung, Führung und Annahme – aus dem Weltbild-Transformationsmodell (siehe Kapitel eins) verwandelt den geistigen Probedurchlauf von Redhouse in eine transformative Praxis.

Gedanken und Emotionen bewusst wahrnehmen

Cassandra Vieten ist klinische Psychologin, Vorsitzende und Geschäftsführerin des *Institute of Noetic Sciences*. Sie erklärte mir, man könne die Angst vor dem Tod überwinden, indem man seine Gedanken und Gefühle beobachte.

»Es gibt die Gedanken, die immer durch unseren Kopf gehen, wie Zugwaggons, die miteinander verbunden sind. Sie tuckern einfach die ganze Zeit durch unseren Verstand ...
Manchmal spürt man Schmerz, Spannung, Lust oder noch viele andere Körperempfindungen. Aber sie sind immer nur vorübergehend, immer im Fluss.
Dann gibt es die Welt der Emotionen ... Gefühle wie Wut, Glück, Trauer, Freude und Stimmungen wie Unruhe oder Belastung. Sie sind alle wie die Wetterschwankungen in der Atmosphäre. Manchmal entwickeln sich Hurrikans und Tornados, Stürme mit Blitz und Donner, die alle sehr intensiv

sind. Manchmal ist der Himmel jedoch ziemlich klar, und man hat nur subtile Emotionen, Gefühle und Gedanken. Manchmal verhängen die Wolken den Himmel tagelang, genau wie bei einer Stimmung. Aber letztendlich ist der Himmel wie das Bewusstsein, das alle diese Emotionen enthält … Wenn ich dieses Bewusstsein des Himmels erlebe, oder besser gesagt das Bewusstsein, das sich all der vorübergehenden und veränderbaren Inhalte der Erfahrungen bewusst ist, dann entsteht beinahe eine Zeitlosigkeit. Und ich stelle mir die Frage, ob dieses Bewusstsein etwas ist, das überlebt. Die Übung besteht darin, mit dem Bewusstsein verbunden zu sein, im Gegensatz zur Verbundenheit mit den Inhalten. Auch wenn das Bewusstsein nicht in seiner gegenwärtigen Form weiter besteht, hilft diese Einstellung, um mit den Erlebnissen in der Todesstunde besser umgehen zu können.«

Mit Meditations- und Kontemplationsmethoden, die aus verschiedenen Traditionen bekannt sind, entwickeln wir die Fähigkeit, unsere Gedanken und Gefühle zu beobachten, so wie es Vieten beschrieben hat. Diese Praktiken helfen uns, mit Ängsten und anderen Empfindungen über den Tod umzugehen. Durch achtsames Wiederholen bilden sich neue Gewohnheiten aus. Achtsamkeit wird so zu einer transformativen Praxis, die eine positive Einstellung zum Bewusstsein des Todes fördert.

EIN PAAR ABSCHLIESSENDE GEDANKEN

In diesem Kapitel haben wir Fälle einer guten Vorbereitung auf den Tod untersucht, mit der die Angst transformiert werden kann. Solche transformativen Praktiken umfassen in gewisser Weise die fünf Elemente des Weltbild-Transformationsmodells, wie in Kapitel eins beschrieben. Jede Praxis zur Todesvorbereitung kann transformativ wirken, wenn wir die Absicht entwickeln, unsere Todesangst in Lebensimpulse umzuwandeln und Aufmerksamkeit für unsere Lebensführung entwickeln. Durch die Wiederholung hilfreicher Praktiken wie Visualisierung und Achtsamkeit entwickeln wir neue Gewohnheiten und neue Wege, um unsere Gedanken und Gefühle zu wandeln. Uns führen zu lassen durch anerkannte Lehrer, alte Traditionen und noetische Erkenntnisse hilft uns dabei, die Praktiken im täglichen Handeln umzusetzen. Somit können wir den Tod als einen natürlichen Teil des Lebens sowohl annehmen als auch anerkennen.

ÜBUNG
Annahme und Mitgefühl für sich selbst

Setzen Sie sich still hin und beobachten Sie Ihren Atem. Denken Sie dabei über den Tod nach, entweder Ihren eigenen oder den einer anderen Person. Vielleicht sehen Sie sich selbst mit einer lebensbedrohlichen Krankheit oder Sie sehen sich, wie Sie sich um einen Sterbenden kümmern.

Atmen Sie in diese Erfahrung hinein. Spüren Sie Ihren Gefühlen im Körper nach. Es ist in Ordnung, Angst zu empfinden. Würdigen Sie das Animalische in Ihnen, das nicht sterben will.

Denken Sie an Ihre Vorfahren, die ums Überleben kämpfen mussten, um ihre Gene weiterzuvererben. Alle, die ihre Gene weitergeben wollten, kämpften ums Überleben. Es ist in Ordnung, dass es diesen Teil, der unbedingt leben will, in uns gibt. Er ruft nach Mitgefühl, nach einem erweiterten Bewusstsein, nach einem inneren Empfinden von Wohlwollen und danach, dass wir liebevoll mit uns selbst umgehen. Genauso wie wir versuchen, anderen Menschen freundlich zu begegnen, sollten wir auch uns selbst gegenüber liebevoll sein.

Versuchen Sie sich zu entspannen und ruhig zu werden und diese alten Verschaltungen im Gehirn zu besänftigen; sie sind tief im Körper verankert und weigern sich zu sterben. Erlauben Sie sich, Angst zu haben und nicht sterben zu wollen und auch nicht den Tod eines anderen Menschen erleben zu wollen. Sie brauchen sich auch nicht dafür zu schämen oder sich vorzuwerfen, dass Sie Ihre spirituellen Praktiken nicht richtig ausgeführt oder das Buch nicht aufmerksam genug gelesen hätten. Nehmen Sie stattdessen mit dem Ein- und Ausatmen Akzeptanz und Mitgefühl wahr und beobachten Sie dabei Ihre Gedanken und Empfindungen.

Spüren Sie das entstehende Selbstvertrauen, wenn Sie Ihre tiefe innere Weisheit annehmen. Beobachten Sie weiter Ihren Atem. Wenn Sie bereit sind, notieren Sie Ihre Gedanken zehn Minuten lang in Ihr Tagebuch.

7. KAPITEL
TRAUER ALS TOR ZUR
TRANSFORMATION

Als Erstes muss man dazu bereit sein, diesen
Weg der Transformation gehen zu wollen.
Zweitens ist viel Demut nötig, um sich von
Vergangenem zu lösen und dem Neuen offen
und unschuldig wie ein Kind entgegenzutreten.
Sich selbst zu wandeln ist harte Arbeit.
Luisah Teish

An einem Wintertag im Jahre 1998 saß ich mit einer großen Gruppe
im Kreis auf dem Teppich eines Studios in Nordkalifornien. Die
Transformationslehrerin Angeles Arrien hatte uns den Raum zur Verfügung gestellt. Anwesend waren religiöse und spirituelle Lehrer aus
den unterschiedlichsten Traditionen. Und eine kleinere Gruppe Wissenschaftler war auch dabei, um die Veranstaltung zu dokumentieren.
Ich hatte die Teilnehmer selbst ausgesucht. Ich wollte von ihnen
lernen, wie man Bewusstsein transformiert. Ich recherchierte gerade
über die Kunst und Wissenschaft der Transformation im täglichen
Leben. Ich wollte mehr über die Auslöser fördernder Lebensverände-
rungen erfahren, wie man diese Veränderungen bewahren kann und
wie sie unser Verständnis von Leben und Sterben beeinflussen. Die
Teilnehmer dieser Veranstaltung haben mich beeindruckt. Viele ka-

men aus der Gegend von San Francisco Bay. Einige neugierige Kollegen waren sogar von weit her angereist, um an dieser Versammlung von Weisheitslehrern und spirituell Suchenden teilzunehmen. Es stellte sich heraus, dass sogar Transformationslehrer sich gelegentlich einsam fühlen. Eine solche Gemeinschaft kann dann sehr heilsam sein. Wir tauschten uns über prägende Erfahrungen unseres Lebens aus. Jeder war gespannt auf die Einsichten und Wahrheiten aus der Lebenserfahrung des anderen. Auch wenn unterschiedliche Weltbilder und entgegengesetzte Ansichten hochkamen, haben wir alle nach gemeinsamen Wegen auf der Grundlage unserer individuellen Lebensgeschichten gesucht.

Als Luisah Teish an der Reihe war, erzählte sie von ihrer Berufung als spirituelle Lehrerin, die eigentlich bereits bei der Zeugung ihres Kindes begann. Ein Kind zu gebären sah sie als tief greifende Erfahrung, als etwas »Ursprüngliches, Archaisches und gleichzeitig vollkommen Natürliches«. Indem sie das Kind in sich trug, widmete sie sich bereits einem Leben, das für sie unsichtbar war; es fühlte sich wie ein großes und gewaltiges Mysterium an. Dann erzählte sie von der Geburt, die 23 Stunden harte Arbeit im Schweiße ihres Angesichts bedeutet hatte, für ein Wesen, das in diese Welt geboren werden wollte. Zwölf Stunden nach der Geburt musste sie miterleben, wie ihr Baby starb. »Ich habe mir oft gedacht: Knapp einen Tag lang hat die Geburt gedauert, einen halben Tag lang das Leben, und dann kam der Tod.«

Der Tod ihres Kindes löste bei Teish eine tiefe Wandlung ihrer Weltsicht aus, die keineswegs einfach vonstattenging. Es war eine sehr schmerzhafte Wandlung, denn zusammen mit dem Baby starb auch etwas in ihr, wie sie erklärte. In diesem Prozess wurde jedoch auch etwas Neues geboren: Sie entschied sich, spirituelle Lehrerin und Begleiterin für andere Menschen zu werden.

»Um diesen Weg ernsthaft zu gehen, muss man sich zunächst zu dieser Arbeit verpflichten. Dann muss man demütig alles loslassen, was einem in der Vergangenheit gedient hat. Man muss bereit sein, auf die Botschaft des Göttlichen zu hören, Zeit in der Natur zu verbringen, sich zu öffnen und unschuldig das anzunehmen, was auf einen zukommt. Es erfordert viel harte Arbeit, sich selbst zu wandeln«, sagte sie lachend.

WIE MAN SICH IM TRAUERN ÜBT

Wie Teish haben viele von uns an irgendeinem Punkt im Leben einen lieben Menschen verloren. Einer meiner Praktikanten, ein 22-jähriger Student, sagte einmal:»Ich glaube, ich bin bisher auf mehr Beerdigungen als Hochzeiten gewesen.« Während wir älter werden, verlieren wir immer mehr geliebte Menschen. Wenn eine uns nahestehende Person stirbt, überwältigen uns möglicherweise unzählige Gefühle, die an den Grundfesten unserer Weltanschauung rütteln. Wir spüren den Verlust in unserem Körper, unserem Geist und unserer Seele. Bestimmte Ereignisse oder Jahreszeiten erinnern uns an den Menschen, der gegangen ist. Je nach Weltsicht freuen sich Menschen aber auch bei der Vorstellung, dass die geliebte verstorbene Person ein großes Abenteuer antritt. Sie stellen sich ihr eigenes Erleben des Jenseits genauso vor.

Das Weltbild-Transformationsmodell betont die Bedeutung von transformativen Übungen, um ein intensives und erfülltes Leben zu führen. Diese Übungen können eine formale Meditationspraxis, aber auch achtsame Gartenarbeit oder einen Spaziergang in der Natur umfassen. Wie wir bereits besprochen haben, gehören Absicht, Aufmerksamkeit, Wiederholung, Führung und Annahme zur transformativen Praxis. Diese fünf Qualitäten lassen sich also auch auf die Trauer anwenden.

Als Erstes können wir die Absicht formulieren, durch unseren Schmerz oder Verlust lernen und wachsen zu wollen. Wir können unsere Aufmerksamkeit auf unser inneres noetisches Erleben verlagern und versuchen, mit unseren Lieben im Herzen und im Geist verbunden zu bleiben. Wenn wir unsere transformativen Praktiken systematisch und wiederholt ausüben, entwickeln wir neue Gewohnheiten oder Reaktionen auf unsere Ängste und Trauergefühle. Wir entdecken unsere angeborene Resilienz, um Trauer zu überwinden. Wir lernen, unseren instinktiven Überlebensstrategien zu vertrauen – und der Fähigkeit, uns durch unser Trauerbewusstsein zu entwickeln. Wie Teish bemerkte, ist die eigene Transformation harte Arbeit, aber letztendlich ist sie es wert. Im Endeffekt akzeptieren wir das Leben so, wie es nun einmal ist. Transformation bedeutet nicht, die äußere Welt zu verändern, auch wenn das Teil des Modells ist. Es geht in erster Linie darum, unsere Reaktionen auf die auftauchenden Herausforderungen des Lebens zu verändern.

TRAUERPHASEN

Es gibt verschiedene Modelle zu Trauerphasen. Elisabeth Kübler-Ross hat in ihrem Klassiker, *Interviews mit Sterbenden,* fünf Trauerphasen herausgearbeitet: Nicht-wahrhaben-Wollen, Zorn, Verhandeln, Depression und Akzeptanz.[1] Dieses allgemein anerkannte konventionelle Modell gibt jedoch nicht das vollständige Bild wieder. In seinem 2009 veröffentlichten Buch, *Die andere Seite der Trauer,* schreibt der Psychologe George Bonanno, dass diesem Modell unsere angeborene Fähigkeit der Resilienz[2] fehlt. Nach seiner Argumentation durchlaufen wir keine statischen Phasen der Trauer. Stattdessen besitzt die Mehrheit der Menschen eine veranlagte Fähigkeit, wieder von Neuem zu beginnen. Trauer ist zwar schmerzhaft, dennoch kann sie von kurzer Dauer sein. Der Trauerprozess kann sowohl kathartisch als auch transformierend sein. Nach Bonanno pendelt er hin und her und umfasst ein Gefühlsspektrum, mit dem der Verlust ausgedrückt wird.

In einem Essay mit dem Titel »The Transformative Power of Grief« trägt John Schneider seine Beobachtungen über Trauer und

Resilienz vor.[3] Nach seinen Aussagen erkennt man in der ersten Trauerphase, was man verloren hat. Man glaubt, dass das Leben ohne diesen Menschen gar nicht lebenswert gewesen wäre, und fragt sich, wie es möglich sein soll, ohne ihn weiterzuleben. Laut Schneider halten wir einfach zu sehr fest. Oder wir lassen auf eine problematische Weise los, indem wir vor dem Schmerz flüchten oder ihn verleugnen. Wir definieren Trauer eher durch den Verlust anstatt durch die Bereicherung, die der geliebte Mensch für uns darstellte.

Die zweite Trauerphase beinhaltet die Erkenntnis darüber, was nach dem Verlust übrig bleibt. Heilung und Wachstum können dann entstehen, wenn wir wieder etwas riskieren, wenn wir weiterhin wachsen und uns transformieren wollen.

In der dritten Phase beginnen wir festzustellen, was noch möglich ist. Durch den Verlust oder die Trennung verschiebt sich unsere Perspektive oder Weltsicht. Wir entdecken eine Verbindung zu etwas Größerem als nur zum physischen Aspekt unseres Seins. Während wir uns vom »Ich« zum »Wir« bewegen, finden wir möglicherweise eine Ebene der Liebe und der Verbundenheit. Dieser Prozess der Entwicklung von mitmenschlichen Werten kann sowohl unser persönliches Verständnis vertiefen als auch die Beziehung zu anderen.

DEN WEG DER WEISHEIT ENTDECKEN

Am Anfang ist die Trauer sehr schmerzhaft. Für Karen Wyatt war ihr persönlicher Schmerz der Auslöser für ihr Wachstum. Wyatt hat eine leitende Funktion im ganzheitlichen Gesundheitsbereich und arbeitete als Hausärztin jahrelang mit sterbenden Patienten in Hospizen.

»Der Weg in die Hospizarbeit erschloss sich für mich durch den tragischen Tod meines Vaters durch Selbstmord. Ich war damals eine junge Ärztin und fühlte mich von der Trauer und den Schuldgefühlen wegen seines Todes überwältigt. Ich fand keinen Frieden und fing schließlich mit der ehrenamtlichen Hospizarbeit an. Ich dachte, die Beschäftigung mit Sterben und Tod, Schmerz und Trauer würde mir dabei helfen, einen Weg durch meine eigene Trauer zu finden ... In vielerlei Hinsicht war ich wie betäubt, auch in meinem Alltag als Mutter, Ehefrau und Ärztin. Ich war verzweifelt und wollte mich ändern, ich wollte wachsen, ich wollte diese Trauer heilen. Ich wollte so werden wie die Patienten im Hospiz, die voller Dankbarkeit, Verehrung und Anerkennung für das Leben waren.

Ich versuchte herauszufinden, was diese Patienten über das Leben wussten, was ich anscheinend bisher nicht verstanden hatte. Schließlich fand ich einen Transformationsweg, der meinen Schmerz und meine Trauer heilen konnte und der mich aufweckte ... ein Weg, auf dem ich die Freude und Schönheit des Lebens würdigen und gleichzeitig mit dem Leid umgehen konnte. Das ist für mich der Weg der Weisheit geworden ... eine lebensverändernde Erfahrung.«

Wyatt suchte weiter nach Weisheit und Erkenntnis über die Natur, die Bedeutung unserer Existenz und die Essenz von Leben und Tod. Ihr Trauerprozess wurde zu einem Weg der Selbstverwirklichung.

»Ich hatte sehr viel Wissen durch mein Medizinstudium erworben, ich hatte viel gelesen, hatte Workshops besucht, eine Therapie gemacht und sogar Yoga gelernt. Ich hatte genug Wissen, um meine Trauer zu verarbeiten, aber mir fehlte damals die Weisheit, die ich zur vollständigen Heilung gebraucht hätte. Die Arbeit mit Patienten, die am Ende ihres Lebens mit ihrer eigenen Sterblichkeit konfrontiert wurden, gab mir die Weisheit, die ich für die Auflösung meiner Trauer brauchte. Diese Weisheit verhalf mir zu einer veränderten Einstellung in jedem Moment meines Lebens.«

Wyatts Erfahrung bestätigt den Prozess des Weltbild-Transformationsmodells. Die noetische Erfahrung ihres Schmerzes führte dazu, dass sie sich öffnete. Sie musste ihr Leben neu definieren und einen anderen Sinn finden. Sie ging auf eine innere Entdeckungsreise. Erst als sie sich ernsthaft mit den sterbenden Patienten befasste, fand sie eine transformative Praxis, die sie von dem »Ich« ihres eigenen Leides zum »Wir« des großen Ganzen führte. Ihre Erkenntnisse hat sie in einem Buch[4] niedergeschrieben.

DER TOD IST UNVERMEIDLICH, UNSER UMGANG DAMIT JEDOCH BEEINFLUSSBAR

Wir müssen unsere Trauer transformieren, um durch ihre verschiedenen Phasen gehen zu können. In Kapitel eins haben wir Margaret Rousser kennengelernt, die im Oakland Zoo in Kalifornien arbeitet. In unserem Interview erzählte sie mir von einem Gibbon-Männchen, das nach dem Tod seines Weibchens in Trauer verfiel. Sie hatten über 26 Jahre miteinander verbracht. Der Gibbon wurde zunehmend apathisch. Er sang nicht mehr, da ihm seine Duettpartnerin fehlte. Das Singen ist charakteristisch für Gibbons, die in der Wildnis leben. Rousser bestätigte, dass Trauer bei der Bewältigung von Verlust natürlich ist. In der Natur kann eine zu lange Trauerphase allerdings das Überleben des Tieres gefährden. Deshalb sind Säugetiere, von Gibbons bis hin zum Menschen, so veranlagt, dass sie Trauer und Verlust überwinden. Rousser erklärt es mit folgenden Worten:

»Tiere und Menschen müssen sich weiterbewegen. Tiere, die zu lange trauern und apathisch herumsitzen, können zu einer leichten Beute werden. Ich glaube, Tiere sind in vielerlei Hinsicht ausersehen, weiterzumachen. Das Leben geht doch auch weiter. Man muss einfach mitlaufen – man muss weiterleben.«

ÜBUNGEN ZUR TRANSFORMATION VON TRAUER

Über die Jahre hinweg habe ich den Verlust von Familienmitgliedern, Freunden und Kollegen miterlebt. Es war nicht immer einfach. Aber mit der Zeit und durch meine eigenen individuellen Übungen und die Verbindung mit Menschen, die mir viel Inspiration und Einsicht vermittelt haben, lernte ich, meine Trauer so zu transformieren, dass ich sie als ein Geschenk sehen konnte. Das war für mein Leben und meine Arbeit in puncto Todesbewusstsein sehr hilfreich.

Es gibt viele verschiedene Trauerpraktiken, die die Transformation des Weltbildes und der Persönlichkeit unterstützen. Der Rest des Kapitels befasst sich jetzt mit zwei allgemeinen Kategorien: noetischen Trauerpraktiken und solchen, die man mit anderen durchführt.

NOETISCHE TRAUERPRAKTIKEN: DAS INNERE ERLEBEN VERFEINERN

Noetische Trauerpraktiken beinhalten Reflexion, Vorstellungsvermögen und spirituelle Erkenntnisse, mit denen wir unsere Liebsten in unserem Herzen bewahren und das Leben intensiver leben können. Es gibt viele Wege zur Transformation, wir stellen hier drei hilfreiche Praktiken vor.

Den Weg durchs Labyrinth gehen
Lauren Artress hat die heute als Labyrinth-Bewegung[5] bekannte Methode mit vorangebracht. Die Entwicklung der Bewegung, inspiriert durch eine uralte spirituelle Praxis, lässt sich an der weltweiten Verbreitung dieser kontemplativen Methode in Gesundheitseinrichtungen, an Gebetsstätten und in Gemeinschaftszentren ablesen.

»Der Kreis eines Labyrinths beträgt normalerweise etwa zwölf Meter im Durchmesser«, meint Artress. »Das Labyrinth beginnt mit einem Weg am äußersten Rand, der sich kreisförmig langsam Richtung Zentrum windet.« Das Labyrinth ist eine Art Gehmeditation, durch die wir uns selbst innerlich begegnen können. Für Artress ist diese Methode, wie die Seele zu einem Wasserloch in der Wüste zu führen.

»Durch das Laufen kommt der Geist viel schneller zur Ruhe. Das Labyrinth ist eine westliche Methode, sie ist ein Weg des Gebets. Für mich ist Chaos im Grunde einfach ungebundene Energie. Das Gebet bündelt diese Energie durch die Absicht und die Ausrichtung auf das Selbst. Das alles hilft, um die Energie auf Manifestation und Gebet zu richten.«

Artress sprach auch über einige Vorstellungen zum Thema Trauer. Manche Menschen möchten Trauer innerhalb einer bestimmten Zeitspanne bewältigen. »Sie denken: ›Ich trauere schon einen Monat, jetzt sind es bereits zwei Monate, das sollte doch genügen‹, anstatt zu erkennen, dass Trauer ihre eigene Dynamik hat«, erklärte sie. Sie will Menschen dazu bringen, bei der Bewältigung ihres Verlusts besonders auf die Trauerarbeit zu achten.

»In unserer Kultur meinen wir, alles müsse schnell gehen, und wenn wir Schmerz empfinden, sei etwas nicht in Ordnung mit uns und er müsse daher schnell gestoppt werden. Der Trauerprozess sollte jedoch wertgeschätzt werden. Ich kann den Besuch von Trauergruppen wärmstens empfehlen – sie werden entweder von Krankenhäusern oder aber von der Kirche angeboten.
Das Labyrinth zu durchlaufen kann auch sehr hilfreich sein. Beim Laufen fließen vielleicht Tränen; man lässt los, etwas wird freigesetzt, dann versiegen die Tränen plötzlich, bis es bei der nächsten Runde wieder losgeht, weil unser Speicher wieder voller Trauertränen ist. Einen Ort zu haben, wo Menschen diese Trauer geschehen lassen können, ist ein

wichtiger Aspekt für sie. Es hilft, einen solchen Ort für die Trauer zu haben. Wenn Sie durch das Labyrinth gehen, finden Sie Ihre natürliche Gangart, Ihren eigenen Rhythmus. Das ist ungewohnt, und beim ersten Mal braucht es vielleicht etwas Zeit. Dazu werden wir gezwungen, so oder so. Statt es eilig zu haben und schnell gehen zu wollen, werden Sie langsamer und bleiben zunächst stehen. Finden Sie Ihr natürliches Tempo. Denken Sie an die verstorbene Person oder beginnen Sie ein Gespräch mit ihr. Oder beten Sie beim Laufen für die Person.«

Artress wies darauf hin, dass das Gehen des Labyrinths »ein Prozess ist, der nicht vom Glauben abhängt«.

»Es geht einfach nur um das Loslassen. Beim Laufen durch das Labyrinth wird man ruhiger und entspannt sich. Wenn man bereit ist, streift man die Gedanken ab. Vielleicht hat man das Gefühl, die verstorbene Person sei wieder bei einem. Man kann sich gedanklich einfach treiben lassen ...

Viele Menschen tröstet der Gedanke, dass sie mit dieser Situation nicht allein dastehen. Meiner Meinung nach sind Menschen, die sich nicht wandeln, in einer Opferrolle gefangen. Wenn Sie meinen, dass Ihr Schmerz bedeutender als der eines anderen Menschen ist, dann haben Sie ein Problem. Die menschliche Natur bewirkt, dass wir alle im gleichen Boot sitzen. Unser Schmerz mag sehr individuell sein, aber im Labyrinth erkennt man den größeren Zusammenhang.«

Lachyoga

Jennifer Mathews ist zertifizierte Lachyoga-Trainerin. Sie bringt Menschen bei, ihr Lachen im täglichen Leben einzusetzen. Sie wendet das Lachen als transformative Methode an.

2011 wurde bei ihrer Lebenspartnerin Kate Asch unerwartet Krebs im fortgeschrittenen Stadium diagnostiziert. Sie war erst 41 Jahre alt. Zwölf Wochen später starb sie. In den Monaten nach Kates Tod wurde das Lachen zu einem der Instrumente, die Mathews in den schwierigsten Momenten halfen. Sie berichtete mir Folgendes:

»Nach dem Tod von Kate kam der wahre Test für mich, nämlich mithilfe des Lachens – was ich schließlich lehre – die Herausforderungen anzunehmen und die Energie zu verlagern. Ich erinnere mich, wie ich eines Tages auf der Heimfahrt diese Schwere spürte, weil ich Kate vermisste und wusste, sie würde nicht da sein, wenn ich zur Tür hereinkam. Ich dachte mir: ›Tja, Jen, nun hast du die Chance, das zu leben, was du lehrst!‹ Während ich die Straße entlangfuhr, entschied ich mich zu einem Experiment. Ich forderte mich auf, einfach mal zu lächeln. Ich täuschte also ein zartes Lachen vor. In dem Augenblick war ich wirklich alles andere als glücklich. Aber ich beschloss, wenigstens zehn Sekunden lang zu lachen. Lachyoga ist eine Körper-Geist-Übung, und ich sagte meinem Körper, er solle einfach lachen. Man braucht nur die Bereitschaft dazu. Ehe ich mich versah, wurde mein Lachen immer intensiver und echter. Ich merkte, wie sich meine ganze Stimmung veränderte. Ich war nicht mehr auf eine Zukunft ohne Kate fokussiert, sondern war im gegenwärtigen Moment angelangt und freute mich.«

Mathews erklärte mir, dass man im Lachyoga ohne Grund lacht, man »entscheidet« sich einfach fürs Lachen, ob man sich nun danach fühlt oder nicht. Das Lachen verändert die Biochemie im Körper und im Gehirn. Sie fuhr fort:

»Nach einigen Theorien bringt uns das Lachen in den gegenwärtigen Moment, weil wir vom präfrontalen Kortex in das limbische System des Gehirns schalten, welches sich für die Gegenwart interessiert. Aus meiner Erfahrung erleben wir Trauergefühle meistens dann, wenn wir uns mit der Vergangenheit oder Zukunft beschäftigen, wenn wir etwas bereuen oder traurig darüber sind, die Person nicht wiedersehen zu können. Das Lachen bringt uns zurück in die Gegenwart und löst das, woran wir festhalten. Deshalb ist es ein einfaches, aber dennoch wirkungsvolles Mittel für die Heilung. Außerdem ist es meiner Meinung nach die beste Art, Verstorbene in Ehren zu halten, wenn wir es uns erlauben, das Leben zu genießen.«

Mathews' derzeitige Lebensaufgabe liegt darin, ihre Erfahrung aus dem eigenen Trauerprozess an Menschen weiterzugeben, die um eine geliebte Person trauern. Ihrer Ansicht nach bietet der Tod die beste Inspiration für wahre Zufriedenheit.

»Der Tod fordert uns dazu heraus, die Freude im Inneren zu finden und nicht in den äußeren Umständen des Verlustes der geliebten Person. Das Lachen hilft uns dabei, und wir können damit das Muster durchbrechen, an Gedanken von Trauer und Schmerz festzuhalten.«

Verbundenheit mit den Verstorbenen

Mit der geistigen Welt Kontakt aufzunehmen ist eine weltweit bekannte Methode, um die Angst vor dem Tod und den Schmerz des Trauerns zu transformieren. Besinnung, Gebet, Verlagerung unseres Bewusstseins auf unsere Stimme sind Methoden, mit denen in vielen Kulturen eine Verbindung zur unsichtbaren Welt hergestellt wird. Damit kann die Trauer in ein Gefühl der Verbundenheit mit den Verstorbenen gewandelt werden.

Die Geister der Verstorbenen befragen

Luisah Teish tritt täglich mit den Geistwesen in Kontakt. Sie erklärte ihre Methode der Kontaktaufnahme mit der geistigen Welt, die sie aus ihrer eigenen Yoruba-Lucumi-Tradition kennt.

»Wenn man einmal eine Beziehung zu der fortbestehenden Intelligenz der verstorbenen Ahnen aufgebaut hat, hat man nicht mehr das Gefühl, allein zu sein ... Die Verehrung der Ahnen ist für uns eine sehr praktische Angelegenheit. Dabei geht es nicht nur um die Anerkennung, dass ich einen Körper, eine Persönlichkeit, Weisheit und Besitz von meinen Ahnen habe. Das ist etwas Selbstverständliches.

Die Wirklichkeit sieht für uns vielmehr so aus, dass jeder Gedanke, jedes Gefühl, jede Erfahrung, die je ein Mensch gehabt hat, immer noch als Energiehülse existiert, die ich durch die entsprechenden Rituale anzapfen kann ... Ich kann zum Beispiel sagen: ›Ich muss jetzt das Abendessen vorbereiten und rufe die Intelligenz aller Köche und Kellnerinnen an, mir dabei zu helfen.‹ Wenn man das einmal gelernt hat, dann fühlt man sich sicher, auch wenn es manchmal Störungen gibt.

Das Wichtigste für mich ist die Auflösung der Unentschlossenheit: Soll ich dieses oder jenes tun oder doch lieber das andere? Man spricht mit den Ahnen darüber und, wumm, schon erhält man eine Information, eine Sichtweise oder ein Gefühl, das man nicht bekommen hätte, wenn man sich nicht mit dieser Intelligenz verbunden hätte. Irgendwann lernt man also dieses einfache System der Anrufung und der Weissagung.«

Spiritismus

Im Westen gibt es auch noch die Praxis, bei der ein Medium mit Verstorbenen kommuniziert. Trauernde Menschen können durch diese

Medien in Kontakt mit ihren Liebsten treten. Die Wissenschaftlerin Julie Beischel arbeitet mit Medien und hat festgestellt, dass das Befragen der Geistwelt unterstützend für die Heilung der Trauer sein kann (siehe Kapitel fünf). Wie wir in Kapitel drei gesehen haben, erleben Menschen häufig, dass die Seelen ihrer verstorbenen Lieben sie besuchen. Die Menschen, die diese Art der Kommunikation jedoch nicht spontan erleben, können sich an ein Medium für eine Sitzung wenden, so Beischel. Nach ihrer Erfahrung glaubt sie, dass eine Kombination aus Psychotherapie und Kontakt mit der geistigen Welt möglicherweise die beste Art der Trauerarbeit ist.

Für Beischel kann Trauer auch durch eine Neudefinition der eigenen Beziehung zur verstorbenen Person verarbeitet werden. Die Kommunikation über ein Medium kann einem zeigen, dass der geliebte Verstorbene immer noch Teil des eigenen Lebens ist, nur auf andere Art und Weise. Diese Erkenntnis kann sehr tröstlich sein. Mit diesem Verständnis kann man sich an einen Psychotherapeuten wenden, der einem bei der Neudefinition der Beziehung zum Verstorbenen hilft.

Beischel berichtete mir Folgendes:

>Wir erleben bewegende individuelle Geschichten. Zum Beispiel haben wir einmal mit einer Probandin gearbeitet ... die einen kleinen Sohn wegen eines Herzfehlers verloren hatte. Jahrzehnte später starb auch der erwachsene Sohn. Nach dem Tod von zwei Söhnen war ihr Leben unerträglich geworden. Als sie dann Botschaften von ihren Kindern über ein Medium erhielt, wurde ihr Leben nicht nur erträglich, sondern sogar lebenswert. Wenn man diese Transformation in eine Tablette pressen könnte, wäre das ein Verkaufsrenner. Und das Patent dazu wäre ein Vermögen wert. Ich glaube, diese Behandlungsmethode sollte man verschreiben.«

GEMEINSAME TRAUERPRAKTIKEN: GEMEINSCHAFT UND BEZIEHUNG SIND HILFREICH

Gemeinsame Trauerarbeit bringt uns dazu, uns mit anderen auszutauschen und uns zu verbinden – durch Gemeinschaft, Feierlichkeiten und Zusammenarbeit. In dem tröstlichen Wissen, dass wir nicht allein sind, können wir Netzwerke bilden, die uns Stärke und Resilienz vermitteln. Unsere Einstellung zum Tod bewegt sich dann vom »Ich« zum »Wir«, und wir treten in die transformative Natur des Lebens ein. In allen Kulturen werden die Toten auf die eine oder andere Weise geehrt. Beerdigungen spielen eine wesentliche Rolle, um die Trauer ausdrücken und transformieren zu können. Den Verlust auf diese Art mit anderen zu teilen ist eine wirkungsvolle Methode, um unsere Beziehung zum Tod zu verändern. Es gibt viele verschiedene Formen des Abschiednehmens.

Sich gemeinsam erinnern

Für den Abschied an den Ort zurückzukehren, wo man geboren und aufgewachsen ist, kann eine sehr emotionale Erfahrung sein. So ist es jedenfalls mir ergangen. Ich begab mich mit meinem Sohn auf eine kleine Pilgerreise von unserem Zuhause in Kalifornien zu meinem Heimatort in Detroit, um meiner Mutter und meinem Stiefvater, die kurz nacheinander gestorben waren, die letzte Ehre zu erweisen. Meine Schwestern hatten einen Gedenkgottesdienst mit anschließender Urnenbeisetzung organisiert. Es war ein würdevoller Abschied für diese beiden wunderbaren Menschen, die in unserem Leben eine so entscheidende Rolle gespielt hatten.

Der Pfarrer hielt bei der kurzen Trauerfeier eine sehr zu Herzen gehende Ansprache: »Ich schaue zu, wie die Menschen, die ich liebe, gehen, und ich werde von den Menschen, die ich liebe, zurückgelassen. Ich muss dann den allerschwierigsten Satz sagen: ›Leb wohl, ich liebe dich.‹ Wie soll man es über sich bringen, beides zusammen in einem Satz zu sagen?«

Mein Stiefvater hatte im Zweiten Weltkrieg gekämpft. Er hatte daher das Anrecht, zu seiner Beerdigung zwölf Salutschüsse zu erhalten. Die Soldaten in Uniform versammelten sich mit ihren Gewehren vor der kleinen Kapelle und nahmen mit kraftvollem Salut Abschied von einem der ihren, einem Gefallenen, der nun nicht mehr auf dieser Welt war. Nach diesem bewegenden Ritual haben wir die Asche im Familiengrab beigesetzt. Dieser Friedhof, wo alle meine Vorfahren bestattet sind, brachte mich zum Nachdenken über das Mysterium vom Leben und Sterben. In unserer Kultur vermeiden wir es, über den Tod zu sprechen, aber auf einem Friedhof, wo wir die Verbindung zu den Menschen spüren, die vor uns gegangen sind, verbindet uns der Tod miteinander. Das Leben geht doch weiter, in uns und ohne uns.

Die Totenwache

Luisah Teish erzählte mir, wie die Toten in ihrer Yoruba-Lucumi-Tradition geehrt werden:

>»Überall in der afrikanischen Diaspora gibt es sehr aufwendige, dreifache Rituale, um den Tod zu ehren. Dabei geht es um die Pflege des Leichnams, die Pflege der Seele und die Pflege der Gemeinschaft, die zurückbleibt.
>
>Bei der Totenwache sitzt man beim Leichnam. In dieser Zeit bringt jeder aus der Gemeinschaft etwas zu essen mit, alle sind in dem Raum versammelt, selbst die Kinder, und es wird auch die Nacht über gemeinsam gewacht. Bei der anschließenden Gedenkfeier wird das Leben des Verstorbenen betrachtet. Das alles wird für die trauernde Gemeinschaft gemacht.
>
>Ich veranstalte dann eine sogenannte Würdigung, die neun Tage dauert und der Seele helfen soll, die Erde zu verlassen und ihren Platz im Jenseits zu finden. Dazu singen wir Lieder,

kochen und machen weitere Rituale. Es ist alles sehr feierlich und aufwendig.

Einen wichtigen Unterschied habe ich über die vielen Jahre, in denen ich in einer multikulturellen Umgebung gelehrt habe, festgestellt: Zwar werden immer der Leichnam, die Seele und die Gemeinschaft angesprochen, aber die emotionale Haltung der Menschen ist von Kultur zu Kultur sehr unterschiedlich.«

Gedenktag

Im Jahr 2012 nahm ich an einer Gedenkfeier im Cypress Hill Memorial Park in Kalifornien teil. Ich sprach mit vielen Kriegsveteranen, hauptsächlich aus dem Vietnamkrieg. Sie hatten alle äußere und innere Narben davongetragen. Sie erzählten mir Geschichten über Verlust, Schuld, Geister und berichteten über ihre Beweggründe, warum sie an diesem Tag ihrer gefallenen Kameraden gedenken wollten.

Verstorbene Menschen in unserer Erinnerung lebendig zu halten ist eine kraftvolle Form sie zu würdigen. Das bestätigte einer der Vietnamveteranen auf der Gedenkfeier:

»Dieser Tag ist all jenen gewidmet, die alles gegeben haben. Dafür steht dieser Gedenktag. Es geht um die Erinnerung und Würdigung. Ich finde, es ist das Größte, sich einfach zu erinnern. Wir haben alle gedient, nur durften wir lebend nach Hause kommen. Allen, die hier begraben liegen, war das nicht vergönnt.

Ich finde es ganz entscheidend, dass wir dieser Menschen gedenken, die sich in all den Kriegen geopfert haben – Erster Weltkrieg, Zweiter Weltkrieg, Koreakrieg, Vietnamkrieg, Golfkrieg, Afghanistankrieg, Irakkrieg. Auch heutzutage sterben immer noch Menschen, und wir sollten sie wissen lassen, dass wir sie nicht vergessen werden.«

Vor laufender Kamera für die Aufnahme unseres Films *Das Mysterium von Leben und Tod* berichtete mir ein anderer Veteran, was es für ihn bedeutet, diesen kollektiven Verlust mit anderen zu teilen, und wie der Verlust persönliche Fragen aufwirft.

»Heute ist ein Gedenktag. Man stellt sich die große Frage: Warum habe ausgerechnet ich überlebt und nicht die anderen? Ich wurde zweimal abgeschossen. Da frage ich mich schon, warum ich noch am Leben bin, der Pilot jedoch nicht. Die Angst vor dem Tod ist für jeden Menschen anders. Manchen kommt die Angst gar nicht in den Sinn, wenn sie zu ihrer Waffe greifen, um sich zu verteidigen. Es geht dabei ums Überleben. Wie oft hat man es erlebt, dass es den Kameraden neben einem erwischt hat. Einige Piloten sind direkt neben mir umgekommen. Die Angst überfällt einen danach. Dann spürt man sie deutlich.«

Breese Baker war ausgebildete Sanitäterin, als sie 1966 zum Militär ging und anschließend nach Vietnam. Teil ihrer Ausbildung war es, im Umgang mit ihren Patienten professionelle Sachlichkeit zu zeigen. Emotionen waren angesichts der Sterbenden vonseiten des Militärs nicht gewünscht, erinnert sie sich.

»Es ist ein Job, und man soll ihn einfach ausführen. Das Problem ist nur, dass man sich Sorgen macht, wenn es um Menschen geht, besonders um die, die tödlich verletzt vom Kampfeinsatz zurückkommen und nicht überleben werden. Es geht gar nicht anders. Ich musste aber damit aufhören und einfach nur meinen Job machen. Es trieb mir jedoch immer wieder die Tränen in die Augen. Angesichts dieser Erfahrung fühlt es sich heute so an, als ob die Seelen der Verstorbenen hier wären. Dieses Gefühl habe ich übrigens schon immer gehabt, wenn ich an einen fremden Ort kam. Ich spürte, dass dort noch jemand ist. Ich bekomme richtig Gänsehaut, weil ich dieses Gefühl von der Anwesenheit anderer Personen nicht loswerde.«

Viele der anderen Veteranen drückten ihre innige Verbindung zu denen aus, die während ihres Einsatzes in Vietnam gestorben sind. Für Kriegsveteranen ist es sehr wichtig, sich einer Gruppe zugehörig zu fühlen. Ein Veteran erzählte mir, dass die verstorbenen Soldaten sogar im Tod noch wahrnehmen, dass ihrer in Anerkennung und Liebe gedacht wird.

»Es herrscht ein bestimmter Kameradschaftsgeist zwischen Veteranen. Wenn man im Einsatz ist, ist man dem anderen am nächsten. Man verlässt sich auf Gedeih und Verderb auf ihn, genauso bedingungslos, wie es der andere auch tut – es gibt keine engere Verbindung als diese. Man sieht sich wahrscheinlich nach dem Einsatz nie wieder, aber dieser Geist bleibt bestehen.

Auch nach dem Tod glaube ich nicht, dass man diesen Kameradschaftsgeist verliert. Wenn man in der Armee gedient hat, bewahrt man dieses Gefühl der Brüderlichkeit. Ich bin schon seit 40 Jahren nicht mehr beim Militär und ich empfinde es immer noch. Man verliert das Gefühl einfach nicht. Es wird zu einem Teil von dir.

Dieses Zusammengehörigkeitsgefühl wird vielleicht nach dem Tod noch wichtiger. Ich glaube, alle Veteranen hier wissen das. Sie kannten diesen Gedenktag für Veteranen, bevor sie gingen, und sie wissen, was es bedeutet zu gedenken.

Ich bin sicher, die Toten wissen es, dass wir an sie denken und dass die amerikanischen Fahnen jedes Jahr auf ihren Gräbern wehen.

In ihrem Grab empfinden sie Stolz. Sie gaben ihr Leben für ihr Land und sie sind stolz darauf. Sie werden immer stolz darauf sein, was sie geleistet haben. Ich glaube, das geht bis in die Ewigkeit so weiter.«

Día de los Muertos

Eine meiner liebsten Feierlichkeiten findet jedes Jahr am 1. November statt. In den Wochen vor diesem Tag zelebriert die Gemeinde, in der ich lebe, den mexikanischen Gedenktag Día de los Muertos. Die Feier zu Ehren der Toten entstand ursprünglich in Mexiko, aber dieser Gedenktag zieht Menschen aus unterschiedlichster ethnischer und kultureller Herkunft an.

An diesem Feiertag versammeln sich Freunde und Familien, um ihrer lieben Verstorbenen zu gedenken. Sie glauben daran, dass der Schleier zwischen den Lebenden und den Toten im Herbst sehr dünn ist und die Toten, wenn die Ernte eingefahren ist, aktiver werden. In Petaluma sowie auch in anderen Städten in Amerika, Mexiko und überall in Lateinamerika, errichten Menschen Altäre, um ihrer Verstorbenen zu gedenken. Opfergaben wie Speisen und Getränke, Blumen und Kerzen werden auf den Gräbern platziert, damit sich die Seelen der Verstorbenen an diesen Dingen erfreuen können. Auf den Altären werden auch gerne Bilder aufgestellt, die an die Toten erinnern. Ein Teilnehmer der Gedenkfeier erklärte mir: »Den Altar herzurichten, schafft eine energetische Verbindung zu unseren geliebten Verstorbenen.«

Die Rituale am Tag der Toten umfassen bunte Paraden und rauschende Feste. Überall herrschen Freude und Geselligkeit. Die Menschen tanzen, spielen Musik, singen und sprechen mit ihren Ahnen. Mit diesen Ritualen werden sie sowohl geehrt als auch beschwichtigt, damit sie keine Unruhe unter den noch Lebenden stiften.

Einige Monate nachdem meine Mutter verstorben war, war ich zufällig am 1. November in Petaluma. Die bunten Kostüme und makaberen Plakate von Skeletten und Särgen machten mich neugierig. Frauen hatten sich wie *La Catrina* gekleidet. Sie ist das populärste Symbol des Festtags, ein weibliches Skelett, das lediglich einen extravaganten Hut trägt. Kinder steckten in den riesigen Puppen des Teufels *El Diablo* als Erinnerung an die dunklen Mächte des Todes. Eine Mariachi-Band spielte auf der Brücke über dem Petaluma-Fluss. Dort formierte sich ein Zug marschierender Skelette.

Meine Freundin Gloria MacAllister (ihr Nachname stammt von ihrem schottischen Ehemann) begrüßte mich voller Begeisterung. Sie ist eine kulturelle Brückenbauerin, die ihr mexikanisches Erbe mit ihrem kalifornischen Leben perfekt vereinbart. Zusammen mit Gloria tauchte ich in das bunte Treiben ein, lief mit dem Strom und ließ mich von der inspirierenden Stimmung tragen. Zu Ehren meiner Mutter hatte ich eine Kerze in der Hand. Gloria hatte sich als Geist verkleidet. Links neben mir wurde die gespenstische Figur von *La Catrina* getragen. Die Figuren werden immer unter dem Publikum weitergereicht, und bald half ich Gloria, eine der großen, schweren Pappmaché-Puppen zu tragen. Das Gewicht war spürbar; die Toten zu ehren ist keine einfache Angelegenheit. Alle teilen sich diese Last – schließlich sind alle für ihre Ahnen verantwortlich. Mein Herz wurde bei dem Gedanken an meine Mutter wieder schwer. Das besserte sich jedoch bald, als die Parade weiterzog und ich mich dem Strom der Feiernden hingab. Der Tod macht eben das Leben erst möglich.

EIN PAAR ABSCHLIESSENDE GEDANKEN

Wie wir gesehen haben, gibt es die unterschiedlichsten Praktiken, um Verstorbene zu ehren. Sie helfen dabei, die Trauer in eine Verehrung des Lebens zu transformieren. In diesem Prozess wird die Trauer zu einem Instrument, das uns zu Wachstum und Entwicklung angesichts des Todes verhilft. Wir haben noetische Trauerpraktiken besprochen, die sich an unser Innerstes wenden und einen Weg der Heilung ermöglichen. Wir haben uns auch Trauerpraktiken angeschaut, bei denen es um Gemeinschaft, Zusammenarbeit und Feierlichkeiten ging. Die Trauer als kollektive Praxis stellt unser kleines Ich in einen größeren, bedeutsameren Zusammenhang. Wir erkennen dadurch, dass wir nicht allein sind und unsere Verstorbenen nicht zu vergessen brauchen, da sie in unseren Herzen weiterleben.

Diese Werkzeuge sind für unsere individuelle Transformation sehr hilfreich, denn sie bieten uns Erkenntnisse und Trost. Wir können unsere Beziehung zu den Verstorbenen neu definieren und uns mit einer größeren Gemeinschaft verbinden, um die Toten und die Lebenden zu feiern, die sich ihrer erinnern.

Verlust ist ein komplexes Thema. Er beraubt uns unserer Sicherheit. Er kann unser ganzes Weltbild erschüttern und die Bereiche unseres Lebens, die wir als selbstverständlich angenommen haben, völlig durcheinanderbringen. Wir wollen den Schmerz nicht wahrhaben. Und sicherlich ist Verleugnung ein natürlicher und sehr nützlicher Abwehrmechanismus. Dennoch ist Trauern ein wichtiger Prozess, der seine Zeit braucht; er hat seine eigenen Zyklen, seine Höhen und Tiefen. Wie das Weltbild-Transformationsmodell zeigt, kann der Schmerz einen transformativen Durchbruch bewirken. Großer Verlust und tiefe Trauer, die bewusst und aufmerksam erlebt werden, können wie ein brodelnder Kessel sein, aus dem ein neues Verständnis über uns selbst und unsere Beziehung zu anderen hervorgeht. Wie uns das bekannte Gedicht des islamischen Dichters und Mystikers Rumi sagt:»Du bist nicht nur ein Tropfen im Ozean, du bist der gewaltige Ozean im Tropfen.« (Siehe auch Seite 228.)

ÜBUNG
Das Finger-Labyrinth

Finden Sie einen gemütlichen Platz, wo Sie dieses Buch hinle-
gen und mit dem Finger-Labyrinth oben arbeiten können.

Machen Sie zunächst drei tiefe Atemzüge. Beginnen Sie am
Eingang des Labyrinths und bewegen Sie Ihren Finger entlang
des Musters. Seien Sie zielgerichtet und aufmerksam in Ihrer
Bewegung.

Denken Sie über den Verlust eines geliebten Menschen nach. Spüren Sie Ihre Verbindung zu ihm, während sich Ihr Finger weiterbewegt. Vielleicht sprechen Sie im Geist mit dem Verstorbenen oder schicken ihm liebevolle Gedanken. Oder Sie halten diesen geliebten Menschen einfach nur im Herzen, während Sie Ihren Geist klären und auf das Muster unter Ihrem Finger achten. Beobachten Sie Ihre Reaktion, wenn Sie das Labyrinth herausfordert oder Ihnen scheinbar den Boden unter den Füßen wegzieht.

Im Zentrum des Labyrinths angekommen, machen Sie eine Pause und spüren nach, wie sich Ihr Körper anfühlt. Welche Gefühle tauchen auf? Welche Gedanken gehen Ihnen durch den Kopf?

Während Sie den Rückweg aus dem Labyrinth antreten und sich aus dem Kreis wieder herauswinden, lassen Sie alle Spannungen, Ängste oder Trauergefühle los, indem Sie tief ein- und ausatmen, bis Sie den Kreis beendet haben.

Im Anschluss nehmen Sie sich zehn Minuten Zeit, um Ihre Eindrücke in Ihr Tagebuch zu schreiben. Stellen Sie sich insbesondere die Frage, wie Trauer Sie auf eine Weise verändern kann, dass Sie letztendlich Dankbarkeit für diese Lernaufgabe empfinden können.

8. KAPITEL
TRÄUME UND DIE TRANSFOR-
MATION DES TODES

Wenn wir endgültig unseren Körper verlassen und
zu einem gleichbleibenden und dauerhaften Traum
werden, entdecken wir hoffentlich, dass wir das
Ruder selbst in der Hand halten, während wir uns
durch diesen Zustand bewegen.

Lauren Artress

Träume sind ein kraftvolles Instrument, um unsere Beziehung zum
Tod zu transformieren. Sie können uns dabei helfen, Trauer zu verarbeiten, unsere Gefühle den geliebten Verstorbenen gegenüber zu heilen und uns potenziell auf das große Abenteuer, das noch vor uns
liegt, vorzubereiten.

Bei der intensiven Arbeit an diesem Buch und während der Dreharbeiten zum Film *Das Mysterium von Leben und Tod* habe ich sehr
viel geträumt. Einige Träume waren voller Hoffnung und Optimis-
mus, andere drehten sich um meine Ängste und Sorgen. In einem
Traum kam ich nach einer anstrengenden Reise nach Hause. Das
Haus erinnerte an das Haus meiner Kindheit. Zu meiner Überraschung war es hell erleuchtet, und alle Türen standen offen. Ich hatte
Angst um meine Mutter, die eigentlich schon schlafen sollte. Als ich
die Einfahrt hochfuhr, sah ich sie auf der kleinen Veranda am Haupt-

haus sitzen. Sie plauderte mit einem meiner Kollegen. Er hatte mir bei den Dreharbeiten zum Film geholfen, und wir hatten uns damals oft über unsere Ansichten zum Tod ausgetauscht. In meinem Traum saßen nun meine Mutter und mein Kollege wie gute Nachbarn zusammen. Ich war sehr überrascht, wie gut die beiden sich verstanden und wie wohl sich José in der Gegenwart meiner Mutter fühlte, die vor einigen Jahren verstorben war. Ich grüßte beide, als ich auf die Veranda trat. Meine Mutter zog mich zur Seite und erzählte mir, wie gut ihr die Gesellschaft von José tat. Wir umarmten uns. Dann tauchte das Haus im hinteren Teil des Grundstücks auf. Dort befand sich meine beste Freundin aus der Highschool, im Traum war sie anscheinend meine Mitbewohnerin. Ich erzählte ihr von meiner Mutter, wie spürbar ihr jugendlicher Charme war und wie verbunden sie sich mit José fühlte, obwohl sie ja schon tot war.

Als ich aufwachte, brauchte ich in meinem verschlafenen Zustand einige Augenblicke, um zu begreifen, dass meine Mutter nicht mehr am Leben war. Ich war völlig verblüfft. Im Traum war sie so lebendig und vital gewesen. Ich dachte auch an José und die vielen bewegenden Interviews und Gespräche, die wir über die Jahre geführt hatten. Er ist ein Mann mit viel Tiefgang und einer aufgeklärten Haltung gegenüber dem Tod. Ich empfand Freude und Dankbarkeit, dass er anscheinend meiner Mutter irgendwie half.

Dieser Traum ist mir im Bewusstsein geblieben. Durch ihn empfinde ich sowohl eine Verbindung zu meiner verstorbenen Mutter als auch eine Wertschätzung meinem Freund gegenüber. Wie meine Freundin Luisah Teish mir erklärte:»Träume sind die Ebenen, von denen aus unsere Ahnen zu uns sprechen. Träume machen uns klar, dass die Toten nicht tot, sondern vielmehr mit uns verbunden sind.«

TRÄUME UND UNSERE GEMEINSAME MENSCHLICHE ERFAHRUNG

Träume haben etwas Mysteriöses an sich. Sie geben uns einen flüchtigen Einblick in unsere inneren Welten, mit symbolischer Sprache, die oftmals nicht eindeutig und leicht zu verstehen ist. Träume sind möglicherweise schwer zu durchschauen, auch wenn sie unser unmittelbares inneres Erleben, unsere kulturellen Glaubensüberzeugungen und Weltanschauungen widerspiegeln. Wir erhoffen uns etwas von der persönlichen Botschaft unserer Träume. Die bildliche Natur der Träume, basierend auf vielfältigen Metaphern, kann ein Fenster zu unserem individuellen Erleben und unseren Reaktionen auf die Außenwelt sein. Träume verbinden uns auch mit der immateriellen Natur von Leben und Tod.

Durch die Geschichte hindurch und in allen Kulturen haben Menschen ihren Träumen große Beachtung und Bedeutung geschenkt. Es gibt viele Menschen, die Träume zur Gestaltung ihres täglichen Lebens oder zur langfristigen Lebensplanung nutzen. In frühen biblischen Schriften galten Träume als Botschaften, entweder von Gott oder vom Teufel gesendet. Der Tempelschlaf im antiken Griechenland wurde dazu benutzt, Krankheiten zu diagnostizieren und zu behandeln. William James berücksichtigte die phänomenale Natur des Traumes als eine Existenzform für sich. In seinen Prosatexten schrieb er:

»Die Welt der Träume wird während des Schlafs zu unserer realen Welt, weil die Wahrnehmung aus der Welt der Vernunft ausgeblendet wird. Umgekehrt verlagern wir beim Aufwachen unsere Wahrnehmung aus der Welt der Träume in die reale Welt. Wenn uns jedoch ein Traum verfolgt und unsere Aufmerksamkeit tagsüber fesselt, dann bleibt er weiterhin in unserem Bewusstsein als eine Art Subuniversum neben der Wachwelt bestehen. Die meisten Menschen haben bereits

Träume gehabt, die ihnen einen flüchtigen Einblick in eine tatsächlich existierende Seinsform ermöglicht haben.«[1]

Im Zusammenhang mit dem Tod haben Träume viele Funktionen. Traumbilder können uns dabei helfen, größere Umbrüche im Leben zu integrieren: den Tod eines geliebten Menschen, unseren eigenen absehbaren Tod oder unsere allgemeine Todesangst. Träume lassen uns eine Verbindung zu den Verstorbenen spüren. Träume können uns ein Verständnis dafür vermitteln, was wir für unsere eigene Entwicklung und unser Wachstum benötigen. Sie bieten uns ein Tor zur persönlichen Transformation. Emotionen und körperliche Empfindungen werden in Träumen ausgedrückt und liefern uns Erkenntnisse über unsere Beziehung zum Tod und zum Jenseits. Durch Träume integrieren wir unsere Erfahrungen mit dem Tod und gelangen zu einer neuen Weltsicht, die eine Brücke zwischen Leben und Tod schlägt. Schließlich können wir über Träume auch mit unseren Verstorbenen kommunizieren.

VERKÖRPERTE TRÄUME

Etwa zwei Jahre nach dem Tod ihres Mannes Lee traf ich mich mit Kathy Chang-Lipsenthal. Kathy wollte mit meiner Hilfe ihre Träume besser verstehen lernen.

Der erste Traum war ganz einfach, aber von großer emotionaler Tiefe. Kathy spürte ihren Mann neben sich im Bett. Er hielt sie im Arm, und sie empfand eine neue innige Verbindung. Als sie morgens aufwachte, fühlte sie sich glücklich.

»War er das wirklich?«, fragte sie mich.

»Was auch immer es war, es klingt wunderschön«, antwortete ich.

In ihrem zweiten Traum befand sich Kathy in einem großen Raum. Die Decke des Raums war sehr hoch. In der Mitte des Raums befand sich ein Swimmingpool. Plötzlich erschien Lee und nahm sie mit hoch zur Decke. Er wusste, dass sie Höhenangst hat, aber er bestand dennoch darauf. Ein schmaler Pfad diente als Brücke, um von einer Seite des Raumes zur anderen zu gelangen. Kathy hatte Angst. Lee schubste sie zu ihrer Überraschung in den offenen Raum. Als sie fiel, fing er sie von hinten auf und flog mit ihr zusammen von einer Seite zur anderen. Kathy hoffte, dass sie irgendwann im Wasser landen würden, und war erleichtert, als sie sich über dem Pool befanden. Aber Lee leitete sie immer hin und her zwischen der Aussicht auf eine sichere Landung im Pool und der Angst vor einer schmerzhaften Landung auf dem harten Boden.

Dieser Traum gab Kathy das Gefühl, dass Lee immer noch in ihrer Nähe war und sie dazu bringen wollte, ihre Ängste zu überwinden und das Leben in Fülle zu leben. Sie dachte, der Traum symbolisiere die fortgesetzte Unterstützung und Führung von Lee. Der Traum half Kathy dabei, in ihrem eigenen Wachstumsprozess etwas von der Nähe zwischen den beiden wiederherzustellen. Nach unserem Gespräch über ihre Traumerlebnisse wollte sie für ihren Selbstfindungsprozess weiterhin mit mir daran arbeiten, eine Verbindung zu Lee herzustellen.

UNSERE TRÄUME HÜTEN

Stephen Aizenstat ist Psychologe und Gründungspräsident des *Pacifica Graduate Institute*. Seine Arbeit basiert auf der Tiefenpsychologie und dem, was er als »die Seele pflegen« bezeichnet. Die Tiefenpsychologie ist verankert in den Arbeiten von Carl Gustav Jung, William James und Sigmund Freud und beschäftigt sich mit der Beziehung zwischen Bewusstsein und Unterbewusstsein. In diesem Bereich der Psychologie geht es um die Psyche, diese unbeschreibliche Qualität, die als Seele, Geist oder Spirit beschrieben wird. Aizenstat hat eine bestimmte Methode für die Arbeit mit Träumen entwickelt: die Traum-Pflege-Übung. Er fordert uns darin auf, unsere Träume als »lebende Bilder« zu behandeln. Er erklärte mir Folgendes dazu:

»Die Weisheit, die in den Botschaften unserer Ahnen oder von Tieren steckt, die uns im Traum erscheinen, wird hauptsächlich aus der Perspektive der Psyche heraus verstanden. Die ›Intelligenz‹ des Traumes wird von innen heraus wahrgenommen und eröffnet einem den Zugang zu angeborenem Wissen, das den Traumfiguren innewohnt.«

Nach Aizenstat geht die Traum-Pflege über die eher beiläufige und reduktive Methode der Traumanalyse und -interpretation hinaus. Stattdessen erleben Träumende den Inhalt ihrer Träume als etwas Dynamisches und Lebendiges. Die Träumenden werden aufgefordert, sich die Botschaften der Traumfiguren, einschließlich Bilder von Landschaften und Objekten, auf einer tieferen Ebene anzuschauen, um Einsichten und Perspektiven zu erhalten. Aizenstats Methode geht über die Untersuchung menschlicher Kommunikation in der Traumwelt hinaus. Die Methode verbindet den Träumenden vielmehr mit der Natur und den unsichtbaren Ebenen der Psyche. Wir sind alle Teil der »Träume der Natur«, sagt Aizenstat, und wenn wir die Psyche als solches erleben, dann erleben wir den Übergang vom Leben zum Tod als das Wesentliche von Träumen. So konnte Kathy den Sinn in ihrer Traumbegegnung mit Lee erkennen. Traum-Pflege kann Nähe herstellen und eine Stärkung bedeuten.

Mit einer Assoziationsmethode kann sich jeder mit seinen Träumen auseinandersetzen, um einen besseren Zugang zu ihrem symbolischen Inhalt zu bekommen. Durch die Erforschung unserer Träume können wir neue Erkenntnisse für unser tägliches Leben gewinnen. Im Prozess der Auseinandersetzung können wir als Traum-Pflegende die symbolischen oder archetypischen Aspekte unserer Träume identifizieren und somit mehr Verständnis für uns selbst und andere Menschen entwickeln. Mit der Methode der Animation können wir den

Inhalt unserer Traumerfahrung bearbeiten und unsere Beziehung zur Umwelt und unseren Stand im ökologischen System der Erde klären. Jede Methode umfasst das, was Aizenstat als »die Einstellung, wie wir mit dem Traum arbeiten wollen« bezeichnet. Seiner Meinung nach sind Träume etwas Lebendiges mit einem eigenen Sinn und Zweck.

»Man sollte mit dem Traum so umgehen, als ob er sich genau jetzt ereignet. Wenn wir jemandem einen Traum erzählen, dann sollten wir bei der Formulierung die Gegenwart verwenden. Indem wir den Traum nacherzählen, kommt er wieder in unser gegenwärtiges Erleben. Wird der Traum als eine Geschichte im Hier und Jetzt erzählt, belebt das die Traumfiguren und sie treten in eine Beziehung zum Träumenden. Diese Art der Traum-Pflege lässt Bilder vom Sterben oder vom Tod hochkommen, die wir uns anschauen können.«

Nach Aizenstat haben Träume eine multidimensionale Natur. Der Tod spricht vielmehr in Metaphern zu uns als auf wortwörtliche Art.

»Beim Tod geht es oft um das Gefühl, dass etwas endet. Er führt uns zu einem besonderen Ort des Bewusstseins, wie ein Abstieg in die Unterwelt. In der griechischen Mythologie ist Hades der Gott der Unterwelt, von der die Vorstellung herrscht, der Tod hinge mit allem Leben zusammen und dominiere es in jederlei Hinsicht. Der Tod repräsentiert etwas, womit wir unser ganzes Leben lang bereits in Kontakt gestanden haben, manchmal bewusst, oftmals jedoch nur aus dem Wissen heraus, dass es den Tod gibt. Deshalb brauchten wir uns vor dem Tod nicht zu fürchten …
Der Tod ist immer ein Teil von uns. Von Anfang an sind wir auf das Sterben programmiert. Eine genetische Intelligenz ist in der menschlichen Natur ständig am Werk. Die Psyche

greift diese Intelligenz im Traum auf. Normalerweise reagiert man in unserer Kultur mit Rückzug oder Angst. Doch statt auszuweichen oder ängstlich zu werden, sollte man sich den Bildern öffnen und sie annehmen. Somit können wir uns von der Angst lösen und in eine Beziehung zum Tod treten ... der uns für die Fülle des Lebens vorbereitet.«

Aizenstats Ansicht stimmt mit der Literatur über die Terror-Management-Theorie überein. Er befürwortet einen bewussten Umgang mit dem Tod, auch wie dieser in unseren Träumen erscheint. Er sagte dazu:

»Auch der Tod, als eine lebhafte Vorstellung, gibt dem natürlichen Gefüge unserer Träume eine Bedeutung. Wird der Tod verleugnet oder unterdrückt, tritt er im Traum umso intensiver und stärker als Bild auf. Wenn er hingegen als natürlicher Teil unserer inneren Landschaft verstanden wird, entwickelt er sich zu einem Lebensbegleiter, der Perspektiven und neue Möglichkeiten bietet. Ein Waldbrand schafft Platz für neues Wachstum. Im Frühling sprießen die Samen, und Blumen erblühen.
Der Tod als Begleiter, als aktiver Teil unserer Traumzeit, ebnet uns den Weg zur Fülle und Schönheit unseres Lebens. Wir sind dankbar dafür, am Leben zu sein – wir halten an, um den Duft einer Blume einzuatmen, wir genießen kostbare Momente und empfinden weniger Angst vor dem, was unvermeidbar und unwiderruflich ist. Wenn wir sowohl in Träumen als auch im realen Leben den Tod als Metapher und als etwas Vertrautes annehmen, begegnen wir der Welt mit neuer Wertschätzung. Tritt der Tod tatsächlich ein, empfinden wir weniger Angst und Schrecken und können unsere Lebensqualität aufrechterhalten. Unsere Einstellung stützt sich auf die Ressourcen und die Intelligenz der Traumbilder über den

Tod. Wir leben länger und intensiver, wenn wir uns mit dem Sterben auseinandersetzen, und der Tod wird zu einem willkommenen Gast.«

LEBEN, STERBEN UND TRÄUMEN

Fariba Bogzaran ist visionäre Künstlerin und Bewusstseinsforscherin. Ihr Schwerpunkt liegt in der Erforschung der Träume und des Bewusstseins. Ihre eigenen Traumerfahrungen spielen für ihr Leben und ihre Arbeit eine entscheidende Rolle. Sie nutzte die Kraft der Träume, um ihrem guten Freund und Mentor, Gordon Onslow Ford, in seinem Sterbeprozess beizustehen.

»Ich wusste, dass das Hörorgan bei Sterbenden immer noch sehr gut funktioniert. Ich sprach Gordon also direkt ins Ohr. Sobald sein Gesichtsausdruck angespannt wirkte, sagte ich ihm:»Gordon, entspann dich, du brauchst dir keine Sorgen zu machen. Alles, was du siehst, ist einfach nur ein Traum.« Dadurch entspannte er sich wieder für die nächsten paar Stunden.

Dann kam wieder etwas Angst hoch – in dem Moment haben Sterbende wahrscheinlich Träume und werden unruhig, da sie nicht wissen, ob es sich um die Wirklichkeit oder tatsächlich um einen Traum handelt.

Ich sagte ihm gerade ins Ohr, es sei ein Traum und er könne sich einfach entspannen. In dem Moment entschlief er. Es war ein wunderschöner Augenblick. Er liebte es, durch die Wälder zu streifen, und mit seinem langsamen Ein- und Ausatmen schien es, als liefe er durch den Wald, um langsam darin zu verschwinden. Er entfernte sich einfach – und war schließlich verschwunden.«

Bogzaran beobachtet nicht nur Träume, sie ist auch eine luzide Träumerin. Luzide Träume gelten als ein machtvolles Instrument, um sich auf den Tod vorzubereiten und spirituell zu transformieren. Bei einem luziden Traum sind wir uns dessen bewusst, dass wir träumen. Bogzaran berichtet dazu:

»Ein wichtiger Bereich beim luziden Träumen ist die Vorbereitung auf den eigenen Tod. Bei dieser Übung schauen wir uns unser gewohntes Verhalten an, ob im Wachzustand oder im Traum. Wo sind wir gefangen und blockiert und wo folgen wir unseren eingespielten Gewohnheiten? Wie können wir uns daraus befreien?«

Nach dem Weltbild-Transformationsmodell ist die Entwicklung neuer Gewohnheiten entscheidend für eine transformative Praxis. Genauso wie die Traum-Pflege kann luzides Träumen zu mehr Achtsamkeit gegenüber dem Leben führen. Nach Bogzarans Weltanschauung geht es bei der Übung des luziden Träumens darum, auch ein luzides Leben zu führen.

»Wir sollen uns im Wachzustand über jede Minute und jeden Atemzug bewusst sein. In dem Moment, wo wir über das Sterben sprechen, sprechen wir über den Atem, den letzten Atemzug. Durch das Einatmen kommen wir in diese Welt, mit einem Ausatmen verlassen wir sie wieder. Und es gibt dieses einzigartige ›Dazwischen‹, das zwischen dem Ein- und Ausatmen schwebt.«

Luzides Träumen kann ein Weg sein, um sich mit dem »erweiterten Aspekt seines Selbst«, wie es Bogzaran nennt, zu verbinden. Luzides Träumen, wie auch Meditation und andere transformative Praktiken, hilft jedem dabei, ein reflektierendes Bewusstsein zu entwickeln. In diesem Zustand können wir unsere Ängste und Befürchtungen gegenüber dem Tod einfach nur beobachten, ohne anzuhaften. Bogzaran sagt dazu: »Es braucht seine Zeit, um beobachten zu lernen.« Sie erklärt Folgendes:

»Über den Tod zu reden ist ein Tabu. Wir meinen, er trifft nur den anderen, nicht uns selbst. Doch der Tod macht vor keiner Kultur und keiner Religion halt und er diskriminiert niemanden. Darum geht es – wir werden alle mit ihm konfrontiert, deshalb sollten wir jeden Moment auf ihn vorbereitet sein. Für mich ist dieser Moment jetzt. Ich bin hier und spreche gerade. Das ist der gegenwärtige Moment. Im nächsten Moment bin ich vielleicht nicht mehr da. Ich muss also in diesem Moment präsent sein. Was im nächsten Moment geschieht, weiß ich nicht. Da atme ich vielleicht nicht mehr, vielleicht falle ich einfach tot um. Das kann ich einfach nicht wissen. So geht es uns allen. Ich praktiziere das luzide Träumen, indem ich mir jeden Morgen beim Aufwachen sage: ›Guten Morgen, Fariba, jetzt bist du wach. Du bist in diesem Leben, und es ist neu.‹ Es ist nicht selbstverständlich für mich, aufzuwachen. Jeden Morgen öffne ich also meine Augen, um zu leben. Ich habe diesen einen Tag. Dies ist der Moment. Jeden Abend beim Einschlafen sage ich mir: ›Das ist vielleicht der letzte Tag gewesen, ich bin jetzt in der Übergangsphase. Ich werde mich jetzt bewusst auf meine Träume einlassen.‹ Lebt man mit diesem Bewusstsein, praktiziert man luzides Träumen und luzides Wachsein. Natürlich würde ich gerne glauben, dass es auf der anderen Seite etwas Größeres als uns selbst gibt – und wahrscheinlich ist das auch so. Aber daraus eine Theorie zu machen funktioniert nicht.«

BEREITEN UNS TRÄUME AUF DEN TOD VOR?

David Hufford, Kulturanthropologe und Autor, ist Experte auf dem Gebiet der Träume und jenseitigen Erscheinungen. Er bezweifelt, dass Träume eine Vorbereitung auf den Tod sein können. Dazu erklärt er:

»Ich hatte immer Schwierigkeiten mit dem Konzept Jenseits und Traum. Meine Träume bewegen sich von Unsinn (ich halte nichts von der freudschen Sichtweise, die da sagt: ›Aha, jetzt kommen wir langsam zur Sache, erzählen Sie mir mehr von diesem Unsinn‹) über kurze reale Sequenzen bis hin zu seltenen vorausahnenden, flüchtigen Eindrücken. Vielleicht haben luzide Träume eine Verbindung zu außerkörperlichen Erfahrungen, aber auch diese sind zweifelhaft. Anscheinend enthalten Träume sehr viel beliebigen Unsinn, der eher vom Gehirn (als vom Geist) stammt. Der Vergleich mit dem Leben nach dem Tod resultiert aus den sehr unterschiedlichen Sichtweisen, die wir aus Berichten von Medien, von Menschen mit Nahtoderfahrungen oder Ähnlichem kennen.

Unsere Berichte über das Leben nach dem Tod enthalten zweifellos überprüfbare Beobachtungen der Realität. Aber sie enthalten ein imaginales (und nicht imaginäres) Element. Das erschwert die Interpretation. Außerdem kommen Wunschdenken, Informationen aus zweiter Hand, Lügen usw. noch dazu. Ich fürchte, dass Traumanalogien doch nur aufs Glatteis führen. Natürlich müssen Träume bei diesem Thema berücksichtigt werden, aber ich bezweifle, dass das Leben nach dem Tod auf gleiche Weise wie das Traumerleben funktioniert. Traumbilder als Metapher für das Leben nach dem Tod zu verwenden bestätigt nur die Einstellung materialistischer Skeptiker. Die halten alle hellseherischen Erlebnisse für vage definierte Träume.«

Es gibt die unterschiedlichsten Anschauungen über den Tod und das Jenseits, aber auch über die Rolle von Träumen in Bezug auf den Tod. Diese Ansichten sind manchmal sehr zwiespältig. Unsere Sichtweisen – und vielleicht auch unsere Erlebnisse im Traum – werden von unserer Weltanschauung geprägt.

FORMT DER GLAUBE DIE REALITÄT?

Der Biologe und Autor Rupert Scheldrake glaubt, wie viele der hier erwähnten Religionsgelehrten, dass Träume ein Probedurchlauf für den Tod sind und dass unsere Glaubensüberzeugungen unseren Traumzustand beeinflussen. Wenn die eigene Weltsicht unsere Erfahrungen formt, dann beeinflusst sie auch die Vorbereitung auf das Traumerleben und schließlich auf den Tod. Sheldrake berichtete mir dazu:

»Ich bin mir nicht sicher, was nach dem Tod geschieht, aber ich glaube, viel hängt von der Vorstellung ab, was passieren wird. Ich glaube, dass wir nach dem Tod in einen traumähnlichen Zustand übergehen. Der einzige Unterschied liegt darin, dass wir nicht aufwachen können, weil uns der physische Körper dazu fehlt. Wenn man nach dem Tod in einer Art Traumzustand ist, dann hat man in diesem Zustand eine andere Art Körper.

Jeder von uns übt das Sterben jede Nacht, wir tauchen dabei in unseren Traumkörper ein. Neben unserem physischen Körper gibt es auch den Körper, der in unseren Träumen existiert. Wir nehmen ihn einige Male nachts ein, ohne uns daran zu erinnern. Es ist kein normaler, physischer Körper, sondern einer, der auf unseren physischen Körper modelliert ist. Was nach unserem Tod geschieht, hängt ab von unseren Erinnerungen, unseren Wünschen und unseren Glaubensvorstellungen.«

Die Frage ist doch: Was, glauben wir, geschieht beim Tod? Wenn wir eine metaphysische Sichtweise haben, die wissenschaftlich nicht überprüfbar ist, wie wirkt sie sich auf unser Leben, unser Wachstum und unsere Wandlung aus? Wie prägen unsere Träume unsere Einstellung zum Tod und unsere Vorbereitung auf diese unvermeidliche Transformation?

VERBINDUNGEN ZU DEN VERSTORBENEN

Träume können eine Verbindung zu den geliebten verstorbenen Menschen herstellen. Sie können eine Botschaft aus dem intelligenten Teil der menschlichen Psyche sein. So ist die normale psychologische Sichtweise. Verstorbene können durch unsere Träume in Kontakt zu uns treten, uns leiten und anweisen.

Als Pfarrerin wird Lauren Artress oftmals gebeten, Sterbende und ihre Familien zu begleiten. Dadurch hat sie ihre eigene Sicht über das Sterben und die Rolle, die Träume bei der Verbindung zu Verstorbenen spielen, entwickelt:

»Ich habe es oft erlebt, dass die jenseitige Welt für Sterbende sozusagen »durchlässig wird«, wie ich es nenne. Die Sterbenden verbinden sich mit der anderen Seite oder werden von einem verstorbenen Verwandten besucht, der für sie da ist und den Sterbenden begleitet. Diese Verbindung mit der anderen Welt als Beginn für den Übergang ist wirklich wichtig. Ich bin der Meinung, dass diese Verbindung sich in den Träumen der Person niederschlägt. Ein Sterbender sagt vielleicht: ›Oh, ich habe gerade meinen Mann gesehen.‹ Er ist bereits seit einigen Jahren tot, und die Person hat das möglicherweise vergessen. Meine Mutter, die bald 100 Jahre alt wird, leidet an einer schweren vaskulären Demenz. Sie hat oft das Gefühl, dass mein kürzlich verstorbener Schwager sie besucht. Sie lebten zusammen, bis sie in eine Einrichtung für betreutes Wohnen übersiedelte und er verstarb. Sie spürt seine Besuche. Das akzeptieren wir einfach. ›Wie geht es ihm? Ich bin froh, dass er dich besucht.‹ Ich glaube, dass wir uns nach dem Tod in einem dauerhaften Traumzustand befinden. Können wir unsere Träume denn jemals kontrollieren? Daran glaube ich nicht, denn sie stammen ja aus unserem Unterbewusstsein. Wenn wir sterben, ist unsere Seele im Unterbewusstsein oder zumindest ein Teil davon. Diese Frage beschäftigt mich sehr. Wenn wir endgültig unseren Körper verlassen und zu einem gleichbleibenden und dauerhaften Traum werden, entdecken wir hoffentlich, dass wir das Ruder selbst in der Hand halten, während wir uns durch diesen Zustand bewegen.«

Für Luisah Teish sind Träume sehr wichtig, um unsere Beziehung zum Tod zu verwandeln:

»Unsere Ahnen sprechen zu uns über Träume. Träume zeigen eindeutig, dass die Toten nicht tot sind. Die Toten sind mit uns verbunden … Wir sollten einfach verstehen, dass das, was für uns unsichtbar und kaum wahrnehmbar erscheint, im Grunde Energie ist, die sich auf immaterielle Weise bewegt.«

Auch Tony Redhouse betrachtet Träume als eine transformative Praxis, um mit verstorbenen Seelen in Kontakt zu treten. Der indianische Heiler glaubt daran, dass wir beim Träumen in einem besonderen Bewusstseinszustand sind, durch den wir uns leichter mit der unsichtbaren Welt verbinden können.

»Wenn wir um einen Traum bitten, kann die Seele mit uns kommunizieren, da wir uns in einem ungeschützten Zustand befinden. Wenn unser Bewusstsein ausgeschaltet ist, dann ist unser rationaler, praktischer Menschenverstand auch nicht aktiv. In diesem Zustand kann die Seele mit uns sprechen. Wenn mir manchmal tausend Dinge durch den Kopf gehen und mein Verstand auf Hochtouren läuft, hat die Seele Schwierigkeiten, meine Aufmerksamkeit zu erhalten. Wenn ich schlafe, hat sie eine viel größere Chance, mir eine Ladung Weisheit zu verpassen, direkt mit mir zu sprechen und meine ganze Aufmerksamkeit zu gewinnen. In dem Zustand bin ich offen. Für mich bedeutet Sterben einfach, zur Wahrheit vorzudringen. Alles, was unser Leben ausgemacht hat, jede Beziehung, alle unsere Sehnsüchte und unsere Träume werden uns in diesem letzten Augenblick glasklar vor Augen geführt.«

EIN PAAR ABSCHLIESSENDE GEDANKEN

Träume bieten einen geheimnisvollen Zugang zu unserem Unterbewusstsein und ermöglichen es uns, Aspekte unseres täglichen Lebens zu integrieren. Mithilfe unserer Träume können wir uns unseren Ängsten vor dem Tod stellen und eine Verbindung zu den Verstorbenen herstellen. Durch den Prozess des Träumens können wir das Leben jenseits unserer Verkörperung erleben und finden Zugang zu noetischen Erkenntnissen, die einer anderen Ebene entstammen. Das erweitert unseren Horizont.

Verschiedene Kulturen nutzen Träume, um zur Seele oder zur Psyche vorzudringen. Träume eignen sich deshalb dafür, da sie nicht Teil des Wachbewusstseins sind und unseren rationalen Intellekt transzendieren. Wie bei anderen transformativen Praktiken können die fünf Prinzipien auch bei Träumen angewendet werden: Absicht, Aufmerksamkeit, Wiederholung, Führung und Annahme. Dadurch verändern wir unser Selbstverständnis und unsere Beziehung zu den Menschen, die wir verloren haben. Durch die Traum-Pflege erhalten wir neue Erkenntnisse über die geheime Sprache von Träumen. Ebenso können wir durch das luzide Träumen Erkenntnisse über die Reichweite des Geistes und des Bewusstseins, die jenseits des physischen Körpers liegen, sammeln. In diesem Prozess des Träumens lernen wir, unsere Befürchtungen und Hoffnungen zu verstehen und in eine Richtung zu lenken, die uns Zuversicht und Frieden vermittelt. Wir können uns wieder mit den Verstorbenen verbinden; durch diese Vertrautheit in der Traum-Beziehung fühlen wir uns in unserem täglichen Leben aufgehoben und schöpfen Vertrauen.

ÜBUNG
Traumerinnerungen

Erinnern wir uns an unsere Träume, erhalten wir wichtige Einblicke in unser Unterbewusstsein. Wir können lernen, uns an Träume zu erinnern. Achten Sie zunächst darauf, wie viel Schlaf Sie sich normalerweise gönnen. Je mehr Schlaf Sie bekommen, desto leichter können Sie sich an Ihre Träume erinnern.

Wenn Sie nachts aufwachen, fragen Sie sich gleich, wovon Sie geträumt haben. Das hilft, sich zu erinnern. Halten Sie die Augen noch geschlossen und bleiben Sie ruhig liegen. Lassen Sie Ihren Geist eine Antwort finden. Seien Sie geduldig. Vielleicht erinnern Sie sich nur an einen Traumfetzen. Beginnen Sie zu diesem Traumfragment frei zu assoziieren. Suchen Sie nach Einzelheiten, um sich leichter zu erinnern. Halten Sie Ihr Tagebuch griffbereit neben dem Bett und machen Sie sich Notizen über Ihr Traumerlebnis. Nehmen Sie die einzelnen Elemente Ihres Traumes wahr, als ob jedes eine eigene Stimme hätte. Mit dieser Technik können Sie die verborgene Botschaft des Traumes leichter verstehen. Lesen Sie am Morgen Ihre Notizen noch einmal durch und halten Sie Ihre Gedanken dazu fest. Lassen Sie die Träume auf sich wirken. Sie helfen Ihnen bei Ihrer persönlichen Transformationsarbeit.

9. KAPITEL
TRANSFORMIERENDE KUNST

Wir sind erfüllt mit Anmut und Sternenstaub.
Weißt du noch, wer du bist?

Gary Malkin

Die Kunst ist ein kraftvolles Instrument, mit der wir unsere Emotionen und Ansichten über die Welt ausdrücken. Unsere Einstellung zum Tod und das, was wir über ein erfülltes und sinnvolles Leben gelernt haben, können wir künstlerisch darstellen. Ein Kunstwerk zu schaffen kann tatsächlich eine transformative Übung sein, mit der wir unsere Trauer und unseren Schmerz verarbeiten und gleichzeitig anderen Menschen in ihrer Trauer helfen können. Menschen aus allen Kulturen haben durch die unterschiedlichsten Medien wie Musik, Tanz, bildende Künste, Geschichtenerzählen und Gedichte einen Weg gefunden, ihr eigenes Verhältnis zum Tod und zum Jenseits zu erkennen.

Wir brauchen kein künstlerisches Talent, um festzustellen, wie die Kunst uns unserem authentischen Selbst näher bringt. In jedem von uns schlummert ein Künstler. In Momenten tiefer Transformation kann die Kunst zu einem treuen Freund werden, mit dem wir unsere Gefühle zum Ausdruck bringen. Das Herz will sich ausdrücken können. Die Seele sehnt sich nach neuen Inspirationen und Erkenntnissen. Der Verlust eines geliebten Menschen, Trauer und Wiedergeburt sind Teil eines Prozesses, der neue künstlerische Formen entstehen lässt. Über die Kunst kommen wir in einen veränderten, erweiterten Bewusstseinszustand. Wir nehmen uns auf eine andere Art wahr und erkennen, wer wir sind.

Kunst kann eine Brücke schlagen zwischen unserer newtonschen Welt, die auf Ursache und Wirkung basiert, und dem Bereich von Fantasie und Vernetzung. In dem Prozess finden wir möglicherweise eine feine Balance zwischen der physischen Form und dem dynamischen Bewusstsein, das nicht an unsere materielle Natur gebunden ist. Die Kunst hilft auch dabei, Zeremonien und Dankbarkeit für ein Leben, in dem Sterben nun mal dazugehört, zum Ausdruck zu bringen.

Alle können einen Zugang zum Mysterium von Leben und Tod über das Künstlerische finden. Talentierte Künstler ebenso wie Menschen, für die Kunst ein Fremdwort ist. Ein Kunstwerk zu kreieren kann helfen, Trauer zu bewältigen oder das Geschenk des Lebens zu zelebrieren. Mithilfe der Kunst können wir kreative Fragen nach der Natur des Bewusstseins stellen, nach unserer Haltung zum Tod und unserer Identität. Durch die Kunst als transformative Übung entwickeln wir neue Gewohnheiten und ein neues Verständnis von uns selbst. Unser kreativer Geist führt uns dorthin. Letztendlich hilft uns der kreative Akt der Schöpfung, unsere Weltanschauung über den Tod zu verändern.

DAS LEBEN ALS ZEREMONIE

Für Tony Redhouse ist das Leben eine Zeremonie voller Kunst und Musik. Mit jedem Atemzug bringt uns diese Zeremonie über Ort und Zeit hinaus. Als Musiker und Künstler empfindet Redhouse intuitiv eine Verbindung zwischen der Musik und dem heilenden Rhythmus des Lebens. Seiner Meinung nach verbindet uns die Kunst mit dem Geist des Lebens – und des Todes.

»Alle Naturvölker auf der Welt verwenden Trommeln, Flöten und die Stimme bei Zeremonien, um dem tiefsten Inneren der Seele Ausdruck zu verleihen. Ich habe alle diese Instrumente eingesetzt, um Menschen mit der geistigen Welt zu verbinden … Diese Urklänge zu hören – den Herzschlag, die Flöte, die Resonanz unserer eigenen Stimme – führt uns zu unseren Anfängen zurück. Zu der Zeit, als es noch keine Technologien, keine Institutionen und Regierungen gab, als Bücher noch nicht geschrieben wurden und es keine Sprache gab, als dieses ganze Zeitalter noch nicht existierte. Zu diesem Ursprungsort gehen wir zurück. Das ist unsere tiefe Sehnsucht. Wir wollen alle zu dieser Essenz zurück, zu unserem wahren Selbst. Jeder Tag ist ein Gebet. Jede meiner Handlungen, jeder Gedanke, jeder Traum ist eine Zeremonie für mich. Somit wird jeder Tag meines Lebens zu einer Zeremonie. Und sie ist wunderschön.«

Redhouse teilt seine Musik mit Menschen aus den unterschiedlichsten Gesellschaftsschichten. Dabei heilt er die Seele und erinnert die Menschen wieder an ihren Wesenskern. Manche sind inmitten eines Trauerprozesses, andere warten in einem Hospiz auf ihren Übergang vom Diesseits ins Jenseits. Wird er dazu eingeladen, spielt er manchmal seine himmlische Flöte am Bett der Sterbenden. Das hilft ihnen, »von dieser Welt in die andere zu wechseln«. Redhouse arbeitet auch mit den Familien und schafft einen heiligen Raum des Friedens, in dem sie den geliebten Menschen loslassen können. Das meint er mit Zeremonie. Er betrachtet sich als Botschafter.

»Ich schaue durch die Tür und sehe die Person im Bett liegen. Wenn ich meine Flöte spiele, wacht sie auf und schaut mich an. Dann ist sie wieder weg. Oder ich singe etwas ganz Einfaches, ohne jegliche Worte. Es ist eigentlich weniger ein Gesang als ein simples Wiegenlied, ein Summen. Das ist alles, was Sterbende in dieser Phase des Übergangs zwischen Leben und Tod wollen. Es tröstet sie sehr.«

Umgeben von seinen vielen Instrumenten, von Glocken über Rasseln bis hin zu Trommeln, erzählte mir Redhouse von einer Frau, die in der Klinik lag und lebenserhaltende Maßnahmen erhielt. Er beobachtete sie ruhig, während er auf seiner Flöte spielte.

»Dabei spürte ich, wie ich diese Frau begleitete und das erlebte, was sie gerade erlebte. Bei meinem nächsten Besuch im Hospiz war das Bett leer. Die Sterbende war bereits gegangen. Und ich habe ihr, wie all den anderen vor ihr, bei diesem Übergang geholfen. Da wurde mir bewusst, dass ich viele Freunde auf der anderen Seite habe. All jene, die mit meiner Musik in die nächste Sphäre aufgestiegen sind.«

Wenn Redhouse mit Menschen an der Transformation ihrer Trauer arbeitet, benutzt er zuerst die Trommel, um den Herzschlag nachzuahmen. Dann nimmt er eine zweite Trommel, um einen weiteren Herzschlag zum Tönen zu bringen. Dadurch bringt er beide Herzschläge zusammen. So erklärt er es:

»Der eine Herzschlag ist vom Verstorbenen. Der andere ist von der trauernden Person. Diese beiden Herzschläge schlagen dann gemeinsam.

Oftmals gilt die Trauer unerledigten Themen, die nicht angeschaut oder angesprochen wurden, auch wenn es nötig gewesen wäre. Wenn ich die beiden Herzschläge und die beiden Leben zusammenführe, egal, in welcher Welt sie sich befinden, dann verbinden sie sich. Ihre Herzen schlagen gemeinsam. Ich fordere die trauernde Person dazu auf, mit dem Verstorbenen zu sprechen. Was zu Lebzeiten nicht angesprochen werden konnte, kann nun endlich zur Sprache kommen.«

SANFTE ÜBERGÄNGE

Gary Malkin, Gründer der Multimedia-Verlagsgesellschaft *Wisdom of the World*, betrachtet Musik als eine Möglichkeit herauszufinden, was einem im Leben wirklich wichtig ist und wer man ist. Malkin selbst hat einen Bewusstseinswandel erlebt, der ihm die Kraft des Lebens und der Kunst gezeigt hat.

»Man lebt lange genug, um viele Verluste zu erleben. Für mich handelte es sich beim einschneidendsten Verlust allerdings um keinen Todesfall, sondern vielmehr um das Ende meines Lebens, wie ich es bisher kannte. Ich war ein erfolgreicher und bekannter Komponist im Bereich Film und Fernsehen gewesen. Ich hatte mich in die Vorstellung hineingesteigert, meinen Wert über meine Errungenschaften zu definieren – mein Haus, mein Auto, meinen Reichtum, meine Berühmtheit.

Ich will jetzt nicht ins Detail gehen, aber ich stürzte damals ins Bodenlose ab und habe alles verloren. Gott sei Dank hatte ich noch meine Tochter, die zu diesem Zeitpunkt sechs Jahre alt war. Alles Weitere, womit ich mich bis dato identifiziert hatte, war mir jedoch genommen worden.

Dann hatte ich plötzlich eine wunderbare Idee: Ich wollte eine Möglichkeit schaffen, die Diskussion über unsere Sterblichkeit anzuregen, und dieser dabei gleichzeitig die Schwere nehmen. Ich dachte dabei an Menschen, die im Hospiz oder in anderen Situationen unmittelbar mit dem Tod konfrontiert waren und die ich auf diese Weise unterstützen wollte.«

Gemeinsam mit einem anderen Musiker entwickelte Malkin ein Programm mit dem Titel *Sanfte Übergänge*. Mit Musik, der »letzten unzensierten Droge«, wie er es bezeichnet, wollten die beiden Künstler Menschen für etwas sensibilisieren, das sie zuvor vollkommen abgelehnt hatten. In Verbindung mit aufbauenden Gedanken und Bildern hilft die Musik dabei, Menschen mehr Vertrautheit und Authentizität im Umgang mit ihrer Einstellung zum Leben und zum Sterben zu vermitteln. Dazu erklärt Malkin:

»Der Tod ist für mich die Mutter allen Lebens. Alles in diesem Leben definiert sich durch die bewusste Wahrnehmung, dass das Leben sehr wertvoll, fragil und zart ist. Wir können dankbar sein, es leben zu dürfen. Ich bedanke mich jeden Tag bei meinen Sternen dafür, dass ich am Leben bin. Es könnte ja auch jede Sekunde zu Ende sein. Das macht das Leben so besonders und kostbar, wenn man sich dessen bewusst wird. Deshalb sollten sich Menschen unbedingt mit diesem Thema auseinandersetzen.

Alle Studien, alle religiösen Traditionen belegen, dass wir aus Schwingungen und Frequenzen bestehen, aus Rhythmus, Tönen und Resonanz. Seit dem Urknall bis zum jetzigen Augenblick bestehen wir aus diesen Qualitäten. Der erste Sinn, der nach 24 Wochen im Mutterleib entwickelt wird, ist der Hörsinn. Und dieser Sinn verschwindet beim Sterben als letzter. Das ist für mich ein kleiner Hinweis darauf, dass der Ton etwas Ursprüngliches ist, der mit der unsichtbaren Welt verbunden ist.«

Malkin kennt die Kraft der Klänge und ihre Wirkung, sowohl aus eigener Erfahrung als auch durch die sich entwickelnde Wissenschaft vom Klang. Für den Komponisten wird unsere Wahrnehmung vom Leben und vom Sterben dadurch vertieft, dass wir sowohl mit dem Herzen als auch mit dem Verstand hören.

»Musik spielt eine entscheidende, heilende Rolle in dieser Zeit. Sie kann erreichen, dass wir uns unserer Absicht im gegenwärtigen Moment bewusst werden … Die Musik verändert die Haltung und bringt einen in die Gegenwart. Dadurch kommt man den Gefühlen, die gefühlt werden wollen, näher. Das ist die größte Herausforderung beim Tod – die Ablehnung, Vermeidung und Angst davor, was er repräsentiert. Wir verleugnen den Tod, weil wir jeden Schmerz vermeiden wollen. Paradoxerweise habe ich mich noch nie so lebendig und sinnerfüllt gefühlt wie jetzt, da ich mich mit diesem Thema befasse. Es ist wie ein Gesundbrunnen. Sich seinem Sterben zu stellen enthält eine Qualität, die tatsächlich ein Tor zu einer tief greifenden Dankbarkeit für das Leben ist. Und das ist etwas Außergewöhnliches.«

DER KRANICHTANZ

Rumi, der islamische Dichter aus dem 13. Jahrhundert, gilt als einer der größten Mystiker. Seine Schriften und Gedichte sind hoch geschätzt und anerkannt, nicht nur in muslimischen Ländern, sondern weltweit. Nach Rumis Tod gründeten seine Anhänger die Sufi-Bruderschaft *Mevlevi,* oder die tanzenden Derwische. In diesem Orden gilt vor allem der Tanz als die transformative Praxis.

Der Glaube besagt, dass sich die Tänzer durch die eleganten, weichen, anmutigen Bewegungen mit Kräften verbinden, die Himmel und Erde vereinen. Dabei bewegen sie sich im Kreis, ein Arm ist zum Himmel erhoben, der andere zeigt zur Erde. Die Tänzer gleiten dahin. Sie glauben, dass sie durch den Tanz in einer mystischen Vereinigung mit Gott wiedergeboren werden. Sie bewegen sich alle im Einklang, wie eine Gruppe sich drehender Formen. Diese Bewegungen werden im Tanz ständig wiederholt.

Bobaroğlu, der ältere türkische Imam, der in Kapitel sechs zu Wort kam, erklärte die Bedeutung des Tanzes für die Entwicklung eines Todesbewusstseins.

»In der Sufi-Tradition muss ein Derwisch sich seinen eigenen Tod vorgestellt haben. Danach ist er bereit für eine innere Verbindung mit seinem Meister. Bei dieser Verbindung muss sich der Derwisch das Gesicht seines Meisters im Traum und vor seinem geistigen Auge vorstellen. Er lässt sich ohne Vorbehalte auf diese Verbindung ein, von Herz zu Herz. Die dritte Stufe dieser inneren Verbindung ist die Vorstellung, sich in der Präsenz Gottes zu befinden.

Wenn er die Stufen dieser inneren Verbindung hinter sich hat, ist der Derwisch bereit, bestimmte Todeserfahrungen zu machen. Bei der außerkörperlichen Erfahrung sieht er, wie er durch eine Silberschnur, wie eine Nabelschnur, mit seinem Körper verbunden ist.

So sind auch die Worte Jesu zu verstehen, als er sagte: ›Wenn du aus einem Körper geboren wirst, dann bist du Körper. Wenn du aus dem Geist geboren wirst, dann bist du Geist.‹ Wenn wir also aus dem Mutterleib kommen, dann sind wir über die Nabelschnur mit unserer Mutter verbunden. Das ist eine Verbindung von Körper zu Körper. Dann wird sie durchtrennt. Die zweite Schnur besteht zwischen Schüler und Meister. Sie basiert auf der Entscheidung, sich jemandem vollkommen zu verschreiben. Aber bei der außerkörperlichen Erfahrung wird man aus sich selbst heraus geboren. Und man entdeckt dabei die Silberschnur. Sie zeigt die innere Verbindung. So ist diese Religion zu verstehen.«

DIE KUNST, GESCHICHTEN ZU ERZÄHLEN

Mit Musik, Bewegung und Stimme können wir unsere Weltanschauungen ausdrücken. Mit Worten drücken wir unser Weltbild aus und teilen es anderen Menschen mit. Unsere Erzählungen über den Tod sind mit unseren Ängsten, Hoffnungen und Zielen verwoben. Für Jane Gignoux, eine begnadete Geschichtenerzählerin und Künstlerin, helfen Geschichten über Sterben und Tod dem Menschen, eine Vorstellung über das Jenseits zu erhalten. Wie die anderen Interviewpartner in diesem Kapitel ist auch Gignoux davon überzeugt, dass die Arbeit an einem Kunstwerk eine wirksame Übung zur Wandlung unserer Beziehung zum Tod ist. Die Vorstellungskraft hilft uns, Dinge neu zu sehen oder anders zu empfinden. Das erweitert unser Weltbild. Die Geschichtenerzählerin berichtet:

»Mit allen Formen der Kunst können tiefe Gefühle und Erlebnisse, die schwer in Worte zu fassen sind, ausgedrückt werden. Und das unabhängig davon, ob es sich um zwei- oder dreidimensionale visuelle Kunst, um Musik, um Geschichtenerzählungen in Gedichtform, um Theateraufführungen oder um kinästhetische Kunst handelt.

Wenn wir etwas sehen oder hören, beispielsweise eine wunderschöne Sonate von Mozart oder Brahms, dann berührt uns das in unserem tiefsten Inneren. Eine tiefe Empfindung, an der wir festhalten oder die uns mit einem Teil in uns verbindet, den wir noch nicht wahrgenommen haben. Durch die Kunst können wir diesen festsitzenden Teil in uns lösen, zum Beispiel die Trauer.

Trauer ist etwas Natürliches. Es fällt nicht leicht, den Verlust von jemandem, der im eigenen Leben eine wichtige Rolle gespielt hat, einfach zu akzeptieren. Dieser Trauerprozess braucht Zeit. Durch die Kunst kommen wir in Kontakt mit unseren Gefühlen. Dabei ist es egal, ob wir Kunst nur betrachten oder ob wir selbst künstlerisch tätig werden, wir fühlen uns auf jeden Fall weniger einsam.«

GEDICHTE AUS DER SEELE

Gedichte oder Geschichten zu schreiben ist nach Ansicht von Gignoux ein wirksames Instrument, um unsere Verbindung zum Tod und zu unseren Verstorbenen auszudrücken. Absichten zu entwickeln, aufmerksam zu werden und sich dem Fluss der Wörter zu öffnen kann unsere Einstellung zum Tod verändern. Elena Avila wurde in El Paso, Texas, geboren. Bis zum achten Lebensjahr besuchte sie eine katholische Schule und wurde von den *Schwestern von Loretto* unterrichtet. Wenn sie spanisch sprach, erhielt sie Schläge. Avila erinnert sich an ihre Erstkommunion, bei der sie ein wunderschönes weißes Kleid trug und ihren Rosenkranz und die Bibel in Händen hielt.

Bei ihrem ersten Besuch in Mexiko erfuhr sie, dass ihr Vater von den Azteken und Zapoteken abstammte und ihre Mutter halb Maya und halb Europäerin war. Aufgrund dieser Mischung aus unterschiedlichen Kulturen bezeichnete sich Avila selbst als *Mestizin*. So werden die Nachkommen aus der Verbindung von Indianern und Spaniern genannt, die sich fünf Jahrhunderte zuvor als Kolonialmacht auf dem amerikanischen Kontinent ausgebreitet und die indigene Bevölkerung beherrscht hatten. Als sie von ihren Wurzeln erfuhr, wurde ihr klar, dass sie zwischen verschiedenen Kulturen und Weltbildern aufgewachsen war. Bei unserem Gespräch beschrieb sie sich als »Mischling«. Als heranwachsende »Chicana« bzw. Latina hat sie außerdem Diskriminierung in den Vereinigten Staaten erfahren müssen.

Sie erzählte mir von den Schwierigkeiten ihrer eigenen transformativen Reise: »Es hat lange gedauert, bis ich meine spirituelle Überzeugung gefunden hatte. Ich entdeckte, dass ich an beides glaube und sowohl Christin als auch eine spirituelle indigene Person bin.«

Avila wurde schließlich Krankenschwester mit einer westlichen Ausbildung. Sie kehrte nach Mexiko zurück, um dort von den indigenen Heilern zu lernen. So wurde sie zu einer integrativen Heilerin, die die westliche Medizin mit der indigenen Heilkunst *curanderismo* verband. Das war beispielhaft. Sie beschrieb, wie sie in ihren Heilsitzungen als Krankenschwester sowohl die Seele als auch den Geist anrief. Durch ihr Talent als Dichterin erkannte sie die heilende Kraft des Wortes.

Bei meinem letzten Gespräch, das ich mit ihr führte, litt sie bereits an Krebs im fortgeschrittenen Stadium und war ganz präsent und bei sich. »Das ist das Hier und Jetzt«, meinte sie. »Was machen wir nun damit?« Mit ihrer lyrischen Stimme las sie mir ihr selbst geschriebenes Gedicht vor, das ihre Herzensbotschaft enthielt:

»Heilung bedeutet, dich daran zu erinnern, wer du bist,
nicht an dein Auseinanderbrechen, sondern an deine Zusammensetzung zu denken.
Wir haben uns bereits der Macht, die unser Schicksal regiert, hingegeben,
wir halten an nichts mehr fest, also brauchen wir auch nichts mehr zu verteidigen.
Unser Kopf ist leer, damit wir erkennen können.
Wir sind ohne Angst, damit wir uns erinnern, wer wir sind, losgelöst und entspannt.
Wir huschen am Ego vorbei, um frei zu sein.
Ich bin eine Frau aus der dritten Welt, die Gott verehrt, die die Wege des Himmels abläuft in einem sternenbedeckten Gewand, über mich selbst stolpernd, während ich mich bekreuzige.
Ja, ich bin anders.
Es gibt schließlich genügend Raum im Universum für Widersprüche, und ich bin gerne wie eine Pyramide, wie ein Kreuz und wie ein Mensch zugleich.

Ich lasse die einheimischen Gebete im Mund kreisen wie hei-
liges Gurgelwasser,
doch ich spucke sie dir nicht entgegen.
Ich reibe deinen Körper mit dem Ur-Ei ein, damit du deine
Wunden Gott übergeben kannst.
Sei kein Feigling.
Lass das Ei das Instrument sein, das den kosmischen Dreck
von deinem Körper entfernt.
Was glaubst du eigentlich, wer du bist?
Superfrau?
Supermann?
Ich schluckte den Mythos wie einen geweihten Wein,
weil diese Erde in den Himmel kommt, wenn sie stirbt.
Und du?
Mach, was du willst.
Ich bin.
Ich will einfach in den Himmel, wenn die Erde ihren letzten
Atemzug macht.
Und ich brauche deine Arme, damit ich fliegen kann. Ich
brauche deine Arme, damit ich fliegen kann.«

Avila starb am 17. März 2011 in Albuquerque, New Mexico, im Beisein von Familie und Freunden.

DIE ZWISCHENRÄUME

Im vorherigen Kapitel haben wir Fariba Bogzaran kennengelernt, die
visionäre Künstlerin und Psychologin, die mithilfe der Kunst ihre eigene Trauer überwand und über den Verlust ihres geliebten Mentors,
Gordon Onslow Ford, hinwegkam.

Ford war ein Künstler, der jeden Tag malte. Nach seinem ersten
Schlaganfall und drei Wochen vor seinem Tod schaffte er es nicht

mehr bis in sein Atelier. Nach dem zweiten Schlaganfall konnte er nicht mehr laufen. Als Bogzaran nun am Bett ihres 91 Jahre alten Kunstlehrers saß, war sie von seiner geistigen Regsamkeit beeindruckt. Drei Tage vor seinem Tod bemerkte sie seine starke Unruhe. Er war dabei, sich allmählich aus seinem Körper zu verabschieden. Während dieser Zeit konnte sich Ford nicht mehr konzentrieren. Das frustrierte ihn ungemein. Bogzaran wusste, dass er aufgewühlt war, weil er kaum mehr meditieren konnte. Sie gab ihm eine Postkarte von einem seiner Bilder.

»Ich sagte ihm: ›Gordon, schau dir dieses Bild an. Du hast bereits das gemalt, wo du hingehen wirst.‹ Er schaute auf und sagte: ›Genial.‹ Er hielt die Postkarte und betrachtete sie. Immer wenn ihn die Angst wieder überkam, nahm er die Karte und schaute sich sein Bild an. Dann meditierte er damit. Sein Bild ist wirklich wunderschön. Es enthält alle diese Elemente, die er ›schwarze Löcher‹ und ›weiße Löcher‹ nannte. Es war sein Ausdruck des ganzen Universums. Auf eine Art war es körperlos, da kein Mensch in dem Bild zu sehen war. Für ihn war es seine Vision des inneren Universums. Und es enthielt den Augenblick seines Todes. Er konnte nur zu diesem Ort gelangen, den er bereits in seinem Bild festgehalten hatte. Es war wie eine Vorausahnung seines Sterbens und somit für ihn die beste Medizin. Jedes Mal, wenn ihn wieder die Unruhe überkam, schaute er sich sein Bild an. Und allmählich fiel er ins Koma und schlief friedlich ein.«

Natürlich ist nicht jeder ein solch talentierter Künstler. Aber ist das letztendlich wichtig? Die Kunst kann für jeden Menschen ein ausdrucksstarkes Instrument sein. In der Kunsttherapie werden künstlerische Ausdrucksmittel verwendet, um Trauer und andere Emotionen zu bewältigen. Bogzaran erklärte dazu:»Wie jemand auf Farben reagiert oder zu welchen er sich hingezogen fühlt, ist in der Therapie sehr aufschlussreich. Somit kann man mit künstlerischen Mitteln das Unterbewusstsein befragen.«

Bogzaran beschrieb mir ihre neueste Methode des künstlerischen Ausdrucks: die Methode des Ausfransens. Sie lud mich in ihr Atelier ein. Mitten im Raum lag ein einfaches Stück beigefarbenes Segeltuch auf dem Tisch. Ich musste mich davorsetzen, und sie führte mich durch eine kleine Meditation, während ich an dem Segeltuch arbeiten sollte. Ich zog vorsichtig an einem Faden, dann am nächsten und nahm auf diese Weise das Gewebe langsam auseinander. Dadurch entstand etwas vollkommen Neues und Wunderschönes.

In gewisser Weise ist die Technik des Ausfransens das Gegenteil eines Schaffensprozesses. Bogzaran forderte mich auf, die Fäden geduldig und vorsichtig zu lösen. Ich sollte mich bei jedem Faden auf meinen Atem konzentrieren. Sie bat mich, meine Aufmerksamkeit auf den Zwischenraum der Fäden und auf den Punkt der Umkehr zwischen meinem Ein- und Ausatmen zu richten. Sie ermunterte mich, diesen Prozess des Ausfransens wie eine Lebensrückschau zu betrachten. Es ist eine sehr ausdrucksstarke Übung, und das Kunstwerk stellt eine wichtige Metapher dar. Mit großer Aufmerksamkeit zog ich an den Fäden, die ihren Platz in dem gewebten Stoff aufgeben mussten. Dabei stellte ich mir vor, wie wir Menschen durch unser vielschichtiges Leben gehen, bevor auch wir uns am Ende vom Gewand des Lebens lösen müssen.

ZERSTÖRTE ORTE WIEDER AUFBAUEN

Kunst für die Transformation von Trauer einzusetzen ist sehr wirkungsvoll. Wenn eine ganze Gemeinschaft in die Kunst mit einbezogen wird, dann geht es um soziale Transformation. Lily Yeh entdeckte ihre persönliche Berufung zur Transformationsarbeit, als sie auf der Suche nach Sinn und Authentizität in ihrem Leben war. Sie war bislang eine sehr erfolgreiche Künstlerin gewesen. Eines Tages sagte ihr eine zarte Stimme in ihrem Inneren, es sei an der Zeit, ihre Fähigkeiten für die Heilung von Leid und Trauer auf diesem Planeten einzusetzen. Als sie sich zu engagieren begann, entdeckte sie so viel Kraft in dieser Arbeit, dass sich ihr Leben grundlegend veränderte. Sie organisiert gemeinschaftliche Kunstprojekte für Dorfbewohner, die Schönheit und ein Gefühl der Verbundenheit ins Leben ihrer Mitmenschen bringen. Ihre transformativen Kunstprojekte haben sie zu vielen Plätzen auf dieser Welt geführt. Als ich mich mit Yeh traf, war sie gerade dabei, die *Barefoot Artists Inc.* (Barfuß-Künstler) zu mobilisieren. Sie will Künstler und Menschen, die an Wandel interessiert sind, zur Entwicklung gemeinschaftlicher Kunstprojekte inspirieren und somit Hoffnung und soziales Miteinander vorantreiben. Dieses Vorhaben führte sie mit Menschen aus zerrütteten Gemeinschaften zusammen. Dazu gehörten zum Beispiel ein innerstädtisches Wohnviertel in Nord Philadelphia, ein verwahrloster Friedhof inmitten einer riesigen Müllhalde außerhalb von Nairobi und eine Schule für Migrantenkinder in China.

Eine Reise führte Yeh nach Ruanda. Hier begann sie 2004 das *Rwanda Healing Project* (Projekt der Heilung in Ruanda). Sie wollte damit die tiefe Verzweiflung lindern, die nach dem Völkermord von 1994 immer noch herrschte. In einem kleinen Dorf mit Überlebenden veranstaltete sie ihr Kunstprojekt um ein Massengrab mit Totenschädeln und Knochen der ermordeten Opfer. Bei ihrer Ankunft lagen die Schädel und Knochen gestapelt in einem rechteckigen Gebäude aus Beton, bedeckt mit einem rostigen Wellblechdach.»Keiner hätte sich vorstellen können, dass hier etwas Schönes entstehen kann«, erzählte sie mit Überzeugung. Depression und Hoffnungslosigkeit hatten sich unter den Überlebenden breitgemacht. Die gemeinschaftliche Arbeit an dem Kunstprojekt brachte die Dorfbewohner dazu, am Aufbau eines Zentrums zu Ehren der Toten mitzuarbeiten und eine Gedenkstätte für den Völkermord in dem Raum zu errichten, in

dem die Gebeine aufbewahrt wurden. Mit nur etwas Farbe und zer-
brochenen Keramikscherben für bunte Mosaike forderte Yeh zahlreiche Kinder und Erwachsene dazu auf, sich an dem Bau für einen Ort
der Heilung zu beteiligen. Ihre Vision und Zusammenarbeit mit der
Dorfgemeinschaft wandelte das trostlose und deprimierende Massengrab in eine Gedenkstätte, die den Menschen ihre Hoffnung und
Würde zurückgab.

Yeh half den Überlebenden dabei, die Erfahrung ihres unaus-
sprechlichen Verlusts zu transformieren, indem sie sich über ihre Erlebnisse austauschten, ihr Leid neu formulierten und ihr zerbrochenes
Leben dazu nutzten, einen Ort der Schönheit und des Zusammenhalts
zu schaffen.

»Stück für Stück konnten die Menschen ihre Trauer wandeln«, erklärte Yeh. »Indem sie ihre Toten ehrten und ihnen Schönheit bieten
konnten, konnten sie ihr eigenes Herz wieder spüren.« Zurückbli-
ckend hätte Yeh nicht gedacht, dass das Projekt ein Erfolg werden
würde, aber das Leben hatte sie geführt, und viele Menschen ließen
sich darauf ein.

»Wenn ich diese Zerrüttung sehe, dann sehe ich gleichzeitig
ein enormes Potenzial und eine Bereitschaft zur Transformation und Neugeburt. Wir entwerfen eine Kunstform, die von
Herzen kommt und die das Leid und den Kummer der Menschen widerspiegelt. Dabei wird auch Freude, Schönheit und
Liebe ausgedrückt. Dieser Prozess bildet die Grundlage für
eine echte Gemeinschaft, in der sich die Menschen gegenseitig
unterstützen und füreinander da sind.«

In ihrem eigenen transformativen Prozess, so wie er im Weltbild-Transformationsmodell beschrieben ist, hat sich Yeh vom »Ich«
zum »Wir« entwickelt. Während sich ihre eigene Weltsicht gewandelt
hat, konnte sie anderen Menschen bei ihrer Wandlung helfen. Es geht
ihr nicht um die Kunst als solche, sondern um die Erkenntnis, wie

Kreativität ein grundlegendes Werkzeug für soziale Heilung sein kann. Durch die Inspiration, die Kunst bietet, und durch Engagement kann laut Yeh persönliche Trauer in eine Kraft gewandelt werden, die das Leben bereichert und zu Wachstum führt. Die dunklen Orte auf dieser Welt können sich zu Gemeinschaften von Menschen mit Hoffnung entwickeln, die ihre persönliche Trauer in kollektive Resilienz umwandeln. Die Arbeit von Yeh zeigt, wie die Menschen durch kreativen Ausdruck ihre Zerrissenheit überwinden und zu ihrer Ganzheit finden können. Yeh bringt es auf den Punkt:»Kreatives Handeln, von Mitgefühl angetrieben, führt zur Transformation.«

EIN PAAR ABSCHLIESSENDE GEDANKEN

Die Kunst bietet uns einen Zugang zu umfangreichem Wissen, das uns neue Einsichten über uns selbst und unseren Platz in einem größeren Beziehungsgeflecht zeigt. Mit der Kunst können wir unsere Emotionen verarbeiten, unsere Fantasie spielen lassen und zu Dimensionen menschlicher Erfahrung vordringen, die uns in eine andere Welt außerhalb unseres Körpers bringen. Musizieren, Tanzen, Malen, Geschichtenerzählen und Schreiben sind alles transformative Praktiken. Durch sie können wir unser tiefstes und authentisches Selbst ausdrücken. Die Prinzipien der transformativen Praktiken – Absicht, Aufmerksamkeit, Wiederholung, Führung und Annahme – weisen darauf hin, wie Kunst unsere Angst vor dem Tod sowohl widerspiegeln als auch wandeln kann. Kunst kann die persönliche Transformation vorantreiben, sie gibt uns Hoffnung und kann möglicherweise ein gesamtes gesellschaftliches System verändern. Dabei können Schönheit und Hoffnung neue Wege aufzeigen.

ÜBUNG
Die Zwischenräume aufdecken

Diese Übung basiert auf der luziden Kunst von Fariba Bogzaran, von der die transformative Praxis des Ausfransens stammt. Sie brauchen dazu ein Stück Segeltuch oder Leinenstoff. Finden Sie heraus, welche Größe für Sie am besten ist – empfehlenswert ist jedoch eine Stoffgröße von mindestens 50 x 50 cm.

Legen Sie den Stoff auf einen Tisch vor sich hin. Ziehen Sie vorsichtig einen Faden aus dem Stoff, ganz bewusst und achtsam. Sie müssen den Stoff mit der einen Hand halten, während Sie mit der anderen Hand am Faden ziehen. Nehmen Sie sich Zeit dafür, da sich sonst die Fäden verheddern. Beobachten Sie, wie die Leere zwischen den Fäden entsteht, während Sie ihn herausziehen. Beobachten Sie, wie sich der Faden endgültig aus dem Stoff herauslöst, wie er sich von dem Ganzen befreit. Wiederholen Sie diesen Vorgang und sammeln Sie die Fäden auf einem Haufen, während Sie den Stoff weiter ausfransen. Aus dieser Transformation erschaffen Sie ein neues Kunstwerk.

Bleiben Sie beim Fädenziehen achtsam im Augenblick. Betrachten Sie den Faden wie er sich elegant durch den Stoff bewegt. Atmen Sie in Ihre momentanen Gefühle hinein. Seien Sie sich des Raumes zwischen den Atemzügen bewusst. Entscheiden Sie selbst, wie viele Fransen Sie für Ihr neues Kunstwerk haben wollen. Es ist eine hervorragende Übung, die man über eine längere Periode fortsetzen kann.

Wenn Sie merken, dass Sie aufhören wollen, notieren Sie anschließend zehn Minuten lang Ihre Eindrücke in Ihr Tagebuch.

Reflektieren Sie dabei über diese Methode des Ausfransens als eine Metapher für das Leben und den Tod. Wie fühlen und denken Sie über diesen Zwischenraum zwischen den Fäden und über den Prozess, in dem Sie achtsam etwas Neues und Wunderschönes erschaffen?

10. KAPITEL
LEBEN, TOD UND DIE
QUANTEN-SEELE

Wenigstens wissen wir, dass alles Bewusstsein,
das wir in unserem Leben erlebt haben, nicht
zerstört werden kann. Es ist irgendwo gespeichert.
Rudolph E. Tanzi

Thomas Kuhn, ein anerkannter Historiker, wurde zu einer Art Legende. Er hatte dazu beigetragen, die Objektivität und Absolutheit unserer wissenschaftlichen Wirklichkeits-Modelle als Illusion zu entlarven. Sein Klassiker *Die Struktur wissenschaftlicher Revolutionen* untersucht die Vorstellung, dass Paradigmen über die Wirklichkeit gesellschaftlich konstruiert seien.[1] Außerdem beschreibt er, wie sich Paradigmen im Lauf der Geschichte regelmäßig auf revolutionäre Art verändern. Sogar in den exakten Naturwissenschaften wie der Physik oder der Chemie ist nichts starr.

Kuhn stützte sich auf die sogenannte Kopernikanische Wende, um einen bedeutenden Paradigmenwechsel zu erklären. Kopernikus entdeckte in der Zeit der Renaissance, dass die Sonne, und nicht die Erde, den Mittelpunkt unseres Universums bildet. Damals galt seine Entdeckung als ketzerisch, heute wird sie als das heliozentrische Weltbild bezeichnet. Danach drehen sich die Planeten um die Sonne und nicht um die Erde. Diese radikale Vorstellung führte damals dazu, dass die

Menschen ihr Weltbild, ihr Selbstverständnis und die Lehren der Kirche überdachten. Es war eine umwälzende Weltbild-Transformation, aus der schließlich die Naturwissenschaften und Methoden der empirischen Beobachtung hervorgingen.

Nach Kuhn lässt ein Paradigmenwechsel neue Herangehensweisen und Fragen entstehen. Dieser Wechsel führt zu Unstimmigkeiten, weil er mit den konkurrierenden Paradigmen oft nicht vereinbar ist. Gegner und Befürworter einer Weltsicht ergreifen immer Partei. Sowohl in der Renaissance als auch in anderen Epochen wurden diejenigen, die Paradigmen infrage stellten, von den herrschenden kirchlichen Institutionen als Häretiker (Ketzer) bezeichnet und oftmals gleich auf dem Scheiterhaufen verbrannt. Heutzutage werden Wissenschaftler, die das vorherrschende Paradigma anzweifeln, aus den Kreisen bestimmter Wissenschaftler oder medizinischer Fachleute ausgegrenzt. Oder sie werden zur Zielscheibe von Verleumdungskampagnen. Wie im vorherigen Kapitel bereits erwähnt, haben die unterschiedlichsten Menschen aller Altersklassen und aller Nationalitäten transpersonale Erfahrungen gemacht. Dennoch hat die Wissenschaft solche Berichte als Schwindel, Wahnvorstellungen oder Begleiterscheinungen des Gehirns zurückgewiesen. Kämpfe um Paradigmen kennen keine historischen Grenzen.

Wie die Geschichte bereits gezeigt hat, können Paradigmenwechsel auch zu Durchbrüchen führen. Wenn ein neues Weltbild entsteht, das aus verschiedenen Blickwinkeln betrachtet werden kann, öffnen sich ungeahnte Türen. Ideen, die zuvor verworfen wurden, werden in einem neuen Licht betrachtet. In diesem Kapitel werden wir einige revolutionäre Ideen aus dem neuen Gebiet der postmaterialistischen Wissenschaft untersuchen. Sie bietet neue Erkenntnisse zu jahrhundertealten Fragen zum Leben, zum Tod und zum Jenseits.

DIE BEWUSSTSEINS-REVOLUTION

Zweifellos kann man mit den »Billiard-Kugeln-Modellen« (von miteinander kollidierenden Kugeln der newtonschen Gesetze der Physik, Anm. d. Ü.) unsere physische Welt auch weiterhin mit großer Genauigkeit berechnen. Die erste geklonte Katze namens *Carbon Copy*, der erste PC-Schachgroßmeister namens *Deep Blue* und die erste internationale Raumstation ISS – Sie alle sind typische Beispiele, wie mithilfe der klassischen Physik die Welt um uns herum zu kontrollieren ist. Stellt man dabei die Frage nach einem Leben nach dem Tod, kommt unweigerlich nur eine Antwort: Wenn du tot bist, bist du tot. Mehr nicht.

Gleichzeitig wird heutzutage die Wirklichkeit neu definiert als eine komplexe Quantensuppe, bestehend aus Nichtlokalität, Wahrscheinlichkeitsergebnissen, Stringtheorie, Cyberspace, Cloud Computing, Biofelder, Potenzialen von Informationsfeldern und sogar der Unschärferelation. Die Dinge werden sogar für Experten schneller und schneller, kleiner und kleiner, unendlich komplexer und herausfordernder, sodass sie kaum noch mithalten können. Inmitten dieses Wandels treffen Erkenntnisse aufeinander, die eine Brücke schlagen zwischen Wissenschaft und Spiritualität. Diese Erkenntnisse offenbaren ein neues Verständnis darüber, wer wir sind und welche Möglichkeiten wir haben. Besonders das Thema Bewusstsein, ehemals vollkommen tabu in wissenschaftlichen Kreisen, ist zu einem Zündfunken geworden, der die Diskussion in Wissenschaft, Religion und Gesellschaft verändert hat.

Die Annäherung kontroverser und oftmals sich widersprechender Definitionen der Wirklichkeit mitzuerleben führt zu unglaublichen Herausforderungen. Wir haben dabei die Gelegenheit, unsere eigene Weltanschauung zu überdenken und unser Verständnis von Leben, Tod und dem Leben nach dem letzten Atemzug neu zu formulieren. Das Weltbild-Transformationsmodell beschreibt, wie die gesellschaftliche Transformation dem gleichen Muster wie der individuellen

Transformation folgt. Es zeigt auch, wie beide Wege eher stark gegliedert als linear verlaufen. Transformation kann in der Tat chaotisch sein. Die Durchbrüche von heute zeigen sich an den Schnittpunkten von Weltbildern, Disziplinen und Formen des Wissens und Seins. Der Wechsel, den wir erleben, repräsentiert eine neue Seinslehre oder ein Realitätsmodell, das jenseits der Sinne liegt und sich in erweiterte Seinsebenen streckt.

ÜBERDAUERT DAS BEWUSSTSEIN DEN KÖRPER?

Überlebt die Identität den körperlichen Tod? Und wenn ja, wie? Solche Fragen prägen den Diskurs in der postmaterialistischen Wissenschaft. Wie in vorherigen Kapiteln beschrieben, pflegen viele Kulturen in der Weltgeschichte die Vorstellung, dass etwas nach dem Tod weiterlebt. Wie stimmen diese Ansichten mit dem Modell der westlichen Wissenschaft überein? Wie behandelt die postmaterialistische Wissenschaft des Bewusstseins noetische Erfahrungen, ein erweitertes Bewusstsein, Nahtoderfahrungen, Kommunikation mit Verstorbenen und Reinkarnation? Erkenntnisse aus dem inneren (noetischen) als auch dem äußeren (rationalen) Wissen zu verbinden hilft uns dabei, ein neues menschliches Potenzial zu entdecken – sowohl jetzt als auch nach unserem Tod. Wenn sich Religion und Wissenschaft kreuzen, entsteht eine evidenzbasierte Spiritualität, die ein vollkommen neues Weltbild für das 21. Jahrhundert liefert.

Dr. Rudolph Tanzi ist einer der engagiertesten Vertreter dieses neu aufkommenden Weltbildes. Seine Arbeit verbindet einwandfreie wissenschaftliche Glaubwürdigkeit mit einer tiefgründigen spirituellen Praxis. Tanzi ist Professor für Neurologie an der Harvard-Universität. Er leitet die Abteilung für Genetik und Altersforschung am *Massachusetts General Hospital*. Seine Forschung konzentriert sich auf die genetischen Ursachen der Alzheimer-Krankheit. Für Tanzi gibt es ein Bewusstsein jenseits des Körpers. Er setzt sich dafür ein, einen Zusammenhang zwischen den sichtbaren Bereichen der materiellen Welt und den unsichtbaren Ebenen, die jenseits unseres physischen Körpers liegen, herzustellen. Seine Ansichten über das Bewusstsein und was nach dem physischen Tod kommen mag, sind unkonventionell und provokativ. Er erklärte mir Folgendes:

»Wissenschaftlich gesehen wissen wir nicht, ob die Identität, das Bewusstsein des Selbst, den Tod überlebt. Man entwickelt ein Netz aus Bewusstsein um sich herum, das mit dem Bewusstsein im Universum interagiert. Hierbei geht es um Information. Information ist das Grundlegendste im Universum.

Die Struktur der Materie kann Information sein. Information ist die Art, wie Energie konfiguriert ist. Wir sind der Meinung, dass Information nicht zerstört werden kann. Wir wissen wenigstens, dass das Bewusstsein, das wir in unserem Leben erfahren, definitiv nicht zerstört werden kann. Es ist irgendwo gespeichert.

Ein Neurowissenschaftler erklärt die persönliche Identität lediglich als ein Teil im Neuronennetz – alles, was man tut und lernt, wird nur mit dem assoziiert, was man bereits weiß. Daraus ergibt sich die Frage, ob tatsächlich alles aufhört, wenn man stirbt, ob das Gehirn seine Funktion einstellt und die elektrische Aktivität abgeschaltet ist.

Die meisten Neurowissenschaftler sprechen nicht gerne über die andere Seite der Medaille: Wo befindet sich das Bewusstsein? Wo befinden sich die Erinnerungen? Wenn man an die Vergangenheit denkt, wo sind die Erinnerungen gespeichert? Die Neurowissenschaft bietet dafür keine Antwort. Ich frage bei Studenten und anderen Professoren immer wieder nach. Sie antworten ausweichend mit: ›Na ja, es befindet sich in deinem neuronalen Netz.‹ Ich frage nach: ›Wo denn genau?‹

›Nun, in den Synapsen.‹ Nein, denn Synapsen feuern, damit sie die Erinnerung abrufen können. Aber wo befindet sich die eigentliche Erinnerung? Wo wird das Gesicht meiner Mutter abgespeichert, wenn ich daran denke? Wie sieht die Speicherkarte des Gehirns aus, die das jpeg-Bild meiner Mutter speichert? Wir haben keine Ahnung.

Daraus ergibt sich die Frage, ob die Erinnerung hier [zeigt an seinen Kopf] gespeichert wird, aber eben nicht als einheitliche Masse, die man für die Identität brauchte. Oder verschmilzt die Erinnerung zu einer allgemeinen Energie innerhalb einer einheitlichen Masse, die wir Identität nennen? In Ermangelung eines besseren Wortes gibt es den Begriff *Seele*. Die Seele ist demnach die Hüterin der Identität. Das Bewusstsein, das man im Lauf seines Lebens entwickelt hat, bleibt intakt. Daran glaube ich. Hier geht es eher um einen spirituellen als um einen wissenschaftlichen Glauben. Und ich vertraue meiner Intuition mehr als allem anderen. Diese sagt mir, Ja, so ist es.«

Nach Tanzi ist es nicht unsere physische Erfahrung, die festlegt, wer wir sind. Das mag überraschend aus dem Mund eines Wissenschaftlers klingen, der seinen Beruf darauf aufgebaut hat, Moleküle und Funktionsweisen des Bewusstseins in unserem Gehirn und Körper zu erforschen. Auf seine ganz individuelle Weise hat er zu einem Weltbild gefunden, das seine wissenschaftlichen Erkenntnisse und sein intuitives, noetisches Wissen integriert. Für Tanzi, wie auch für andere postmaterialistische Wissenschaftler, transzendiert die Frage »Wer bin ich?« unser Gehirn und unseren Körper. Diese Vorstellung deutet auf eine andersartige Verbindung zwischen dem persönlichen Erleben und der Seele als Hüterin unserer Identität hin. In diesem Weltbild ist der Tod also eine weitere Phase in unserer fortlaufenden Transformation. Diese bezwingende Vorstellung charakterisiert Rudolph Tanzi als einen Wissenschaftler des 21. Jahrhunderts und bietet uns allen ein neu entstehendes Paradigma.

BEWUSSTSEIN UND EIN VERNETZTES UNIVERSUM

Rudolph Tanzi ist nicht der Einzige, der das Bewusstsein als eine elementare Kraft in der Natur betrachtet. Lothar Schäfer hat eine ähnliche Weltsicht. Schäfer ist jetzt im Ruhestand, nachdem er 43 Jahre physikalische Chemie an der Universität von Arkansas gelehrt hat. Als Vorbote eines neuen Weltbildes ist Schäfer sehr optimistisch, dass die Wissenschaft allmählich ein neues Verständnis von Bewusstsein entwickeln wird. Für Tanzi und andere postmaterialistische Wissenschaftler gehört die Ganzheit zum Wesenskern der Realität. Diese Sichtweise wirkt damit dem materialistischen und reduktionistischen Weltbild entgegen, das die Welt auf seine einzelnen Teile reduziert. Schäfer verfolgte zwar seine akademische Karriere in physikalischer Chemie und erforschte die mikrokosmische Welt, jedoch ist für ihn die Grundlage der Materie immateriell, und er betrachtet das Universum als ein zusammenhängendes Ganzes. So erklärte er mir:

»Alle Dinge sind miteinander verbunden. Zwar nicht in der empirischen Welt, aber in ihren nicht-empirischen Wurzeln. Meine Argumentation ist folgende: Wenn das Universum ein großes Ganzes ist, dann entsteht alles aus ihm heraus, alles gehört zu ihm, einschließlich unser Bewusstsein. In dem Fall ist Bewusstsein ein kosmisches Prinzip. Die einzige Chance, dass unser Bewusstsein beim Tod überlebt, liegt darin, dass es auch Bewusstsein im Außen gibt. Was in uns ist, ist möglicherweise nicht unser Bewusstsein, sondern ein kosmisches Bewusstsein.«

Im Gespräch über seine metaphysische Weltanschauung erklärte mir Schäfer, dass seine eigene Transformation dazu geführt hatte, dass er seine persönliche Einstellung zum Tod in sein wissenschaftliches

Weltbild integrieren konnte. Als er jung war, hatte er Angst vor dem Tod. Heute empfindet er den Tod nicht mehr als etwas Beängstigendes. Dabei hat er noch immer keine klare Vorstellung davon, was nach dem Tod geschieht. Dennoch basieren sein Glaube und seine Hypothesen für ihn als postmaterialistischen Wissenschaftler auf der Verbindung von Wissenschaft und Seele.

»Im Grunde gibt es keine Dualität. Sie gehört zwar zum Konzept der klassischen Physik, aber meiner Meinung nach gibt es eher verschiedene Stadien der Existenz. Beispielsweise verwandelt sich ein ruhendes Teilchen spontan in einen wellenartigen Zustand der Möglichkeiten. Dadurch werden Interferenzmuster mit Doppelspalten und Elektronen erkennbar. Somit gibt es eigentlich keine Dualität in den verschiedenen Stadien.

Werfen Sie zum Beispiel einen Eiswürfel in Ihr Getränk. Irgendwann ist er weg. Teilchen ergeht es ebenso, nur werden sie nicht zur Materie. Nein, sie verwandeln sich vielmehr in eine Möglichkeitswelle und verhalten sich entsprechend. Und wenn man sie richtig behandelt, entsteht wieder ein Teilchen. Wo die Masse geblieben ist oder wo sie sich hinbewegt hat, weiß ich nicht. Ich habe bereits etliche Physiker gefragt, keiner konnte mir bisher eine Antwort darauf geben.

Nach dem Konzept der klassischen Physik und den Erkenntnissen Newtons ist das Universum wie eine Maschine. Es besteht nur aus Gebilden, die sich nach den newtonschen Gesetzen bewegen. Das Universum ist demnach ein geschlossener Raum, weil der Zustand der Gegenwart die Zukunft bestimmt. Es gibt nichts Unerwartetes. Es ist wie das Laufwerk einer Uhr. In einem mechanischen Universum scheint unser Leben völlig sinnlos zu sein. Nach diesem Konzept leben wir am Rande einer fremden Welt, der unsere Hoffnungen, Schmerzen und unsere Verbrechen völlig gleichgültig ist.

Unser Leben wäre also sinnentleert und ohne jede Würde.
Würde hätten wir nur, wenn das Universum keine Maschine
ist. Ich glaube, dass es ein Organismus ist, genauso wie wir
ein Organismus sind. Und dass es einen kosmischen Geist
gibt, mit dem wir verbunden sind. Denn wenn es diesen Geist
gibt, wäre es merkwürdig, wenn er nicht mit unserem
verbunden wäre.«

DER ÄUSSERE RAND DES JETZT

Dieses aufkeimende postmaterialistische Paradigma zeigt, wie Wissenschaft und Spiritualität sich gegenseitig bedingen und ergänzen. Sie
lassen sich nicht so einfach und schnell auseinanderdividieren. Wie
Thomas Kuhn Jahrzehnte zuvor festgestellt hat, sind Wissenschaftler
Experten darin, unsere physikalische Natur zu erklären, und gleichzeitig tragen sie ihre eigenen metaphysischen Vorstellungen in sich. Sozialpsychologen haben nachgewiesen, dass unsere Werte und Glaubenssätze maßgeblich von unserer Weltanschauung geprägt werden, und
zwar knapp unterhalb der Schwelle zum Unterbewusstsein. Wissenschaftler sind davon nicht ausgenommen. Ein Paradigmenwechsel
führt zu einer Verlagerung unserer metaphysischen Vorstellungen.

Für Rick Hanson bietet die kognitive Neurowissenschaft eine zuverlässige Möglichkeit, unser menschliches Potenzial zu verstehen.
Seine Schriften und klinischen Studien basieren auf einer Fülle von
neuen Daten, die belegen, dass Erfahrung im Gehirn stattfindet.
Durch Neurofeedback können wir unser Gehirn umprogrammieren,
um unser Leid zu verringern. Die modernste Technologie für Hirn-
kartierung kann neurochemische Bahnen identifizieren, die Wirkme-
chanismen zum Verständnis unserer Emotionen, Gefühle und Glaubensüberzeugungen bieten.

Das Bewusstsein auf bestimmte Gehirnzustände zu reduzieren
bietet keine Erklärung, wer wir sind und was nach dem Tod geschieht.

Forschungsergebnisse über die Wirkung von Meditation und kontemplativen Praktiken wie das Beten weisen darauf hin, wie weit sich Bewusstsein ausdehnen kann. Dennoch sind diese Forschungsarbeiten noch sehr stark vom materialistischen Denkmuster geprägt, wonach erweiterte Bewusstseinszustände nur auf bestimmten Gehirntätigkeiten beruhen. Für Hanson wie auch für andere postmaterialistischen Wissenschaftler ist das verwirrend.

»Meine persönliche Erfahrung und Überzeugung beruhen auf dem Theismus. Ich glaube an das Transzendentale. Damit meine ich eine unmittelbare transzendentale Sicht, die in die Natur der Dinge eingebettet ist. Wenn die Quantenphysiker recht haben und Bewusstsein erforderlich ist, um die Quantenmöglichkeit zu einer Quantenwirklichkeit am äußeren Rand des Jetzt werden zu lassen, dann müsste eine Art Bewusstsein mit der Struktur der Realität in einem umfassenderen Sinn verwoben sein.«

Eine solche transzendentale Sicht lässt ein neues Modell entstehen, welches die Frage erlaubt, was mit dem Bewusstsein nach dem physischen Tod geschieht. Dieses Modell schlägt eine Brücke zwischen unserer verkörperten Natur und der Komplexität eines Quantenuniversums. Außerdem unterstützt es eine evidenzbasierte Spiritualität, die auf diesem neuen Paradigma gründet.

QUANTEN-SEELE

Für diese komplexen und anregenden Konzepte suchte ich nach weiteren Erklärungen. Ich fand sie bei Stuart Hameroff, Anästhesist, Professor und Direktor am *Center for Consciousness Studies* an der Universität von Arizona. Seit vielen Jahren erforscht er die Natur des Bewusstseins und wie es mit dem Gehirn zusammenhängt. Sein besonderes Interesse gilt den Möglichkeiten der Quantenphysik, die Ausmaße des Bewusstseins zu erklären.

In der Hightech-Abteilung für Chirurgie an der Universität erklärte Hameroff mir seine persönlichen und kontroversen Ansichten. Er wies insbesondere auf ein Modell hin, das er zusammen mit Sir Roger Penrose, dem berühmten britischen Mathematiker, entwickelt hat. Für Hameroff sind Mikrotubuli ein Schlüssel zum Verständnis des Bewusstseins. Durch sie kann man das Überleben des Bewusstseins nach dem Tod des Körpers erklären. Diese Eiweißstrukturen sind das Gerüst des Körpers, aus dem das Stützskelett unserer Zellen gebildet wird. Die röhrenförmigen Strukturen können so als Übermittler für Quantenereignisse im Körper fungieren – und jenseits davon.

»Wenn das Bewusstsein eine emergente Eigenschaft komplexer Berechnungen ist, worin sich die meisten Neurowissenschaftler und Philosophen einig sind, dann gibt es keine Aussicht auf ein Jenseits oder ein Bewusstsein nach dem Tod. Die emergente Eigenschaft des Bewusstseins würde zugrunde gehen, wenn der antreibende Prozess beendet ist. Wenn jedoch das Bewusstsein mit Quantenprozessen zusammenhängt – zum Beispiel in den Mikrotubuli, die unserer Meinung nach die Quantencomputer in den Neuronen sind –, dann entstammen Bewusstsein und Quanteneigenschaften einer grundlegenden Ebene des Universums: der Raum-Zeit-Geometrie. Bewusstsein ist dann unter normalen Umständen ein Prozess, der sich im Gehirn abspielt, in und um die Mikrotubuli in den Neuronen. Von der grundlegenden Ebene im Universum abgeleitet, der verschwindend kleinen Planck-Skala, befindet sich das Bewusstsein jedoch möglicherweise zwischen den Ohren, im Gehirn, in den Mikrotubuli.«[2]

Die Planck-Skala zeigt an, wie klein oder groß die Quantengravitation ist. Quantenphysiker meinen, dass Konzepte wie Lokalität und Kausalität an dieser Skala scheitern. Die Planck-Skala zeigt, wie Bewusstsein Quanteneigenschaften annehmen kann, die die konventionelle Vorstellung von Zeit und Raum übersteigen. In unserem Interview erklärte Hameroff:

»Wenn das Blut nicht mehr fließt und das Gehirn nicht mehr funktioniert, geht die Stoffwechselenergie, die die Quantenkohärenz antreibt, verloren. Die Quanteninformation in der Raum-Zeit-Geometrie bleibt jedoch erhalten. In der Planck-Skala besteht genügend Energie (wenn man sich nicht um die dazugehörige Biologie kümmern muss), um als Einheit verschränkt zu bleiben. Die Quanteninformation kann sich im Universum auflösen oder als Seele sozusagen im Zustand der Verschränkung erhalten bleiben, und zwar nichtlokal oder holografisch verteilt. Sie bleibt so als Grundeinheit bestehen. Es erscheint mir plausibel, dass das Bewusstsein nach dem physischen Tod weiterexistiert, wenn es mit der Raum-Zeit-Geometrie verbunden bleibt, wovon ich überzeugt bin.«

Hameroff erzählte mir von einer Fallstudie eines Intensivmediziners an der George-Washington-Universität in Washington, DC. Der Palliativmediziner Lakhmir Chawla betreute sterbende Patienten.[3] Diese Patienten hatten zusammen mit ihren Familienangehörigen entschieden, lebensrettende Maßnahmen abzulehnen, damit sie in Frieden sterben konnten. In dieser Phase wurde das Gehirn der Patienten am Monitor überwacht. Hameroff beschrieb den Prozess:

»Zu Beginn konnte man bei den Patienten eine physiologische Aktivität feststellen, die unterhalb des Niveaus lag, das wir in der Anästhesie als bewusst bezeichnen würden. Dennoch gab es eine gewisse Aktivität. Dann hörte das Herz auf zu schlagen, die Blutzirkulation stoppte, der Blutdruck sank gegen null. Die gesamte physiologische Aktivität kam zum Erliegen, bis zum endgültigen Herzstillstand. In allen sieben Fällen, die Chawla untersuchte, kam es jedoch plötzlich wieder zu einer Gehirntätigkeit, die sich als Synchronisation der Gammawellen erwies. Diese Entsprechung des Bewusstseins dauerte in einem untersuchten Fall zwischen 90 Sekunden und 20 Minuten.«

Hameroff zitierte eine weitere Studie, die an der Virginia-Mason-Universität in Seattle durchgeführt wurde.[4] Es ging dabei um drei Patienten, die aufgrund von Gehirnverletzungen im Sterben lagen und operiert wurden, da sie einer Organspende zugestimmt hatten. Die Ärzte stellten bei der Gehirnaktivität der sterbenden Patienten ähnliche Reaktionen wie Chawla fest. Hameroff berichtete:

»Sie stellten diese plötzliche Gehirnaktivität zum Zeitpunkt des Todes fest, als das Herz aufhörte zu schlagen. Chawla wies darauf hin, dass diese Aktivität möglicherweise mit dem zusammenhängt, was wir als Nahtoderfahrung oder auch außerkörperliche Erfahrung kennen. Seit Tausenden von Jahren haben Menschen aus den unterschiedlichsten Kulturen über den Augenblick des Todes berichtet. Dazu gehören das Phänomen des weißen Lichtes, das plötzlich erscheint, das Tunnelerlebnis, der Besuch von verstorbenen Verwandten sowie Gefühle des Friedens, der Ruhe, Klarheit und Gelassenheit. Die Sterbenden wurden dann wiederbelebt, kamen zurück ins Leben und waren wieder normal.

Natürlich starben diese Patienten aus beiden Studien irgendwann, also wissen wir auch nicht mehr. Man weiß nicht, ob sie ihren Körper wirklich verlassen haben, wie bei einer außerkörperlichen Erfahrung oder ob eine Seele den

Körper verlassen hat. Dennoch vermutet man, dass die Nahtoderfahrung etwas anderes als nur eine Sauerstoffunterversorgung im Körper ist. Vielleicht hat die Nahtoderfahrung etwas mit den Phänomenen wie Klarheit, Gelassenheit usw. zu tun. Alles scheint darauf hinzudeuten, dass es so etwas wie ein Jenseits geben kann, obwohl das damit noch nicht bewiesen ist.«

Hameroff sprach weiter über die Wissenschaft des Bewusstseins und beschrieb seine Ansicht über eine Ebene der Realität, die unterhalb der Ebene der Atome, wo es keine Masse gibt, liegt. Hameroff ist zwar mit seiner Theorie zurückhaltend, aber er erkennt die Bedeutung der Raum-Zeit-Geometrie, um die Mechanismen einer Reinkarnation zu verstehen.

»Es gibt eine Verschlüsselung, wie die Verteilung von Masse auf die Krümmung der Raumzeit wirkt. Wir meinen, dass das Bewusstsein oder zumindest die Vorläufer von Bewusstsein, nicht reduzierbare, grundlegende Komponenten des Universums sind. Ihre Organisation und Zusammensetzung führt zur Entstehung unseres komplexen Bewusstseins.
Im Grunde genommen ist die Raum-Zeit-Geometrie nicht-lokal. Das wissen wir aus der Quantentheorie und der Verschränkung. Das Bewusstsein ist möglicherweise ein Phänomen, das sich in unterschiedlichem Umfang wiederholt und potenziell nicht-lokal und holografisch ist. Vielleicht fließt diese Quanteninformation, wie im Falle der Reinkarnation, zurück in einen anderen Embryo oder eine befruchtete Eizelle oder in eine weitere Reihe von Mikrotubuli, die die Überträger der Quanteninformation sein können oder die unbegrenzt im Universum existieren.«

Hameroff spekulierte darüber, wie seine Weltsicht ein neu entstehendes Weltbild prägen könnte, in dem sich die innere Welt des Geistigen mit der äußeren Welt der Wissenschaft verbindet.

»Ich bin bis zu einem gewissen Grad davon überzeugt, dass das Bewusstsein den Tod überlebt. Wenn sich das bewahrheitet, dann wird sich der Kreis für die Wissenschaft schließen, und es geht zurück zu den uralten Traditionen, die das gleiche seit Jahrtausenden predigen. Statt des Dualismus von Wissenschaft und Religion gäbe es vielmehr eine Synthese von beiden. Solche Entwicklungen wären sehr erfreulich. Ich glaube nicht, dass dadurch die Religion außer Acht gelassen wird, denn es ist immer noch wichtig, ein gutes Leben zu führen. Aber es würde eine gewisse Verbundenheit zwischen Wissenschaft und Religion schaffen.«

QUANTENHOLOGRAMME

Durch die Verbindung von Wissenschaft und noetischen Erkenntnissen untersucht Edgar Mitchell das Mysterium des Bewusstseins. Mitchell ist einer der Apollo-14-Astronauten und Gründer des *Institute of Noetic Sciences*. In jungen Jahren wurde er Pilot und flog später für die US-Navy im Koreakrieg. Er studierte Ingenieurwissenschaften am *Massachusetts Institute of Technology (MIT)*, bevor er anschließend als einer der wenigen den Mond betrat. Wieder auf der Erde, begann er sich die großen Fragen über das Leben und die wahre Beschaffenheit der Wirklichkeit zu stellen.

Für Mitchell sind Fragen über den Tod und ein mögliches Leben danach elementar, um die Wirklichkeit verstehen zu können. Mit dem neuesten Datenmaterial des Hubble-Teleskops ist Mitchell der Ansicht, dass wir das Universum und die Bedeutung von Leben auf vollkommen neue Art verstehen lernen können. Der ehemalige Astronaut versucht, wie auch andere postmaterialistische Wissenschaftler, mithilfe der Quantenphysik und der Holografie rätselhafte Konzepte wie das der Reinkarnation zu erklären.

Mitchell beschrieb, wie Max Planck, der Nobelpreisträger für Physik des Jahres 1918, die Entdeckung machte, dass alle physische Materie Strahlung aussendet. Ein Teil der Strahlung sind elektromagnetische Wellen. Ein anderer Teil beruht auf Photonen und ist ohne Ladung. In den 90er-Jahren erklärte ein anderer deutscher Wissenschaftler, Walter Schempp, mithilfe der komplexen Mathematik die Atomkern-Emissionen eines jeden Körpers, basierend auf Photonen, als eine *Quanten-Holografie*. Die Hologramme beinhalten ein dreidimensionales Bild aus kohärentem Licht. Dieses Konzept führte zur Entwicklung der modernen Medizintechnik, einschließlich der fMRT.

Zusammen mit Schempp und anderen Kollegen hat Mitchell ein Modell entwickelt, mit dem man durch holografische Information das Bewusstsein besser erklären kann. Nach seiner Argumentation werden unsere Gedanken und Gefühle in einem holografischen Feld erfasst. Wie Tanzi behauptet auch Mitchell, dass es tatsächlich eine Chronik der gespeicherten Informationen gibt. Eine solche Hypothese verrät einen Mechanismus, mit dem Konzepte wie nicht zu ortendes Bewusstsein und Reinkarnation erklärt werden können. Auf meine Frage, was er von der Vorstellung halte, Quantenhologramme mit der Akasha-Chronik gleichzusetzen, meinte Mitchell, dass »die Natur ihre Erfahrung nicht verliert«. Er erklärte weiter:

»Das heißt, die Erfahrungen des täglichen Lebens wären in der Chronik gespeichert. Wahrscheinlich könnte man sie auch abrufen … Würde man beispielsweise die Chronik des Quantenhologramms eines Verstorbenen in den Geist herunterladen, so wie bei einem Computerprogramm, könnte man dadurch das Leben, die Gedanken und die Welt dieses Menschen tatsächlich nachbilden.«

Mitchell führte diese Theorie über das Wesen der persönlichen Identität weiter aus und gab zu, dass sie zu diesem Zeitpunkt noch sehr spekulativ sei.

»Unsere Identität könnte auf gewisse Weise als Photonen in einem Quantenhologramm gespeichert sein. Ist das nun eine endgültige Aussage? Noch nicht. Dennoch ist es eine richtige Aussage. Es bleibt jedoch abzuwarten, wie viele Untersuchungen noch gemacht oder welche Laborversuche noch ausgearbeitet werden müssen, um die Aussagen entweder zu bestätigen oder die Grenzen der Forschung auf diesem Gebiet festzustellen. Wir befinden uns hier im Grenzgebiet.«

Letztendlich ist für Mitchell die Frage nach dem Tod und was danach kommt entscheidend dafür, wie wir unser Leben führen. Er beschrieb seine eigene Weltsicht über die Unsterblichkeit und das Weiterbestehen von Bewusstsein nach dem Tod und wie wichtig diese Fragen für unser Leben sind:

»Ich glaube, es ist für uns Menschen viel wichtiger, glücklich und zufrieden mit dem zu sein, was wir in diesem Leben machen. Wir sollten auf unsere Gesundheit achten, uns um unsere Familie kümmern und anderen Menschen helfen. Das ist weitaus wichtiger, als alle Antworten auf das, was nach dem Tod geschieht, zu haben. Für mich ist es wesentlicher, in meinem Leben aufrichtig und glücklich zu sein und es in seiner Fülle zu leben.«

EIN PAAR ABSCHLIESSENDE GEDANKEN

Wir leben in einer Zeit großer Veränderungen. Die noch recht junge Wissenschaft des Bewusstseins spricht von der Entstehung eines neuen Paradigmas, das sich auf die Kräfte und Potenziale unseres Geistes konzentriert. Postmaterialistische Wissenschaftler haben innovative Ideen über die Natur der Wirklichkeit entwickelt – Ideen, die wissenschaftlich geprägt sind und auf persönlichen spirituellen Glaubensüberzeugungen und Praktiken beruhen. Die Entdeckung, dass unsere Identität möglicherweise unabhängig von Raum und Zeit existiert, vermittelt uns ein neues Verständnis von uns selbst – und was mit uns nach dem Tod geschieht. Wenn wir tatsächlich Formen von Information sind, dann können wir als persönliche Identität sowohl mehr als auch weniger sein.

Diese neue Weltsicht bietet ein erweitertes Verständnis des Selbst, das unsere physischen und metaphysischen Überzeugungen miteinander verbindet. Wir entwickeln neue Erkenntnisse über das Leben als Teil eines nicht-lokalen, vernetzten Universums, das außerhalb der linearen Raum-Zeit-Schiene existiert. Die Realität, wie sie sich jetzt im 21. Jahrhundert präsentiert, ist sehr dynamisch, integrativ und eigentlich nicht in Worte zu fassen. Im nächsten Kapitel geht es darum, wie sich dieser Paradigmenwechsel auf die Wissenschaft und auf die Gesellschaft als Ganzes auswirkt. Das neue Weltbild über den Tod und das Jenseits beeinflusst insbesondere das Gesundheitssystem, das den Tod immer noch als Feind betrachtet, der besiegt werden muss. Mit dem Übergang in dieses neue Weltbild, das die Fülle des Lebens in allen seinen farbenprächtigen Facetten ausdrückt, können wir eine neue Vision für unsere menschliche Natur entwickeln und Wege finden, unsere kulturell bedingte Verleugnung des Todes aufzulösen.

ÜBUNG
Achtsamkeit in der Natur

Um die Erkenntnisse aus diesem Kapitel zu verarbeiten, ist es vielleicht hilfreich, wenn wir uns auf die Verbundenheit mit allem Lebendigen besinnen. Für diese Übung gehen wir hinaus in die Natur. Machen Sie einen Spaziergang im Park, im Wald oder im Garten. Nehmen Sie die Schönheit um sich herum wahr. Spüren Sie in Ihren Körper hinein in dieser natürlichen Umgebung. Nehmen Sie wahr, wie Sie den Weg entlanglaufen. Wie riecht die Luft? Spüren Sie den Windhauch auf Ihrem Gesicht. Machen Sie an einem Baum halt. Berühren Sie seine Rinde, spüren Sie die Oberfläche unter Ihren Fingern. Spüren Sie Ihre Verbindung zu diesem Baum als Lebewesen.

Schließen Sie Ihre Augen und nehmen Sie drei tiefe Atemzüge. Lenken Sie Ihre Aufmerksamkeit nach innen. Was nehmen Sie in Geist und Körper wahr, während Sie sich mit dem Baum verbinden? Spüren Sie, wie Sie mit jedem Atemzug entspannter werden. Beobachten Sie jeden Atemzug. Konzentrieren Sie sich auf diesen Moment des Ein- und Ausatmens und spüren Sie das Jetzt in Verbindung mit einem anderen lebenden Organismus. Es gibt keine Vergangenheit und keine Zukunft, es gibt nur diesen einen kostbaren Augenblick, mitten in der Natur zwischen Ihnen und dem Baum, in dem Atemzug, der diesem Augenblick das Leben einhaucht. Empfinden Sie Dankbarkeit für den Raum in Ihrem Inneren, der vollkommen im Jetzt ist.

Wenn Sie so weit sind, öffnen Sie Ihre Augen. Während Sie nach Hause laufen, halten Sie mit jedem Schritt dieses Gefühl aufrecht, ganz im gegenwärtigen Augenblick und eins mit der Natur zu sein.

Anschließend schreiben Sie Ihre Erfahrung zehn Minuten lang in Ihr Tagebuch. Entdecken Sie dabei, wie Sie Zeit und Zeitlosigkeit, Unabhängigkeit und Verbundenheit, innere und äußere Wahrnehmung empfinden. Machen Sie sich in den nächsten Tagen weiterhin Gedanken über diese Themen und beobachten Sie, wie Sie im Jetzt bleiben können und wie Sie Ihren Platz in der Welt wahrnehmen.

11. KAPITEL
DAS SELBST UND DIE
GESELLSCHAFT HEILEN

Wir verändern unser Verhalten nicht durch
Moralpredigten, sondern dann, wenn wir eine
andere Einstellung entwickelt haben.

Paul Ricoeur

Als Ärztin und Gemeindeleiterin bemüht sich Karen Wyatt, die Gemeinde aus ihrem »kulturellen Tiefschlaf« – wie sie es nennt – zu wecken. Sie war viele Jahre als Ärztin in einem Hospiz tätig und rät jedem von uns, jeden Augenblick im Leben als etwas Wertvolles zu betrachten. Für ihre Arbeit benutzt sie ein Akronym, AWE, (engl. *Ehrfurcht*, Anm. d. Ü.) – es steht für »aufgeweckt, willens und engagiert«. Wenn wir unsere Fähigkeiten entwickeln, können wir bereitwillig dem Leben mit der gleichen Ehrfurcht begegnen, wie Wyatts sterbende Patienten. Und das lange, bevor unsere letzte Stunde geschlagen hat. Wyatt erklärt: »Wir müssen uns unserem Schmerz stellen, damit wir lernen, aus ganzem Herzen in diesem Leben zu lieben.« Übereinstimmend mit dem Weltbild-Transformationsmodell hat Wyatts persönliche Transformation sie dazu geführt, den Paradigmenwechsel im Gesundheitssystem und in der Arbeit mit ihren Patienten weiterzuentwickeln.

Nach Wyatt behandelt unser Gesundheitssystem den Tod, als ob er eine wissenschaftliche, moralische und finanzielle Tragödie sei. Die

Sterbenden werden allein gelassen. Die heutige Medizin betrachtet den Tod als Misserfolg. Wyatt sowie eine zunehmende Anzahl von Heilberuflern versuchen, diese Einstellung zu ändern. Mehr AWE im Gesundheitssystem wäre eine transformative Praxis, die Menschen auf individueller und auf kollektiver Ebene helfen würde, einfach *zu sein*. Somit könnte das Weltbild-Transformationsmodell mit seinen noetischen Erkenntnissen über den Tod zum Einsatz kommen und unseren Institutionen mehr Sinn vermitteln, was wiederum der gesamten Gesellschaft zugute käme.

EINE HELDENHAFTE FANTASIE ENTWICKELN

In Kapitel zwei kam bereits Ernest Becker zu Wort über die Möglichkeiten, die Angst vor dem Tod zu transformieren. In seinem Buch *Die Überwindung der Todesfurcht* erklärt Becker, wie unsere unbewusste Angst vor dem Tod in uns heldenhafte Anstrengungen mobilisiert, um ihn zu überwinden. Diese »heldenhafte Fantasie« führt ihrerseits zu tief greifenden psychologischen und sozialen Störungen. Ein Student von Becker, Sam Kean, erklärt es folgendermaßen:

> »Durch die Industrielle Revolution wurden wir zum *Homo faber*, zum schaffenden Menschen. Die Welt war dazu da, von uns verändert und mit Sinn erfüllt zu werden. Der Sinn war nicht vorgegeben, wir konnten ihn selbst erschaffen. Der Tod wurde nicht als Teil eines natürlichen Rhythmus, eines regenerativen Zyklus der Natur betrachtet. Er galt vielmehr als Feind, der von unserem Erfindergeist, und besonders von der modernen Medizin, besiegt werden musste.«

Becker sprach auch über eine andere Art des Heldentums – die, mit der wir unsere Existenzangst transformieren und somit persönliche und kollektive Heilung erfahren können. Bei dieser Heldenreise geht es darum, bewusste Pilger im Land des Todes zu werden. Wenn wir unseren »Charakterpanzer« durchbrechen, den tief sitzenden Abwehrmechanismus, der den Tod nicht wahrhaben will, dann können wir uns mit unseren Ängsten auseinandersetzen. Kean erklärte: »Jedes Heldentum hängt mit der Wahrnehmung des Todes oder mit seiner Verdrängung zusammen.« Sich direkt mit der Angst zu konfrontieren hilft uns, unser Weltbild vom Leben und wie wir damit umgehen, zu wandeln. Das bereitet uns darauf vor, »an der wegweisenden Entwicklung menschlicher Geschichte teilzunehmen«, so Kean. Genauso wie Wyatt empfindet Kean es als wichtig, einen Sinn für Wunder und Ehrfurcht zu kultivieren.

»Es gibt kein gelegentliches Wunder; das ganze Leben ist ein Wunder … Und daraus ergeben sich Verbundenheit, Dankbarkeit und Mitgefühl. Wenn man ehrfürchtig mit dem Leben umgeht, dann ergeben sich einfach diese Werte daraus. Es hat nichts Esoterisches.«

UNSERE VORSTELLUNGEN VOM TOD TRANSFORMIEREN

Unsere Kultur und unsere gesellschaftlichen Vorstellungen über den Tod prägen den kollektiven Weg, auf dem wir uns bewegen. Willis Harman und sein Team von Futuristen am *Stanford Research Institute* berichteten in einem Artikel über den Paradigmenwechsel, in den wir uns hineinbewegen.

»Das in einer Kultur vorherrschende Menschenbild entscheidet darüber, wie eine Gesellschaft ihre Institutionen aufbaut, die Erziehung der Kinder und andere Bereiche gestaltet. Veränderungen dieser Vorstellungen sind in der gegenwärtigen Zeit besonders entscheidend, da unsere Industriegesellschaft an der Schwelle zum Wandel steht, der so umwälzend ist wie der Übergang vom Mittelalter zur Industriellen Revolution und zur Entstehung der modernen Wissenschaften.«[1]

Harman und seine Kollegen sprachen über den Einfluss vorherrschender Meinungen auf unsere sozialen Institutionen und unsere Bemühungen, die Dynamik der objektiven Welt »dort draußen« zu kontrollieren. Es ging auch um unsere Bemühungen, unsere eigene Sterblichkeit beherrschen zu wollen. Unsere durch die Biomedizin geprägte kollektive Sichtweise lässt uns weiterhin den Tod verdrängen. Ereignisse wie Tsunamis, Erdbeben, Völkermord und Terrorismus erschüttern unsere Sicherheit und führen zu Krisen, die sich auch auf unsere sozialen und wirtschaftlichen Systeme auswirken. Wir werden gezwungen, uns mit unseren Überzeugungen über das, was wahr und real ist, auseinanderzusetzen.

In diesem Prozess entstehen neue Vorstellungen, die uns leiten können. Wie hier in diesem Buch dargestellt, zeigt das Weltbild-Transformationsmodell, wie eine Krise ein guter Katalysator für eine positive Transformation sein kann. Auch im Schmerz können wir unsere Weltanschauung ändern und neuen Sinn finden. Die ganzheitliche Ansicht stellt uns in ein lebendiges, dynamisches System, das sich mit dem Fluss der Evolution bewegt. Wir sind in diesem neuen Modell Mitwirkende und nicht Beherrscher. Wir bewegen uns in eine neue Ära der Information, der Globalisierung und der Quantennetzwerke, wo die Vorstellung des Beherrschens an Bedeutung verliert und sich die kulturelle Auseinandersetzung verlagert. Der Tod gilt wieder als etwas Elementares im natürlichen Lebenszyklus.

DER WENDEPUNKT

Unsere globale Gesellschaft befindet sich an einem Wendepunkt; keiner weiß jedoch so recht, in welche Richtung es geht. Einerseits könnten wir uns am Rande eines Zusammenbruchs des globalen Systems befinden. Täglich gibt es Nachrichten über neue Gefahren, die uns bedrohen. Unsere kollektive Angst vor dem Tod führt zunehmend zu Konflikten und Intoleranz. Andererseits stehen wir möglicherweise vor der Neugeburt einer nachhaltigen Gesellschaft, wenn die Voraussagen des Weltbild-Transformationsmodells stimmen. Um eine lebensbejahende Alternative zu finden, sollten wir auf den Rat eines ehemaligen Schriftstellers und Aikido-Meisters, George Leonard, hören:»Betrachten Sie den Schlag als Geschenk.« Die Widrigkeiten sind die Gelegenheit, sich weiterzuentwickeln. Dem Tod mit einem erweiterten Bewusstsein zu begegnen bereichert unser Leben. Wir sind dazu aufgerufen, das Weltbild, in dem die Realität nichts Weiteres als etwas Physisches ist, zu wandeln. Für Jean Watson liegt der Schlüssel zur Transformation in der Heilung von Beziehungen. Als Pflegeleiterin will sie die Gesundheitsversorgung verändern. Ihr Ziel ist es, das menschliche Leid in echte Fürsorge zu wandeln. Sie bringt dieses Bewusstsein um die Fürsorge auch in ihrem Umgang mit dem Tod ein.

»Wir wollen den Unterschied zwischen Schmerzempfinden ohne Leid und leidverbundenen Schmerzen vermitteln. Es geht uns darum, mehr Sinn im Leben zu sehen, den Tod anders zu deuten und uns auf ihn vorzubereiten, um letztendlich bewusst sterben zu können.
Wir könnten auf diese Weise ein besseres und positiveres Verständnis vom Jenseits entwickeln, so wie wir es bislang nicht vermutet hätten, weil wir diese Möglichkeit weder gesehen noch angesprochen haben. Deshalb können wir von Sterbenden so viel lernen. Die Menschlichkeit des einen spiegelt sich im anderen wider. Verschließen wir uns vor der Erfahrung des Sterbens, dann verschließen wir uns auch gegenüber dem Leben … Wir können als Einzelner, als Heilberufler oder als Vertreter der Öffentlichkeit über dieses Thema sprechen und

neue Fragen stellen und so mehr über unseren Sinn und Zweck hier auf Erden herausfinden.«

Watson setzt sich wie andere visionäre Gesundheitsexperten für ein neues medizinisches Modell ein, das den Tod als natürlichen Teil des Lebens sieht. In diesem Buch sind viele Menschen aus den unterschiedlichsten spirituellen und wissenschaftlichen Traditionen der Welt zu Wort gekommen. Ihre Aussagen verdeutlichen, dass man im Umgang mit dem Tod kein Krisenmanagement betreiben muss. Wenn wir Frieden schließen mit dem Tod, dann können wir uns dem natürlichen Zyklus des Lebens hingeben. Unsere Einstellung zum Tod zu ändern würde auch heißen, sich von den heroischen Anstrengungen der modernen Medizin und der gegenwärtigen Sterbebegleitung abzuwenden. Jeder hier im Buch Interviewte fordert zu einem natürlichen und angstfreien Umgang mit dem Tod auf. Durch die Annäherung an verschiedene Wahrheitsansprüche können wir unsere eigene Vorstellung von Spiritualität entwickeln. Wenn wir mit der Natur zusammenarbeiten, anstatt unser sterbliches Wesen kontrollieren zu wollen, stehen wir im Einklang mit einem sich entfaltenden Universum an Möglichkeiten.

DIE KOLLEKTIVE AUSEINANDERSETZUNG MIT DEM TOD VERTIEFEN

Gespräche über den Tod lösen Ängste in uns aus, weil er uns alle auf einer sehr persönlichen und emotionalen Erfahrungsebene berührt. Dennoch können solche Auseinandersetzungen sehr transformierend sein. Betsy MacGregor reagiert besonders feinsinnig auf das komplexe Thema Tod und wie darüber gedacht und gesprochen wird. Sie war drei Jahrzehnte lang in einem großen städtischen Krankenhaus beschäftigt und kümmerte sich um todkranke Patienten. Themen über das Lebensende haben sie dabei sehr beschäftigt.

»Menschen in Heilberufen müssen sich als Erstes selbst mit ihrer Beziehung zum Sterben und zum Tod auseinandersetzen, bevor sie sterbende Menschen wirklich begleiten können«, berichtete sie mir. Wie Karen Wyatt wendet auch MacGregor die AWE-Methode bei den Angestellten im Gesundheitswesen an, damit diese mit ihren emotionalen und spirituellen Bedürfnissen und Problemen besser umgehen können. So hofft MacGregor, die Qualität der Sterbebegleitung zu verbessern. Sie fordert auch ihre Kollegen in den medizinischen Einrichtungen dazu auf, sich für die Entwicklung ihres menschlichen Potenzials zu öffnen.

»Einen Teil des Erlebens auszuklammern – weil wir möglicherweise selbst eine schwierige Erfahrung mit einem sterbenden Familienmitglied hatten oder Trauer beim Tod eines Patienten empfanden – bedeutet, uns nicht auf diese Erfahrung einzulassen. Dadurch können wir sie nicht vertiefen und letztendlich heilen. Im Gegenteil, wir bleiben innerlich verschlossen und können Menschen in der Sterbephase nicht gut begleiten.«

MacGregor will Ärzte und Pflegepersonal motivieren, ihre Erfahrungen und persönlichen Geschichten mit anderen zu teilen. Sie meint, beim gegenseitigen Austausch würden wir lernen, auf einer tieferen Ebene zuzuhören und mehr Wertschätzung für die Menschen, die wir begleiten, zu empfinden.

»Es bewegt etwas, wenn das Pflegepersonal über seine Erfahrungen spricht. In unserem Beruf ist es nicht üblich und leicht, über Gefühle zu sprechen. In unserer Ausbildung wird uns sogar vermittelt, dass Gefühle nicht zählen. Sie stören die professionelle Sachlichkeit und behindern klare Entscheidungen ... Deshalb bin ich der Meinung, dass wir vieles in uns tragen, ohne es jemals in unsere Lebenserfahrung integriert zu haben. Wir bewahren es an einem geschützten Ort im Inneren auf.«

Es fällt keinem von uns leicht, diesen geschützten Ort zu offenbaren, wenn es um unseren eigenen Tod oder den von geliebten Menschen geht. Es ist nicht einfach, uns selbst Fragen über Sterben und Tod zu stellen. Das liegt an der tief sitzenden Angst davor. Für MacGregor, die ihren Brustkrebs überwunden hat, sind noetische Erkenntnisse bei der Bewältigung von Angst sehr hilfreich.

»Ich bin überzeugt, dass es zu unserer menschlichen Natur gehört, mit dem Tod zu leben. Der Tod ist nicht das Gegenteil von Leben, er ist Teil davon. Wenn wir seine Wirklichkeit, seine Gegenwart in jedem Moment nicht anerkennen, dann gehen wir nicht achtsam mit uns um. Wir verschließen uns einem wesentlichen Aspekt des Lebens. Wenn wir jedoch diese Wirklichkeit erforschen, dann werden wir von einem Teil in uns, einem inneren Wissen davon, wer wir wirklich sind, unterstützt.

Uns Gedanken über das Sterben und den Tod zu machen führt uns irgendwann zu der Frage: Wer bin ich als Mensch? Wie bin ich hierhergekommen? Warum bin ich hier? Wozu habe ich dieses Leben? Wie will ich es nutzen? Diese Fragen ergeben sich alle aus der Frage nach dem Tod. Was ist Sterben? Ich finde diese Fragen alle sehr aufschlussreich ... Anfangs fürchtet man sie vielleicht, aber es gibt etwas in uns, das sich nach Antworten sehnt. Dieser Teil verkümmert, wenn wir ihm keinen Raum geben.«

MacGregor ist optimistisch angesichts der unendlich vielen Herausforderungen, denen sich die moderne Gesundheitsversorgung stellen muss. Zum Thema Tod beobachtet sie eine grundlegende Transformation in der amerikanischen Kultur. Sie erinnert sich an die Zeit vor

30 bis 40 Jahren, als sich die Einstellung zum Gebären veränderte. Wehen und Entbindung galten damals medizinisch als etwas Pathologisches. Später galten sie als ein völlig normaler und erfreulicher Teil des Lebens. Mittlerweile wird auch der Tod als etwas Normales betrachtet. Dazu MacGregor:

»In unserer Kultur hört man immer mehr: ›Ich will zu Hause und nicht im Krankenhaus sterben. Ich will auch keine lebensverlängernden Maßnahmen. Ich will das Recht haben, über die Art meines Todes mit zu entscheiden.‹ Ein Recht auf die Entscheidung, wie man sterben will, wird in Krankenhauseinrichtungen verstärkt anerkannt. Patientenrechte erhalten einen neuen Stellenwert im Gesundheitswesen. Wir können den Tod wieder in unsere vier Wände lassen, an ihm teilnehmen, ihn begleiten und lernen, in der Familie und der Gemeinschaft zu trauern. So verliert der Tod seinen Makel.«

MacGregor teilt die Meinung von Ernest Becker über die gesellschaftlichen Auswirkungen:

»Wenn wir den Tod weniger fürchten, dann haben wir auch weniger Probleme in unserer Kultur. Ich glaube, die materialistische Gier in unserer Gesellschaft nährt sich zum größten Teil von unserer Angst vor dem Tod, seiner Verleugnung und unseren Anstrengungen, den Tod von uns fernzuhalten ... und der Tendenz, gegeneinander zu kämpfen. Wenn wir uns hingegen als Menschen mit der gleichen menschlichen Erfahrung betrachten, die ein sinnerfülltes Leben führen und sich auf das Ende vorbereiten ... dann können wir uns von dem Gefühl befreien, von anderen getrennt zu sein und sie als Feinde zu betrachten. Letztendlich ist alles miteinander verbunden.«

BEWUSSTSEIN IM EINSATZ

In diesem Buch habe ich betont, dass das Bewusstsein des Todes ein grundlegender Katalysator für unsere persönliche und kollektive Transformation sein kann. Wir können unsere gemeinsame Absicht und Aufmerksamkeit bündeln, um die mit dem Tod verbundene Angst und das Entsetzen zu überwinden. In diesem Prozess können wir aus einem kulturellen Trancezustand erwachen, der uns von unserer natürlichen Beziehung zum Tod entfremdet hat. Wir könnten eine neue Geschichte der Menschheit schreiben, die uns sehr viel mehr Möglichkeiten für unser Leben und für zukünftige Generationen eröffnen würde.

In Kapitel vier heißt es, dass die Amazonas-Ureinwohner in Ecuador für ihre Gemeinschaft träumen. Vielleicht haben wir – wie diese Ureinwohner – auch eine soziale Verantwortung, unsere Träume gemeinschaftlich zu verarbeiten. Auf diese Weise können wir die Elemente, das Verständnis und die Einsichten miteinander verknüpfen, die wir bei diesen Seelenwanderungen durch das kollektive Bewusstsein erfahren. Einen Ausdruck für unsere tiefsten Empfindungen zu finden hilft uns auch, eine gemeinsame Sprache für individuelle und soziale Heilprozesse in Verbindung mit dem Tod zu finden.

Der Tod ist in unserer heutigen Zeit zum Thema geworden. Menschen sprechen über das Ende des Lebens und über dessen Bedeutung für unsere Lebensführung – in Cafés, beim Essen, im Theater, in Konferenzräumen und im Internet. Durch tief gehende und aufrichtige Gespräche verändern die Menschen ihre gemeinsame Einstellung zum Tod. Gespräche und der Austausch persönlicher Erlebnisse und Weltanschauungen können den Menschen Heilung bringen. Wenn wir unsere Demut einbringen und in unseren Vorstandsetagen und Schlafzimmern einen offenen Geist einführen, kommen wir möglicherweise zu einer erweiterten inneren Weisheit und zu neuen gemeinsamen Einsichten. Unsere Einstellung zum Tod beeinflusst die Art und Weise, wie wir leben. Postmaterialistische Wissenschaft und

Spiritualität bringen uns dazu, uns selbst als Teil eines ineinandergreifenden und voneinander abhängigen Geflechts des Lebens zu verstehen. Von der Warte der Ganzheitlichkeit aus erkennen wir unseren Platz in der natürlichen Ordnung und können ihn mit Anmut und Würde einnehmen. Verbinden wir noetische Einsichten mit rationalem Wissen, führt uns das zu tieferer Selbsterkenntnis und zu zielgerichtetem Engagement in der Welt. Mit dem Wandel unserer Ansichten über Leben, Tod und das Leben nach dem Tod können wir unser menschliches Potenzial maximal ausschöpfen – individuell und kollektiv. Dean Ornish sagt uns dazu:

»Wir werden alle sterben. Die Todesrate liegt immer noch bei 100 Prozent, und jeder Mensch ist betroffen. Für mich ist nicht entscheidend, wie lange wir leben, sondern wie gut wir leben. Wenn wir den Tod akzeptieren, können wir viel erfüllter und freudiger leben, weil wir erkannt haben, dass wir nicht ewig Zeit haben. Wir können nicht sagen, ›Das mache ich morgen‹. Nein, ich werde es heute tun, sobald ich kann.«

Es gibt keine eindeutigen Antworten auf die Frage, was nach dem Tod passiert. Doch allein Fragen mit einem offenen Geist und offenen Herzen zu stellen schärft unsere Wahrnehmung für neue Denkmuster, für ein Meta-Modell der Realität, das groß genug ist, um unterschiedliche Ansichten und Perspektiven einzubeziehen. Mit dieser Meta-Sichtweise können wir uns als Gattung Mensch neu erfinden. Wir können prüfen, inwieweit unser Bewusstsein uns eingeengt hat oder wie angstbesetzte Denkmuster zu fehlgeleitetem Verhalten geführt haben. Letztendlich können wir gemeinsam eine Verhaltensweise entwickeln, die für Hoffnung und neue Möglichkeiten steht. Es gehört zu unserem Geburtsrecht, ein Leben mit der Erkenntnis des Todes zu führen. Wie wir das umsetzen, bleibt uns überlassen.

Mit der ganzheitlichen Methode betrachten wir uns als Teil eines Ökosystems, das nicht nur durch unsere Existenz auf dieser Erde definiert ist, sondern auch durch unsere Rolle als menschliche Wesen in der Entwicklungsgeschichte des Universums. Mit unserer geänderten Ansicht über den Tod feiern wir das Leben. Wenn wir unsere Sterblichkeit nicht mehr unter den Teppich kehren und sie nicht mehr als ein großes Tabuthema behandeln, können wir eine neue Wahrheit entdecken. Unser Modell der Realität wird zu einer Beziehung unter anderen. Diese Beziehungen basieren auf Bewusstsein. Wie Satish Kumar mir erklärte:

»Eine menschliche Beziehung ist nicht greifbar. Sie entzieht sich jeder Analyse, man kann sie weder berechnen noch gewichten. Sie lebt im Bewusstsein. Will man das Bewusstsein begreifen, muss man Beziehungen verstehen. Wenn man Beziehung und Bewusstsein als Einheit verstanden hat, dann erkennt man, dass das die grundlegende Wirklichkeit ist. Von dieser grundlegenden Wirklichkeit ist es die Liebe, die fortlebt. Liebe ist ewig, Liebe stirbt nie. Der Geist stirbt nie. Er ist ewig und dynamisch. Er entwickelt, entfaltet und verändert sich. Liebe drückt sich in unterschiedlichen Formen und Empfindungen aus, zu unterschiedlichen Zeiten, doch die Essenz, also die Qualität der Liebe, die stirbt niemals.«

EIN PAAR ABSCHLIESSENDE GEDANKEN

Jeder von uns befindet sich in einem Prozess der individuellen Wandlung. Wenn wir unsere Ansichten miteinander teilen, entwickeln wir eine gemeinsame Vision, die den natürlichen Kreislauf von Leben und Tod mit einbezieht. Unseren Charakterpanzer abzubauen hilft uns dabei, die Angst vor dem Tod zu überwinden und das Leben mit mehr Sinn, Ausgewogenheit und Harmonie zu erfüllen.

Den Tod als Teil des Lebens anzunehmen würde bedeuten, »an einer entscheidenden Wende der Geschichte teilzunehmen«, so Sam

Kean. Sobald wir die tief verwurzelte Angst vor dem Tod bewusst wahrnehmen, gelangen wir zu einem neuen Denkmuster. Jeder Einzelne, der seinen Weg der Transformation findet, kann in sozialen Einrichtungen, besonders in Krankenhäusern, mit dem Tod anders umgehen. Wir können unseren gemeinsamen Diskurs von der Ebene der Angst auf die Ebene der Ehrfurcht und des Staunens verlagern. So heilen wir uns selbst, unsere Beziehungen und die Welt, in der wir leben.

ÜBUNG
Den geliebten Menschen visualisieren[2]

Durch eine geführte Visualisierung kann man sich mit dem geliebten Menschen, ob bereits verstorben oder noch lebend, verbinden. Einfache Meditationstechniken unterstützen den Trauerprozess und die weitere Entwicklung.

Schließen Sie Ihre Augen und machen Sie ein paar tiefe Atemzüge. Denken Sie an die Menschen, die Sie lieben und die eine Bedeutung in Ihrem Leben hatten. Spüren Sie, wie sich ein Gefühl der Dankbarkeit in Ihrem Körper ausbreitet. Spüren Sie es in Ihrer Brust, Ihrem Bauch, Ihrem Rücken. Atmen Sie weiterhin tief ein und aus.

Denken Sie nun an einen Ort, den Sie sehr lieben, an dem Sie zur Ruhe kommen. Sehen Sie sich an diesem Ort.

Nun taucht dort eine Ihnen wichtige verstorbene Person auf. Erlauben Sie ihr, Platz zu nehmen. Schauen Sie ihr ins Gesicht. Sagen Sie ihr geistig, was Sie für sie empfinden. Nehmen Sie das Gefühl der Verbundenheit mit diesem Menschen wahr. In

Ihrem Körper und Ihrem Geist ist das Wissen, dass Sie diese Person immer lieben werden. Diese Liebe drückt sich einfach in verschiedenen Formen aus. Lassen Sie dieses Gefühl der Verbundenheit und der Liebe durch Ihren Körper fließen. Tiefer Friede breitet sich dabei in Ihnen aus. Sie sind Teil eines vernetzten Ganzen, das keine Grenzen kennt und niemals endet.

Wenn Sie so weit sind, danken Sie diesem Menschen für all das, was er Ihnen im Leben gegeben hat. Bringen Sie Ihre Aufmerksamkeit wieder zurück an den Ort, wo Sie sitzen. Nehmen Sie Ihre Gefühle, Gedanken und Emotionen wahr. Atmen Sie in ein Gefühl des Friedens und des Wohlwollens hinein. Anschließend notieren Sie Ihre Empfindungen wieder zehn Minuten lang in Ihr Tagebuch.

NACHWORT

In diesem Buch empfehlen bemerkenswerte Personen, alte Fragen auf neue Art zu stellen. Wer sind wir? Was meinen wir mit *Tod?* Was glauben wir, was danach geschieht? Und warum ist das wichtig? Diese Fragen öffnen uns viele neue Türen zur Betrachtung neuer Möglichkeiten. Wir bekommen Gelegenheit, über unsere eigene Sterblichkeit auf unkonventionelle Weise nachzudenken und über die Grenzen vorherrschender Ansichten unseres Zeitalters hinauszugehen. Wenn wir die Verleugnung des Todes zum Thema machen, befreien wir vielleicht uns und unsere Gesellschaft von der Todesangst. Vielleicht entwickeln wir neue Formen der Kultur, die unser Leben (und unseren Tod) ganzheitlich zusammenführen. Wir könnten unangemessene Einstellungen ablegen, die den Tod negieren, und stattdessen die menschliche Existenz als verbindendes statt als trennendes Element neu definieren. Durch Zusammenarbeit könnten wir soziale Denkmuster umwandeln. Wir leben in einem weiten Meer der Veränderung, die unsere Welt erschüttern kann. Diese Veränderungen können uns verunsichern, uns aber auch wachsen lassen. Jeder von uns spielt eine Rolle bei der Gestaltung dieser Zukunft. Durch unsere gemeinsame Vorstellungskraft, unsere transformativen Praktiken und unsere bewussten Handlungen formen wir ein neues Modell für das Leben und das Sterben als nahtlosen Übergang unserer gemeinsamen Metamorphose.

Natürlich haben wir bei dem Versuch, diesen jetzigen Augenblick in der Geschichte der Menschheit zu definieren, nicht alle Antworten auf diese bemerkenswerten Fragen. Vielleicht wissen wir nicht einmal, welche Fragen wir stellen sollten. Jeder von uns wird bei dem Gedanken an den Tod und darüber, was möglicherweise den physischen Körper überdauert, mit grundsätzlichen Themen konfrontiert. Mit der Konvergenz der neuen postmaterialistischen Wissenschaft und dem Zugang zu den religiösen und spirituellen Traditionen der Welt stehen wir erst am Anfang eines neuen Verständnisses über unser Wesen und unsere Identität: Wer bin ich und was ist mein wahres Potenzial?

Meine beruflichen Erkenntnisse und meine Lebenserfahrung haben mich dazu gebracht, den Prozess der Transformation als sinnvoll zu betrachten. Veränderungen unseres Weltbildes gehen einher mit Veränderungen unserer inneren und äußeren Realitäten. Dadurch entsteht eine Verbindung zwischen unseren persönlichen Erfahrungen sowie unseren Taten und unserem Einsatz. Sie können uns zu tieferem Glück, zu Sinnhaftigkeit und Liebe führen. Die Zusammenführung unseres noetischen Verständnisses mit unserem Intellekt ermöglicht uns, einen tieferen Sinn in der Verbindung zum Selbst, zur Familie, zur Lebensgemeinschaft, zur Umwelt und zur Seele zu entwickeln. In diesem Prozess können wir unsere Wahrnehmung und Dankbarkeit für das Heilige in allen Lebensbereichen vertiefen und erweitern. Der Sozialpsychologe Daryl J. Bem hat es gut erklärt:

»Die Frage ist doch, ob der Mensch irgendwie von der Angst vor dem Tod befreit werden kann. Man muss dafür nicht an ein Leben nach dem Tod glauben. Es reicht, mit seinem Verhalten im Reinen zu sein und Freunde und gute Bekannte zu haben. Ein traditioneller Glaube an ein Leben nach dem Tod ist nicht unbedingt erforderlich. Man kann Abschied nehmen, wenn man Freunde hat, die einen lieben, wenn man sein Leben mit Freude gelebt und das Beste daraus gemacht hat.«

Gegen angstbesetzte Bilder des Todes hilft eine erweiterte Perspektive auf der Grundlage einer pragmatischen Hoffnung. Mit der Schaffung von Bildern über einen Neuanfang entdecken wir in uns den mit Ehrfurcht erfüllten Helden – aufgeweckt, willens und engagiert (AWE). Mit der Entwicklung unserer inneren Fähigkeiten – durch Selbstreflexion, Meditation, Kontemplation, Gebete, Nähe zur Natur, aufrichtige Gespräche und tiefe Beziehungen – können wir die nötige Resilienz entwickeln, um mit unserer eigenen und der Sterblichkeit unserer Liebsten umzugehen. Katastrophen können unsere Zivilisation erneuern. Wenn wir Reaktivität, Angst und Panik hinter uns lassen und stattdessen emotionales Gleichgewicht und positives gemeinsames Handeln anstreben, können wir diese bewährten Werkzeuge auch im Angesicht des Todes einsetzen, um unser kollektives Wohlbefinden zu bewahren. In diesem Prozess können wir eine umfassende Heilung fördern, die sich sowohl auf den Einzelnen als auch auf die gesamte Menschheit auswirkt.

Jeder Mensch kann ein natürliches Bewusstsein entwickeln. Es ist nicht unbedingt eine übernatürliche Erkenntnis, eher eine Erkenntnis, in dieser Welt zu existieren. Mit Ehrfurcht und Erstaunen können wir uns sichtbaren und unsichtbaren Wechselbeziehungen und Verflechtungen mit dem Leben öffnen. Wir können in Mustern und Beziehungen denken, statt uns als getrennte, isolierte Wesen zu betrachten. In einem Aufsatz von Sozialpsychologen, bei dem es um positive Abläufe der Terror-Management-Theorie ging, hieß es,»der Tanz mit dem Tod kann ein heikler, aber potenziell eleganter Schritt hin zu einem guten Leben sein«[1]. Also bringen wir unsere Tanzschuhe auf Hochglanz und engagieren uns miteinander rückhaltlos in dieser hoch geschätzten Theatervorstellung des Lebens. Der Tod macht das Leben tatsächlich möglich.

DANKSAGUNG

Dieses Buch war eine wirkliche Teamarbeit. Sehr viele wunderbare Menschen haben mich auf diesem Weg unterstützt, mehr, als ich jemals hier erwähnen könnte. Diese Arbeit ist das Ergebnis von mehr als 30 Jahren Forschung über Bewusstsein, Transformation und Heilung. In dieser Zeit wurden tiefgründige Interviews mit Lehrmeistern der Welttraditionen, traditionellen Heilern, Medizinern und Wissenschaftlern der verschiedensten Disziplinen geführt. Besonders möchte ich die Unterstützung und Ermutigung erwähnen, die ich von den Mitarbeitern, dem Vorstand und den großzügigen Mäzenen des *Institute of Noetic Sciences* erhielt, die mir Gelegenheit gaben, jahrelang unorthodoxe Vorstellungen zu erforschen. Ich danke auch dem *Center for Theory and Research* des Esalen Instituts, wo ich meine Vorstellungen vom Todesbewusstsein und der Wissenschaft vom Leben nach dem Tod in Verbindung mit Schönheit, Geselligkeit und dem Erbe großer Denker bringen konnte.

Grundlegend für dieses Buch war die wunderbare Zusammenarbeit, die zur Veröffentlichung von *Living Deeply (Innig leben)* führte. Meine Mitarbeiter, zu denen Cassandra Vieten, Tina Amorok und Moira Killoran gehören, haben mir dabei mit Klugheit, Mut und Hartnäckigkeit geholfen, die Grundlagen dieses Buches über Transformation und Todesbewusstsein zu entwickeln. Verschiedene Interviews dieses Buches entstanden auf der Basis dieser Arbeit. Auch das

Weltbild-Transformationsmodell wurde durch stundenlange Analysen der Daten und anregende Gespräche entwickelt. Ich möchte auch Katia Peterson danken, der unersetzlichen Fackelträgerin des Weltbild-Transformations-Projekts, das sie souverän und mit nicht endender Begeisterung voranbrachte.

Gemeinsam mit diesem Buch ist ein Dokumentarfilm mit ähnlichem Titel entstanden: *Das Mysterium von Leben und Tod*. Einen Film über Leben und Tod zu drehen hat mir viele zusätzliche Ebenen dieser Thematik gezeigt und hat dazu beigetragen, meine Gedanken für dieses Buch zu formen.

Ich danke der *Chopra-Stiftung*, die das Potenzial dieses Projekts erkannt hat, und danke Deepak Chopra, mich in vielerlei Hinsicht ermutigt und mir die Erkenntnis, dass der *Tod das Leben ermöglicht*, geschenkt zu haben. Ich danke ihm auch für sein faszinierendes Vorwort für dieses Buch.

Der Regisseur des Films, Mark Krigbaum, hat mich bei der Gesprächsführung mit den Interviewpartnern unterstützt, ebenso wie die Produzentin des Films, Angela Murphy. Wir haben viele kreative Stunden miteinander verbracht, manchmal bis tief in die Nacht, um ein komplexes Thema durch die Linse einer Kamera einfangen zu können. Ich möchte auch Mario Ayala, Phil Bissada, John Chater, Bill Cote, David Drewry, Kelly Durkin, Heidi Fuller, Michael Heumann, Joelle Jaffe, Brett Junvik, Martin Redfern, Dane Sawyer, José Vergelin, und 4SP Films danken. Sie haben mit uns die Interviews aufgenommen. Ein Dank geht auch an Felicia Chavez und Davina Rubin, die die Gespräche aufgeschrieben haben. Ein großes Dankeschön geht an Alan Pearce, der mich immer ermutigt hat und der mit unvergleichlichem Scharfsinn viele Aspekte dieses Projekts weiterentwickelt hat. Charlene Farrell bleibt mit ihrem Sinn für Qualität weiterhin eine große Unterstützung. Meine Kampfgefährtin Jenny Mathews hat die Kickstarter-Kampagne (https://www.kickstarter.com/projects/16537 13334/death-makes-life-possible/description) koordiniert, die zur Finanzierung der Aufnahme vieler Gespräche dieses Buches (und des

Films) beigetragen hat. Ich möchte auch den großzügigen Menschen danken, die diese Arbeit mit Geldspenden für die Kampagne unterstützt haben. Ihre Namen sind in dem Film und auf der Webseite http://deathmakeslifepossible.com/ aufgelistet.

Im Glossar nutzte ich verschiedene Quellen für die Definitionen. Ich möchte Dick Bierman, Steve Braude, Larry Dossey, Brian Josephson, Stan Krippner, James Matlock, Vernon Neppe, Dean Radin, Charles Tart, und besonders Catherine Poloynis und Chris H. Hardy dafür danken, mir bei der präziseren Formulierung der Definitionen geholfen zu haben. Fehler sind nur mir zuzuschreiben.

Es ist keine leichte Sache, ein Buch druckreif zu gestalten. Ich möchte meiner amerikanischen Verlegerin Amy Rost und dem Team von »Sounds True« danken. Es war eine sehr erfreuliche Zusammenarbeit. Ich möchte auch den Mitarbeitern der »Speciality Studios« meine Anerkennung aussprechen. Sie haben mich bei der Entwicklung dieses Projekts unterstützt.

Es wäre natürlich nachlässig von mir, meine wunderbare Familie unerwähnt zu lassen. Sie hat mir geholfen, Verluste zu bewältigen und dankbar dafür zu sein, lachen zu können und Freude zu empfinden. Mit einbeziehen möchte ich auch meine beste Freundin Linda Mendoza. Sie hat mir viel über das Geschenk des Lebens beigebracht. Meinem Ehemann, Giovanni Mandala, bin ich ebenfalls von Herzen dankbar. Er erfüllt meine Welt mit Musik und Ritterlichkeit und hat mir den Freiraum gegeben, um dieses Buch zu schreiben. Mein geliebter Sohn Skyler ist mein bester Lehrer und eine Quelle der Hoffnung für die Zukunft.

Ich bin überzeugt, dass wir gemeinsam mit gutem Willen dazu beitragen können, die Angst vor dem Tod in eine Inspiration für das Leben umzuwandeln.

DIE INTERVIEWPARTNER

Ich bin den folgenden Interviewpartnern sehr dankbar, die sich mit ihrer Weisheit und Lebenserfahrung zur Verfügung gestellt haben. Ihre Erkenntnisse bilden die Grundlage für dieses Buch und den begleitenden Dokumentarfilm *Das Mysterium von Leben und Tod.*

Aizenstat, Stephen, 2014
Alexander III, Eben, 2012
Artress, Lauren, 2012
Avila, Elena, 2009
Baker, Breese, 2012
Beckwith, Michael Bernard, 2014
(interviewt von Angela Murphy und Mark Krigbaum)
Beischel, Julie, 2012
Bem, Daryl J., 2011
Bobaroğlu, Metin, 2012
(interviewt von Michael Heumann)
Bogzaran, Fariba, 2012
Brinkley, Dannion, 2012
Chadly, Yassir, 2012
Chang-Lipsenthal, Kathy, 2013
Delorme, Arnaud, 2012
Fenwick, Peter, 2012

Gignoux, Jane, 2012
Greenberg, Jeff, 2014
Gu, Mingtong, 2011
Hameroff, Stuart, 2012
Hanson, Rick, 2011
Hufford, David, 2014
Jampolsky, Gerald, 2007
(interviewt von Cassandra Vieten und Tina Amorok)
Kawarim, Santiago, 2004
Kean, Sam, 2014
Kumar, Satish, 2012
Levine, Noah, 2005
(interviewt von Tina Amorok und Cassandra Vieten)
Lewis, Simon, 2012
Lipsenthal, Lee, 2011
MacAllister, Gloria, 2011 and 2013
MacGregor, Betsy, 2004
Malkin, Gary, 2012
Mathews, Jennifer, 2014
McMoneagle, Joseph, 2014
Mills, Paul, 2012
Mitchell, Edgar, 2012
Omer-Man, Jonathan, 2007
(interviewt von Tina Amorok und Cassandra Vieten)
Ornish, Dean, 2013
Pilcher, Josh, 2011
Radin, Dean, 2014
Rambo, Lewis, 2006
(interviewt von Cassandra Vieten)
Redhouse, Tony, 2012
Rousser, Margaret, 2012
Schäfer, Lothar, 2012
Sheldrake, Rupert, 2011

Shermer, Michael, 2012
Smith, Huston, 2006
Steindl-Rast, David, 2006
Tanzi, Rudolph, 2012
Teish, Luisah, 2011
Tucker, Jim B., 2012
Vieten, Cassandra, 2011
Walking Bull, Gilbert, 2006
(interviewt von Tina Amorok und Marilyn Schlitz)
Watson, Jean, 2011
Wyatt, Karen, 2014
Yeh, Lily, 2014

ANMERKUNGEN

Einleitung

1. Schlitz, Marilyn/Braud, William:»Distant Intentionality and Healing: Assessing the Evidence«, in: *Alternative Therapies in Health and Medicine* 03, Nr. 6 (1997): 62-73 sowie:
Schlitz, Marilyn:»Intentional Healing: Exploring the Extended Reaches of Consciousness«, in: *Subtle Energies & Energy Medicine* 14, Nr. 1 (2003)

2. Schlitz, Marilyn Mandala/ Vieten, Cassandra/Amorok, Tina: *Innig leben: Die Kunst der Transformation wissenschaftlich untersucht*, Omega 2011

3. Cohn, D´vera/Taylor, Paul:»Baby Boomers Retire«, in: *Pew Research Center, Daily Number*, 29. Dezember 2010, unter: http/www.pewresearch.org/daily-number/babyboomers-retire/ (Stand 08.04.2014)

4. Schlitz, Marilyn:»Nine Practices for Conscious Aging«, in: *Spirituality and Health*, 1. Januar 2012 sowie:
Schlitz, Marilyn/Vieten, Cassandra/Erickson-Freeman, Kathleen:»Conscious Aging and Worldview Transformation«, in: *Journal of Transpersonal Psychology* 43, Nr. 2 (2011): 223–39

5. Verf. unbek.:»Final Chapter: Californians' Attitudes and Experiences with Death and Dying«, in: California Healthcare Foundation, Februar 2012, erhältlich als PDF bei California Healthcare

Foundation, chcf.org/publications/2012/02/final-chapter-death-dying (Stand: 07.02.2014)

6. Goodman, D. C./Fisher, E. S./Chang, C./Morden, N. E./Jacobson, J. O./Murray, K./Miesfeldt, S.: *Quality of End-of-Life Cancer Care for Medicare Beneficiaries: Regional and Hospital-Specific Analyses, A Report of the Dartmouth Atlas Project* (2010)

7. Yung, Victoria Y./Walling, Anne M./Min, Lillian/Wenger, Neil S./Ganz, David A.: »Documentation of Advance Care Planning for Community Dwelling Elders«, in: *Journal of Palliative Medicine* 13, Nr. 7 (2010): 861–67

8. Kass-Bartelmes, Barbara L./Hughes, Ronda: »Advance Care Planning: Preferences for Care at the End of Life«, in: *Journal of Pain and Palliative Care Pharmacotherapy* 18, Nr. 1 (2004): 87–109

9. Verf. unbek: »Health Care Spending in Last Five Years of Life Exceeds Total Assets for One Quarter of Medicare Population«, Pressemitteilung des Mount Sinai Hospital, 10. Februar 2012, unter: http://www.mountsinai.org/about-us/newsroom/press-releases/health-care-spending-in-last-fiveyears-of-life-exceeds-total-assets-for-one-quarter-of-medicarepopulation (Stand 08.02.2014)

1. Kapitel: Unser Weltbild transformieren

1. Pew Research Center Religion and Public Life Project, *U.S.* Religious Landscape Survey: Summary of Key Findings, *Report 2: Religious Beliefs & Practices / Social & Political Views* (Washington, DC: Pew Research Center, 2008; verfügbar unter: http://www.pewforum.org, »Full Reports« (Stand 20.02.2014)

2. Bishop, George: »What Americans Really Believe«, in: *Free Inquiry Magazine* 19, Nr. 3 (1999): 38–42

3. Schlitz, Marilyn Mandala/Vieten, Cassandra/Miller, Elizabeth M.: »Worldview Transformation and the Development of Social Consciousness«, in: *Journal of Consciousness Studies* 17, Nr. 7–8 (2010): 18–36

4. Schlitz, Marilyn Mandala/Vieten, Cassandra/Miller, Elizabeth/ Homer, Ken/Petersen, Katia/Erickson-Freeman, Kathleen:»The Worldview Literacy Project: Exploring New Capacities for the 21st Century Student«, in: *New Horizons for Learning* 9, Nr. 1 (2011)

5. Vaughan, Frances, zit. in: Schlitz/Vieten/Amorok: *Innig leben*

6. Remen, Rachel Naomi: *Aus Liebe zum Leben: Geschichten, die der Seele gut tun*, Arbor, 2013

7. Miller, William R./C'de Baca, Janet: *Quantum Change: When Epiphanies and Sudden Insights Transform Ordinary Lives*, Guilford Press, 2001

8. White, Rhea A.:»Dissociation, Narrative, and Exceptional Human Experience«, in: Krippner, Stanley/Powers, Susan Marie (Hrsg.): *Broken Images, Broken Selves: Dissociative Narratives in Clinical Practice*, Brunner/Mazel, 1997, 88–121

9. Schlitz/Vieten/Amorok: *Innig leben*

10. Vieten, Cassandra/Amorok, Tina/Schlitz, Marilyn:»I to We: The Role of Consciousness Transformation in Compassion and Altruism«, in: *Zygon® Journal of Religion & Science* 41, Nr. 4 (Dezember 2006): 915–31

11. Bearbeitet von Petersen, Katia/Schlitz, Marilyn/Vieten, Cassandra: *My Worldview, Worldview Explorations Facilitator Guide* (Petaluma, CA: Institute of Noetic Sciences, 2012), 12

2. Kapitel: Der Angst vor dem Tod ins Auge sehen

1. Becker, Ernest: *Die Überwindung der Todesfurcht: Dynamik des Todes*, Goldmann, 1985

2. Ebenda.

3. Rosenblatt, Abram/Greenberg, Jeff/Solomon, Sheldon/Pyszczynski, Tom/Lyon, Deborah:»Evidence for Terror Management Theory: I. The Effects of Mortality Salience on Reactions to Those Who Violate or Uphold Cultural Values«, in: *Journal of Personality and Social Psychology* 57, Nr. 4 (1989): 681–90

4. Greenberg, Jeff/Solomon, Sheldon/Pyszczynski, Tom/Rosenblatt,

Abram/Burling, John/Lyon, Deborah/Simon, Linda/ Pinel, Elizabeth: »Why Do People Need Self-Esteem? Converging Evidence that Self-Esteem Serves an Anxiety-Buffering Function«, in: *Journal of Personality and Social Psychology* 63, Nr. 6 (1992): 913–22

5. Ebenda.

6. McGregor, Holly A./Lieberman, Joel D./Greenberg, Jeff/Solomon, Sheldon/Arndt, Jamie/Simon, Linda/Pyszczynski, Tom: »Terror Management and Aggression: Evidence That Mortality Salience Motivates Aggression against Worldview – Threatening Others«, in: *Journal of Personality and Social Psychology* 74, Nr. 3 (1998): 590–605

7. Pyszczynski, Tom/Abdollahi, Abdolhossein/Solomon, Sheldon/ Greenberg, Jeff/Cohen, Florette/Weise, David: »Mortality Salience, Martyrdom, and Military Might: The Great Satan Versus the Axis of Evil, Personality and Social«, in: *Psychology Bulletin* 32, Nr. 4 (2006): 525–37

8. Ebenda.

9. Becker, xiii.

10. Vail, Kenneth E./Juhl, Jacob/Arndt, Jamie/Vess, Matthew/Routledge, Clay/Rutjens, Bastiaan T.: »When Death Is Good for Life: Considering the Positive Trajectories of Terror Management«, in: *Personality and Social Psychology Review* 16, Nr. 4 (2012): 303–29

11. Vieten/Amorok/Schlitz: *I to We*

12. *Death Makes Life Possible: Mapping Worldviews on the Afterlife*, Online-Fernlehrgang, 23. Januar 2013 sowie:
Schlitz, Marilyn/Schooler, Jonathan/Pierce, Alan/Murphy, Angela/ Delorme, Arnaud: »Gaining Perspective on Death«, in: *Journal of Spirituality and Clinical Practice* 1, Nr. 3 (2014): 169–80

13. Verf. unbek.: »*What is Attitudinal Healing?*«, The Hawai'i Center for Attitudinal Healing, unter http://www.ahhawaii.org (Stand 11.04.2016)

3. Kapitel: Über den Tod und die physische Welt hinausblicken

1. McMoneagle, Joseph: *The Stargate Chronicles: Memoirs of a Psychic Spy*, Hampton Roads Publishing Company, 2002
2. Consciousness Transformation Model: Als PDF (im Original) erhältlich auf der Homepage des *Institute of Noetic Sciences* unter: http://noetic.org/research/transformation_model (Stand 14.04.2016)

4. Kapitel: Vom Leben, Tod und dem Jenseits

1. Eck, Diana: *The Age of Pluralism*, Gifford Vorlesungsreihe der Universität Edinburgh, Januar 2009.

5. Kapitel: Die Wissenschaft vom Leben nach dem Tod

1. Mobbs, Dean/Watt, Caroline:»There Is Nothing Paranormal About Near-Death Experiences: How Neuroscience Can Explain Seeing Bright Lights, Meeting the Dead, or Being Convinced You Are One of Them«, in: *Trends in Cognitive Sciences* 15, Nr. 10 (2011): 447–49 unter: http://www.cell.com/trends/cognitive-sciences/abstract/S1364-6613%2811%2900155-0 (Stand: 11.04.2016)
2. De Ridder, Dirk/Van Laere, Koen/Dupont, Patrick/ Menovsky, Tomas/Van de Heyning, Paul:»Visualizing Outof-Body Experience in the Brain«, in: *New England Journal of Medicine* 357, Nr. 18 (2007): 1829–33
3. Bem, Daryl J.:»Feeling the Future: Experimental Evidence for Anomalous Retroactive Influences on Cognition and Affect«, in: *Journal of Personality and Social Psychology* 100, Nr. 3 (2011): 407–25.
4. Stevenson, Ian: *Reincarnation and Biology: A Contribution to the Etiology of Birthmarks and Birth Defects*, Praeger Publishers, 1997

6. Kapitel: Die Praxis des Sterbens

1. Phillips, David/Barker, Gwendolyn E./Brewer, Kimberly M.:»Christmas and New Year as Risk Factors for Death«, in: *Social Science & Medicine* 71, Nr. 8 (2010): 1463–71

2. Evans, Christine/Chalmers, James/Capewell, Simon/Redpath, Adam/Finlayson, Alan/Boyd, James/Pell, Jill /McMurray, John/ Macintyre, Kate/Graham, Lesley:»›I don't like mondays‹ – day of the week of coronary heart disease deaths in Scotland: study of routinely collected data«, in: The BMJ 320, Nr. 7229 (2000): 218–19, unter: http://www.bmj.com/content/320/7229/218 (Stand 11.04.2016)

7. Kapitel: Trauer als Tor zur Transformation

1. Kübler-Ross, Elisabeth: *Interviews mit Sterbenden*, Kreuz, 2014
2. Bonanno, George A.: *The Other Side of Sadness: What the New Science of Bereavement Tells Us about Life after Loss*, Basic Books, 2009
3. Schneider, John: *The Transformative Power of Grief*, *Institute of Noetic Sciences* 12 (1989): 26–31
4. Wyatt, Karen M.: *What Really Matters: 7 Lessons for Living from the Stories of the Dying*, SelectBooks, 2011
5. Artress, Lauren: *Walking a Sacred Path: Rediscovering the Labyrinth as a Spiritual Tool*, Riverhead Books, 1995

8. Kapitel: Träume und die Transformation von Tod

1. James, William: *Principles of Psychology*, Band 2, MacMillan and Co.,1891, 296.

10. Kapitel: Leben, Tod und die Quanten-Seele

1. Kuhn, Thomas S.: *Die Struktur wissenschaftlicher Revolutionen*, Suhrkamp, 2009
2. Hameroff, Stuart/Penrose, Roger:»Orchestrated Reduction of Quantum Coherence in Brain Microtubules: A Model for Consciousness«, in: *Mathematics and Computers in Simulation* 40, Nr. 3 (1996): 453–80 unter: http://www.alice.id.tue.nl/references/hameroff-penrose-1996.pdf (Stand 11.04.2016)
3. Chawla, Lakhmir S./Akst, Seth/Junker, Christopher/ Jacobs, Bar-

bara/Seneff, Michael G.:»Surges of Electroencephalogram Activity at the Time of Death: A Case Series«, in: *Journal of Palliative Medicine* 12, Nr. 12 (2009): 1095–1100

4. Auyong, David B./Klein, Stephen M./Gan, Tong J./ Roche, Anthony M./Olson, DaiWai/Habib, Ashraf S.:»Processed Electroencephalogram during Donation after Cardiac Death«, in: *Anesthesia & Analgesia* 110, Nr. 5 (2010): 1428–32

11. Kapitel: Das Selbst und die Gesellschaft heilen

1 Markley, O. W./Harman, Willis (Hrsg): *Changing Images of Man: Prepared by the Center for the Study of Social Policy/SRI International*, Pergamon Press, 1982

2. Die Übung»Den geliebten Menschen visualisieren« wurde angeregt von Lee Lipsenthal aus dem Film *Das Mysterium von Leben und Tod*, 2014

Nachwort

1. Vail III, Kenneth E./Juhl, Jacob/Arndt, Jamie/Vess, Matthew/Routledge, Clay/Rutjens, Bastiaan T.:»When Death is Good for Life: Considering the Positive Trajectories of Terror Management«, in: *Personality and Social Psychology Review* 16, Nr. 4 (2012): 303–29.

GLOSSAR

Akasha-Chronik Im Hinduismus gibt es die Bezeichnung *Akasha*, die Vorstellung von einem immateriellen Feld der Möglichkeiten, das alle Informationen über Menschen und Dinge enthält (i.e. ein allumfassendes Weltgedächtnis – Anm. d. Ü.).

Angstpuffer-Hypothese Sie geht davon aus, dass ein starkes Selbstwertgefühl die Angst vor der eigenen Sterblichkeit reduziert. Sozialpsychologen, darunter Jeff Greenberg, haben sie aufgestellt. Sie basiert auf der Arbeit von Ernest Becker über die Verleugnung des Todes.

animistische Weltsicht Diese umfasst alle nichtmenschlichen Wesenheiten (Tiere, Pflanzen, Berge, Wetter), von denen angenommen wird, dass sie eine spirituelle Essenz haben. Der Wortstamm *anima* aus dem Lateinischen bedeutet »Seele«.

Attitudinal Healing International Jerry Jampolsky hat dieses globale Netzwerk gegründet. Es geht dabei um die Heilung von inneren Lebenseinstellungen und selbst auferlegten Blockaden wie Bewertungen, Schuldgefühle, Scham und Selbstverurteilung, die uns daran hindern, dauerhaft Liebe, Frieden und Freude zu erleben.

AWE Ein Akronym für »aufgeweckt, willens und engagiert«, das den

Umgang der Hospizärztin Karen Wyatt mit sterbenden Patienten beschreibt.

Ayahuasca Ein psychedelisches Getränk aus der Liane *Banisteriopsis caapi*, entweder pur oder vermischt mit Blättern des Kaffeestrauchgewächses Psychotria. Dieser Pflanzensud schafft eine Verbindung zwischen dem ursprünglichen Selbst und der geistigen Welt. Die Eingeborenen des Amazonasgebietes verwenden ihn auch für Heilzwecke und Prophezeiungen.

Bewusstsein Ein Prozess, in dem es um die Erkenntnis des Selbst und der Welt geht.

Curanderismo Dies ist eine traditionelle Heilkunst aus Lateinamerika, zu der die *yerberos* (Kräuterheilkundigen), *parteras* (Hebammen) und *sobaderos* (Chiropraktiker) gehören. Einige regionale Krankenversicherungen in den USA übernehmen diese Curandero-Leistungen.

Death Thought Accessibility-Hypothese (zur Sensibilisierung für Gedanken an den Tod) Diese Hypothese ist eine Erweiterung der Terror-Management-Theorie von Jeff Greenberg und Kollegen: Menschen, die den Tod verdrängen und eine Weltanschauung haben, die ihren Selbstwert stärkt, reagieren sensibler, wenn sie mit dem Tod konfrontiert werden.

Empirismus Nach dieser Theorie beruht alle Erkenntnis auf Sinneserfahrung; das ist die Basis der experimentellen Wissenschaft.

Erkenntnistheorie Sie untersucht die Frage, wie unser Wissen zustande kommt.

erweiterte mehrkanalige Elektroenzephalografie (EEG) Ein EEG-»Kanal« ist ein Spannungssignal, das den Unterschied in den Spannungen zwischen zwei Elektroden wiedergibt. Die EEG misst die Veränderungen der elektrischen Aktivität im Gehirn.

Esoterik Erkenntnisse, die nur für einen kleinen, exklusiven Kreis von Menschen zugänglich sind.

evidenzbasierte Spiritualität Eine Form der Spiritualität, bei der mit wissenschaftlichen Methoden und Forschungsergebnissen religiöse Fragen, Geheimnisse des Lebens und der ständige Wandel des Universums erklärt werden.

evolutionäre Neuropsychologie Dieser fachbereichsübergreifende Ansatz verbindet Sozial- und Naturwissenschaften, um psychologische Eigenschaften wie Gedächtnis, Wahrnehmung und Sprache aus einem modernen, evolutionären Blickwinkel zu untersuchen.

Exoterik Wissen, das für eine breite Öffentlichkeit zugänglich ist.

funktionelle Magnetresonanztomografie (fMRT) Ein bildgebendes Verfahren, das mit Methoden der Magnetresonanztomografie die Durchblutungsänderung von Hirnrealen sichtbar macht und dadurch die Gehirnaktivität aufzeigt.

Heldenhafte Fantasie (Projekt) Dieses Projekt wurde vom Sozialpsychologen Philip Zimbardo ins Leben gerufen. Menschen lernen dabei, ihre heroischen Impulse in herausfordernden Situationen effektiv einzusetzen.

Heldenmythos Joseph Campbell geht von einer klassischen Handlungsabfolge aus, die vielen Geschichten und Mythen zugrunde liegt. Sie lässt sich in drei Phasen einteilen: Aufbruch, Initiation und Rückkehr. Campbell erklärt seine Theorie in seinem Buch *Der Heros in tausend Gestalten*.

Hologramm Ein dreidimensionales Bild, das durch die Interferenz von Lichtwellen eines Lasers oder einer anderen kohärenten Lichtquelle entsteht.

Hot Sauce Paradigm Aggression wurde in Experimenten der Terror-Management-Theorie mit unterschiedlichen Mengen scharfer Sauce, die Probanden anderen zuweisen sollten, gemessen. 1999 führten Jeff Greenberg und seine Mitarbeiter diese Experimente durch. Sie zeigten die Aggression eines Probanden gegenüber einer Person, ohne dass diese beim Essen der scharfen Sauce tatsächlich Schaden erlitt.

humanistisches Gesundheitswesen Ein interdisziplinärer Bereich, der humanistische Werte und Prinzipien in das organisierte Gesundheitswesen einbringt. Dazu gehören Werte wie offene Kommunikation, gegenseitiger Respekt und emotionale Verbundenheit zwischen Ärzten und Patienten.

Ingroup-Identifikation Ein Verhalten, bei dem sich der Einzelne zu einer sozialen Gruppe zugehörig fühlt und ihre Werte teilt. Im Gegensatz dazu steht die »Fremdgruppe«, die ein anderes Wertesystem oder einen anderen kulturellen Hintergrund hat.

ip'ori (aus der Yoruba-Lucumi-Tradition) Steht für den Teil der Person, der mit dem Geist verbunden ist, schon immer war und immer sein wird.

Jainismus Eine Religion in Indien, die die Gewaltlosigkeit predigt und spirituelle Gleichwertigkeit aller Lebensformen betont.

Labyrinth-Bewegung Ein Labyrinth mit seinem kreisförmigen Weg dient dem meditativen Gehen. Labyrinthe gibt es bereits seit Tausenden von Jahren auf der ganzen Welt. Die moderne Labyrinth-Bewegung begann 1990, als Lauren Artress, Pfarrerin der *Grace Episcopal*

Cathedral in San Francisco, ihr Buch *Walking the Sacred Path* herausbrachte.

Locus coeruleus – noradrenerges System Es ist der Hauptort im Gehirn für die Synthese von Noradrenalin, einer chemischen Substanz, die bei Stress ausgeschüttet wird. Dieses Gehirnareal und die Bereiche des Körpers, die von den Stresshormonen betroffen sind, werden als das noradrenerge System des Locus coeruleus bezeichnet.

Magnetoenzephalografie Eine non-invasive Technik, mit der die magnetische Aktivität des Gehirns gemessen wird.

Magnetresonanztomografie (MRT) Ein bildgebendes Verfahren, das mithilfe eines magnetischen Feldes und Radiowellen Gewebestrukturen im Körper darstellen kann.

Mahayana Buddhismus Eine der drei Hauptrichtungen im Buddhismus, die besonders in Tibet und Nordindien vertreten ist; als »Mahayana« wird der Weg des Bodhisattva bezeichnet, der die höchste Erleuchtung sucht und sie zum Heil aller lebenden Wesen einsetzt.

Mikrotubuli Komponenten des Zellskeletts, die sich im gesamten Zytoplasma befinden und auf einer binären Basis funktionieren. Stuart Hameroff und Roger Penrose gehen davon aus, dass Mikrotubuli eine immense Fähigkeit zur digital-ähnlichen Verarbeitung auf der subzellulären Ebene haben. Das hilft dabei, Quantenereignisse im Körper zu isolieren.

Mortalitätssalienz Nach der Terror-Management-Theorie empfinden Menschen eine existenzielle Angst, wenn sie mit ihrer Sterblichkeit und ihrem Tod konfrontiert werden, es sei denn, sie werden sich dieser Todesfurcht bewusst und haben ein gutes Selbstwertgefühl entwickelt.

Nahtoderfahrung Es gibt zahlreiche Berichte über diese persönliche Erfahrung, die verbunden ist mit einem klinischen Tod, bei dem man sich außerhalb des physischen Körpers befindet, eine Vision von verstorbenen Angehörigen oder religiösen Wesen erlebt, ein Gefühl des Friedens und Wohlseins empfindet, einen Tunnel aus Licht wahrnimmt oder ein Gefühl der bedingungslosen Liebe und der Akzeptanz hat.

Naqshbandi Ein großer spiritueller Orden des sunnitischen Sufismus, der seine Wurzeln im Islam mit seinem Propheten Muhammad hat.

Neuroimaging Mit verschiedenen Technologien wird die Struktur des Nervensystems mit seinen strukturellen und funktionellen Ebenen abgebildet.

Neuronennetz Netzwerk lebender Nervenzellen im Gehirn.

Neuropsychiatrie Eine medizinische Disziplin, die sich mit kognitiven Störungen bedingt durch Erkrankungen des Nervensystems beschäftigt.

New Thought – Ageless Wisdom Eine spirituelle Tradition, die auf dem Grundsatz einer mitfühlenden, positiven Existenz auf der Erde basiert. Gründer ist Michael Bernard Beckwith vom *Agape International Spiritual Center*.

nicht-lokales Bewusstsein Bezieht sich auf Aspekte unseres Bewusstseins und Prozesse, die die Beschränkungen von Raum und Zeit übersteigen.

Nichtlokalität In der Quantenphysik eine Wechselbeziehung zwischen Teilchen, die die Begrenzungen von vierdimensionalem Raum, Zeit und lokaler Kausalität übersteigen.

noetische Erfahrung Tiefe Erkenntnisse, bei denen es um ein »inneres Wissen« geht, das nichts mit rationalen Überlegungen oder dem Verstand im Allgemeinen zu tun hat. Dieses innere Wissen hat für den Einzelnen transformatives Potenzial.

Olam Haba Die hebräische Vorstellung von einem Leben nach dem Tod oder einer kommenden Welt.

Parapsychologie Die wissenschaftliche Untersuchung von Psi-Phänomenen.

Planck-Skala Die fundamentale Skala in der Physik und Astronomie. Sie steckt den Gültigkeitsbereich von Quantentheorie und Allgemeiner Relativitätstheorie ab. Man geht davon aus, dass für Distanzen kleiner als die Planck-Länge (ca. 10^{-35} m) und Zeiten kürzer als die Planck-Zeit (ca. 10^{-44} s) Raum und Zeit ihre Eigenschaften als Kontinuum verlieren. Jedes Objekt, das kleiner als die Planck-Länge wäre, hätte aufgrund der sogenannten Unschärferelation so viel Energie oder Masse, dass es zu einem Schwarzen Loch kollabieren würde. Diese kritische Masse wird die Planck-Masse genannt. Ab diesen Energien sind Allgemeine Relativitätstheorie und Quantentheorie kein adäquates Konzept zur Beschreibung der Vorgänge mehr und eine quantisierte Gravitationstheorie, die Quantengravitation, muss angewendet werden.

Psi Dieser Begriff wird für die Beschreibung von Telepathie, Hellsichtigkeit, Vorausahnung und Psychokinese verwendet; die parapsychologische Forschung untersucht dieses Phänomen.

Positronen-Emissions-Tomografie (PET) Ein nuklearmedizinisches Verfahren, das ein dreidimensionales Bild von Stoffwechselprozessen im Körper erzeugt.

Postmaterialismus Hier geht es um die Transformation von materiellen und wirtschaftlichen Bedürfnissen zu humanistischen, überpersönlichen, d.h. immateriellen Werten. Hinzu kommen unterschiedliche Formen der Erkenntnis, die Vernetzung und das Systemdenken.

Psychophysiologie Der Bereich der Psychologie, der sich mit den zugrunde liegenden körperlichen Funktionen psychischer Prozesse beschäftigt.

Qi Ein zentraler Begriff in der traditionellen chinesischen Medizin und den Kampfkünsten. Qi wird oft mit »Lebenskraft« oder »Energiefluss« übersetzt.

Qigong Eine Bewegungsform aus der traditionellen chinesischen Medizin, bei der Körper, Atem und Geist mit Qi gefüllt werden zur Erhaltung der Gesundheit und Selbstheilung.

Quantenhologramm In *The Quantum Hologram and the Nature of Consciousness* stellen Edgar D. Mitchell und Robert Staretz ein neues Modell für Informationsverarbeitung in der Natur vor. Es erklärt, wie lebende Organismen durch Quanteneigenschaften wie Nichtlokalität an Informationen herankommen und sie nutzen.

Quantenprozesse In der Quantenmechanik ist der Quantenprozess ein Ereignis als Verhalten von Welle- oder Teilchenenergien innerhalb des Welle-Teilchen-Dualismus auf einer Quantenskala (z.B. die Wechselwirkung von Strahlung mit Materie).

radikale Empirie William James entwarf diese philosophische Lehre, nach der jeder Bereich menschlicher Erfahrung ein zulässiger Gegenstand für die Wissenschaft ist. Diese Einstellung steht im Widerspruch zum wissenschaftlichen Materialismus, der sich nur mit der physischen Dimension der Realität beschäftigt.

Raum-Zeit 1. Nach der Relativitätstheorie von Einstein die Vereinigung von drei Dimensionen des Raumes mit einer Dimension der Zeit. 2. Nach weiteren Theorien die Geometrie und/oder das Gefüge von Raum-Zeit, die von Einstein durch jede Energie wie Masse, Strahlung oder Druck als gekrümmt betrachtet wird.

Seinslehre (Ontologie) Die Lehre des Seins, die sich mit dem befasst, was wir als wirklich und real erkennen.

Sozialpsychologie Die Wissenschaft über das menschliche Verhalten, Gedanken und Gefühle und wie sie durch die Gegenwart anderer Menschen beeinflusst werden – ob tatsächlich, unterschwellig oder nur imaginiert.

Super-Psi-Hypothese Diese Hypothese sagt aus, dass die Kommunikation mit Verstorbenen, die anscheinend präzise Information enthält (wie eine Sitzung mit einem Medium), die telepathische Fähigkeit bei Lebenden widerspiegelt – im Vergleich zur Kommunikation mit dem Verstorbenen.

Telomere Eine wiederholte Sequenz von Nukleotiden am Ende eines Chromosoms, die mit Stress und Alterungsprozessen in Verbindung gebracht wird.

Terror-Management-Theorie Sie besagt, dass die Angst (»Terror«) vor der eigenen Sterblichkeit das menschliche Verhalten prägt. Diese Todesangst zu verstehen und zu verringern kann destruktives Verhalten verhindern. Die Theorie basiert auf den Arbeiten von Ernest Becker und wurde vom Sozialpsychologen Jeff Greenberg und seinen Kollegen entwickelt.

Theravada Tradition Die älteste Schultradition des Buddhismus; Theravada bedeutet »Lehre der Ordensälteren«.

Tiefenpsychologie (auch jungsche Analyse genannt) Die psychoanalytische Methode von Carl Gustav Jung geht von der Existenz eines unbewussten Bereichs der Psyche aus (das Selbst), der nach spiritueller Selbstentfaltung strebt, und des »kollektiven Unbewussten«, das alle Menschen und die Erde auf einer tieferen Ebene miteinander verbindet.

transformative Praktiken Zeremonielle oder formlose Praktiken, die eine Veränderung der Perspektive oder des Weltbildes durch drei Komponenten bewirken: psychologische Aspekte (verändertes Verständnis des Selbst), Glaubensaspekte (Überdenken des Glaubenssystems) und Verhaltensaspekte (Veränderung des Lebensstils).

transpersonale Psychotherapie Sie baut auf der transpersonalen Psychologie auf, die von Abraham Maslow und Kollegen begründet wurde. Sie integriert die spirituellen und transzendenten Aspekte menschlicher Erfahrung.

Traum-Pflege Eine Traummethode, die Traumbilder als lebende Bilder betrachtet und dadurch Zugang zum Unterbewusstsein erhält. Sie wurde von Stephen Aizenstat entwickelt und basiert auf der Tiefenpsychologie.

Verschränkung Ein quantenmechanisches Phänomen, bei dem zwei oder mehr verschränkte Teilchen nur noch durch einen gemeinsamen Zustand, d.h. als Gesamtsystem, beschrieben werden können, auch wenn die einzelnen Teilchen räumlich getrennt sind. Messungen des einen Systems beeinflussen unmittelbar andere Systeme, die mit ihm verschränkt sind. (Dies wurde von drei Forschern Einstein, Podolsky und Rosen im Rahmen eines Gedankenexperiments bewiesen, und deshalb *EPR-Paradoxon* genannt – Anm. d. Ü.). Verschränkung im erweiterten Sinn bezieht sich auf jeden Vorgang, der unabhängig von Begrenzungen durch Raum und Zeit stattfindet.

Weltbild Dazu gehören Vorstellungen, Glaubenssätze, Überzeugungen, Sichtweisen über uns selbst, über andere und über die Welt. Diese verschiedenen Auffassungen sind meistens unbewusst.

Weltbild-Transformationsmodell Dieses Modell erklärt, wie die Transformation des Weltbildes mit noetischen Erfahrungen beginnt und einen Prozess des Forschens, der transformativen Praxis, der positiven Veränderung der Wahrnehmung, des Verhaltens und der Gesundheit einleitet. Untersuchungen dazu sind zusammengefasst in *Innig leben: Die Kunst der Transformation wissenschaftlich untersucht* von Schlitz, Vieten, Amorok

wissenschaftlicher Materialismus Die westliche Wissenschaft definiert Realität durch ihre materielle Natur und betrachtet geistige Phänomene als Epiphänomen oder als Nebenprodukt des Gehirns, als Ergebnis neurophysiologischer Prozesse.

Worldview Explorations Project Dies ist ein von Marilyn Schlitz und Kollegen ausgearbeitetes Ausbildungsprogramm am *Institute of Noetic Sciences* auf der Grundlage von Forschungsarbeiten über allgemeine Kenntnisse anderer Weltbilder und Transformationsmöglichkeiten. Es soll das Bewusstsein für andere Weltanschauungen erweitern.

Yoruba Lucumi Ein traditioneller animistischer Kult (aus Südwestafrika), der auf »Besessenheitstrance« basiert – im Gegensatz zur schamanischen Trance. Aus diesem Kult entstanden der Voodoo in der Karibik und einige brasilianische Kulte. Durch die Kolonisierung und die Sklaverei nahm die Yoruba-Tradition auch Elemente aus dem Christentum auf.

DER TOD MACHT
DAS LEBEN ERST MÖGLICH

DVD, Laufzeit 63 Min.
ISBN 978-3-95550-136-5

Marilyn Schlitzs preisgekrönter Dokumentarfilm, der parallel zum Buch entstand, nimmt uns die Angst vor dem Tod. Ihre Interviewpartner aus Wissenschaft und spirituellen Traditionen legen live ihre Sicht des ultimativen Mysteriums dar. So wandelt sich der Tod zu einer Quelle von Zuversicht und tiefer menschlicher Verbindung.

TRINITY

Scorpio Verlag:
Neues Denken,
Psychologie,
Persönlichkeits-
entwicklung

Broschur
376 Seiten
ISBN 978-3-943416-72-5

Gebunden mit Schutzumschlag
384 Seiten
ISBN 978-3-943416-04-6

Gebunden mit Schutzumschlag
288 Seiten
ISBN 978-3-943416-17-1

SCORPIO